最後の馬賊

「帝国」の将軍・李守信

楊海英
Yang Haiying

講談社

はじめに　「信を守る」軍人

一二〇六年の春、モンゴル高原の北部、ケンティ山脈のなかの、オノン河の源に近い草原に、多数の遊牧民の部族の代表者たちが集まって大会議を開き、モンゴル部族のテムジンという首領を、自分たちの共通の最高指導者に選挙した。……これがモンゴル帝国の建国であり、また、世界史の誕生の瞬間でもあった。

（岡田英弘『世界史の誕生』筑摩書房、一九九二年、三頁）

日本人にとってのモンゴル

彼は天性の将器で、モンゴルの乃木希典《のぎまれすけ》だ、と日本人は言っていた。

彼は漢奸《かんかん》だ、と中国人は断じる。

彼はモンゴル語ができなかった、とモンゴル人は語る。

この男、李守信《りしゅしん》。彼にたいする日本人と中国人、それにモンゴル人の三者三様の評価である。日本人は他者にどう見られようと「俺はモンゴル人だ」との信念を抱いて生きぬいた。中国人とモンゴル人がどう理解するかは後述するとして、日本人にとって、モンゴルとはいったい、どんな存在であろうか。

日本人は、歴史が好きな民族である。ただし、都合のよい歴史を好む傾向があるようだ。モンゴルの一部は台湾や朝鮮半島などと同じように、大日本帝国の植民地だったが、研究者以外の人はそのような歴史についてほとんど知らない。過去の植民地にかんしても、台湾は好きだ、という人は大勢いるが、朝鮮半島にたいしては厳しい。モンゴルは好きでも嫌いでもなく、まったく別の想像の対象である。

横綱を輩出した草原の国、とのイメージは定着しているといえよう。読書家ならば、十三世紀に稀有の指導者チンギス・ハンがモンゴル高原に生まれ、世界帝国を創設した歴史は知っているはずだろう。そのモンゴル軍の一部はまた日本に襲来し、俗に「元寇《げんこう》」と称される。

それだけではない。巨視的な観点に立つ人ならばまた、モンゴル帝国の出現により、ユーラシアはひとつとなり、「世界史が成立した」との思想を有しているはずだ[1]。それまでの「旧世界は、それぞれすぐ隣の文明しか知らないに等しいローカルな文明群から成っていた。中国でヨーロッパのことを聞いた人はいなかったし、ヨーロッパで中国のことを聞いた人もおらず、また記録に残るかぎりそのふたつのあいだを旅した人もいなかった」[2]。大帝国の建立も強靱《きょうじん》な身体と無関係ではない。モンゴル出身の力士たちも十三世紀からの伝統を守っているのである。

栄華はすべて歴史と化したが、反転現象も起こる。チンギス・ハンの故郷の一部が二十世紀前半に日本の植民地とされた事実を日本人はなぜ、忘却したのだろうか。モンゴリア南部、俗にいう内《みなみ》モンゴルは一九四五年八月に第二次世界大戦が終了するまでは日本の植民地か、ないしはその影響下にあった。東の満洲国（一九三二～一九四五）とその西隣のモンゴル自治邦である。

モンゴル自治邦は一九四一年八月四日に誕生するまではモンゴル軍政府（一九三六年五月）、モンゴル聯盟自治政府（一九三七年十月）、モンゴル聯合自治政府（一九三九年九月）などと呼ばれていた。満洲国は日本の植民地だったが、モンゴル自治邦は日本人のコントロール下に置かれていた。このモンゴル自治邦のカリスマ的な指導者を徳王（本名デムチュクドンロプ。漢字で徳穆楚克棟魯普と表記し、略して徳王）が務めてきた。彼はチンギス・ハンの直系子孫だった。彼の名を記憶する日本人もまだたくさんいるだろう。

忘れられた将軍

二〇〇三年三月、オックスフォード大学の二十三名の遺伝学者からなる研究グループはひとつの驚くべき調査結果を披露した。カスピ海から太平洋までの広大な地域に住むさまざまな集団のDNAを調べた結果、「千六百万人の男性に共通する祖先が、チンギスの直系の先祖だった可能性はある。（中略）この遺伝特性を一一〇九年から没年の一二二七年にかけて中国北部と中央アジア全域にばらまいたのは、チンギス本人だ」[3]との結論である。

徳王はその偉大な遺伝子を継承し、民族の再起を期して、中国からの独立を獲得しようと努力した。その徳王を最初から最後まで力強く支えていたのが、李守信という男だった。二十世紀に入って、チンギス・ハンのDNAは民族自決という国民国家建設の理念と結びついて、その子孫たちの精神的焔になって、激しく燃焼した。

李守信はモンゴル人で、大日本帝国の将軍だった。しかし、彼のことをほとんどの日本人は忘却している。徳王とともにモンゴルの政治舞台に立ち、独立自決運動を指揮してきた李守信を人びとは取りあげようとしない。

戦前に「蒙古《もうこ》贔屓《びいき》」や「蒙古狂」として自他ともに認められていた日本人たちは徳王のモンゴル自治邦が最終的に独立国家となるよう奮闘していたが、戦後はその熱い情愛をモンゴル人民共和国に注いだ。一九七二年に社会主義のウランバートル政権と国交関係を結んだ際に、満蒙で活躍した「蒙古贔屓」や「蒙古狂」たちの果たした役割は大きい。日本人にとっては、北でも南でも、「蒙古」でさえあれば、どちらでもよかった。

北の、かつてのモンゴル人民共和国、今のモンゴル国は内《みなみ》モンゴルよりはるかにつきあいやすいだろう。何事にたいしても、打算的に行動する中国人が間に入って邪魔することがないからだ。両者とも「単一民族」を標榜する日本とモンゴル国は虚心坦懐に、文字どおり、腹を割って、膝をつきあわせて語りあうことができるからである。一九四五年夏までは徳王や李守信のようなモンゴル人たちとそのようなつきあいをしていた事実を日本人は忘れていないだろうか。

歴史を封印する不自然さ

李守信を忘れ、いや意図的に無視しようとしているのは日本人だけではない。当のモンゴル人もまた李守信を語ろうとしない。「李守信は漢化したモンゴル人だ」と決めつけて、徳王を尊崇し、その他の政治家たちについては調べようとしない。モンゴルの独立自決運動は徳王ひとりではけっして成し遂げることのできないことだったと頭でわかっていながら、李守信の功績と役割を故意に過小評価してきた。

中国人もモンゴル現代史のプレイヤーのひとりであるにはちがいないが、彼らの歴史観は単純明快だ。「李守信は漢奸で、売国奴だ」として、彼の存在を消し去ろうとしている。李守信が漢字の姓名を名乗っていたことから、モンゴル人の彼を「漢奸」と呼び、中国という国を日本に「売った」と断罪することで、あたかも内《みなみ》モンゴルは最初から中国の一部であり、モンゴル人の歴史も初めから「中国革命史の一部」であったかのように歪曲している。このように、日本人も

写真P-1　徳王（Sechin Jagchid, *The Last Mongol Prince.*）

写真P-2　モンゴル軍総司令官李守信将軍（雑誌『鉄壁』）

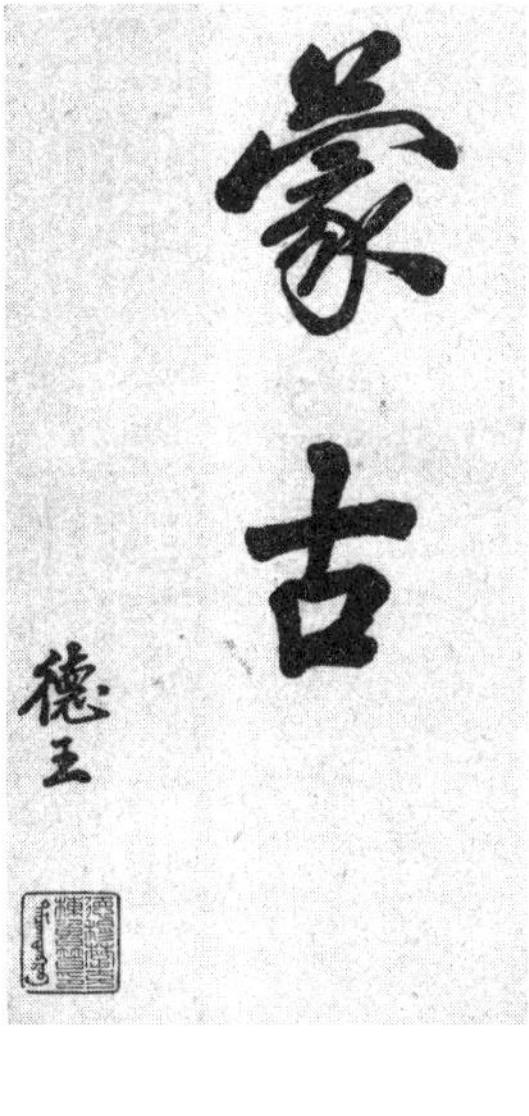

写真P-3　徳王が揮毫した「蒙古」の題字

モンゴル人も、そして中国人もみな、李守信の歴史を封印しているが、その営為は逆に不自然である。

忘れてはいけない人物

李守信は、忘れてはいけない人物である。

彼は徳王に最初から最後まで忠誠を尽くした。一九三五年冬に初めて徳王に出会ってから、一度もぶれずに全身全霊をモンゴル自決運動に投じた。それ以降は日本統治時代を経て、中華民国の蔣介石《しょうかいせき》時代も、つねに徳王の身辺にいた。

国共内戦で蔣介石側が不利になると、李守信も家族や側近を連れて一九四九年四月に台湾に渡った。当時の多くのモンゴル人が選んだ道である。しかし、徳王がふたたびモンゴル自決運動を始めたと六月に聞くなり、すぐに台北から広州に戻る。徳王らが内モンゴルの最西端のアラシャン地域で自治政府を設置し、その政権が中国共産党によって崩壊に追いこまれたときも、李守信は現場にいた。

一九四九年十二月二十九日にアラシャン沙漠からモンゴル人民共和国に亡命した最後の決断のときも、徳王の身辺から離れなかったのが、李守信である。このとき、多くの青年や軍人たちが李守信と異なる選択をし、アメリカに亡命する道と中共との共存を求める方法を選んだのとは、対照的である。人びとは晩節を汚さなかった徳王を尊崇するが、人柄が高潔で、指導者への強い忠誠心を守りとおした李守信もモンゴル人は忘却してはいけない。

中国人も李守信を忘れてはいけないだろう。

彼は生涯にわたって、無数の戦闘を中国軍と展開した。李守信の人柄に惚れこんで帰順し、彼を将軍として仰いできたのは、ほかでもない無数の中国人「馬賊」たちだった。軍人李守信を自陣に招き入れようとして、蔣介石総統も張学良《ちょうがくりょう》将軍も、あの手この手でアプローチしていた。しかし、彼はモンゴル人としての矜持を守りとおし、モンゴル復興の信念を一度も放棄したことはなかった。

李守信は一九七〇年五月にフフホト市内において、ひとりで最期を迎えた。その遺体が荼毘《だび》に付された際に、「銃弾の雨のなかを数十年ものあいだ潜り抜けてきたにもかかわらず、体には傷ひとつなかった。まさに奇跡としかいえない」と関係者を驚愕させた。

李守信は「漢奸」ではないし、無節操に実利のために動く中国人軍閥とも根本的にちがっていたのである。

日本人もまた李守信を忘却のかなたに置いておくわけにはいかないだろう。

一九四五年夏に敗戦を迎えるまで、国内外の各界で権勢を振るっていたのは陸軍士官学校や陸軍大学校を出たエリート軍人たちである。満洲国とモンゴル自治邦においても、それは例外ではなかった。

そのような近代的な英才教育を受けた軍人たちと比べると、李守信は草莽《そうもう》から蹶起《けっき》した正真正銘の「馬賊」である。彼の指導者としてのカリスマ性と大軍を指揮して近代戦争を推進する際の将才は日本のエリート軍人たちにも認められ、「李守信こそ帝国陸軍軍人の鑑《かがみ》だ」とまで称賛されるほどだった。大日本帝国の軍人精神を具現し、大東亜共栄圏建設に寄与した李守信の歴史を日本人はいま一度、思い起こしてほしいものである。

李守信は誰よりもモンゴル人らしく、その主君に忠誠を尽くした、確固たる信念を持つ政治家だった。李守信は信義を守り、その名のとおり人柄のよい、すぐれた帝国軍人だったのである。

本書の構成と狙い

本書はおおきく三つの部分からなる。

まず、第一章から第二章で、近現代において日本はどのようにモンゴルやモンゴル人を理解してきたかについて述べる。明治維新以降に大帝国の地位を獲得した日本は大陸においてモンゴル人や満洲人、それに中国人《シナ》などさまざまな民族に出会い、その経験を書き残した。李守信が生まれ育ち、大日本帝国の将軍に成長していった社会と自然環境を当時の日本人はどのように眺めていたかについて、日本側の資料で再現する。日本人がつくった資料群は緻密で、正確であるからだ。

続いて、第三章から第七章は、本書の主人公たちが残した第一次資料を駆使して日本統治時代の歴史を描く。具体的には『李守信自述』と『徳穆楚克棟魯普《デムチュクドンロプ》自述』[4]、『偽蒙古軍史料』と中国の公文書などを用いる。二人の自述は一九五〇年に亡命先のモンゴル人民共和国から中国に強制送還され、長い刑務所生活を送った後に完成したものである。徳王が述懐したものは元秘書のトクトフ（トブシン／陶布新）が一九六三年から、李守信には劉映元《りゅうえいげん》が一九六五年からついて、それぞれ文字記録として残した。両書とも日本にたいしては最大限にマイナス用語を使って、「偽」や「鬼ども（鬼子）」、「日寇」と表現しているし、モンゴル人の自決史についても「偽蒙古軍」や「蒙奸」と断罪している。そして、二人ともつねにみずからの行為を「反省」しているかのような筆致である。しかし、ていねいに読むと、二人とも少しも「反省」しておらず、民族復興という崇高な目標のために戦ってきた誇り高い精神が随所に滲み出ている。

李守信と徳王の毅然とした生きかたの前で、中国の政治的な歪曲行為は逆に醜悪に見える。モンゴル人と中国人の歴史観の鮮明な差にたいして、日本人の読者はどのように過去の帝国運営を理解するのだろうか。

最後に、第八章から第十章までは日本の降伏、撤退後に李守信と徳王がふたたび続けた民族自決運動について述べる。彼らが大勢の青年知識人と軍人たちを結集してアラシャン沙漠のなかで自治政府を設置し、「内モンゴル問題は国際問題である」とアメリカ側と折衝しつづけた歴史を復元する。

李守信はモンゴル人の信念を貫き、モンゴル人として生きた。私もモンゴル人で、本書をモンゴル人の視点で書いている。モンゴル人は、自民族の生きかたを対中国や対日本の現代史の脈絡のなかで語るときに、独自の認識を突出させるだろう。しかしモンゴル人以外の人なら、第三者の立場で客観的に書けるという保証もない。日本人もしょせんは日本人の視点でしか歴史を語らないのと同じである。

「歴史は解釈だ」と先人は喝破している。本書も、現時点で私が把握している資料に依拠して、モンゴル人将軍の生きかたについて、本人の解釈と認識を中心に再現したものである。なお、以下本書で引用する資料については、原則として漢字ひらがな交じりの現代仮名遣いにあらためていること、適宜句読点をおぎなったり、表記をやさしくしている箇所があることをおことわりしておく。

最後の馬賊

「帝国」の将軍・李守信

◆目次

＊「徳王政府」の名称変遷：モンゴル軍政府（1936年5月）→モンゴル聯盟自治政府（1937年10月）
→モンゴル聯合自治政府（1939年9月）→モンゴル自治邦（1941年8月）

日中戦争勃発直後の満洲とモンゴル
バイカル湖
ソビエト連邦
イルクーツク
トゥヴァ人民共和国
キャフタ
ホブド
ウランバートル(庫倫)
モンゴル人民共和国
(外蒙古)
新疆省
哈密
モンゴル聯盟
フフホ
安西
敦煌
包頭
寧夏省
オルドス
甘州
寧夏
青海
青海省
蘭州
中華民国
西安
0
500km

＊フフホト=帰綏=厚和

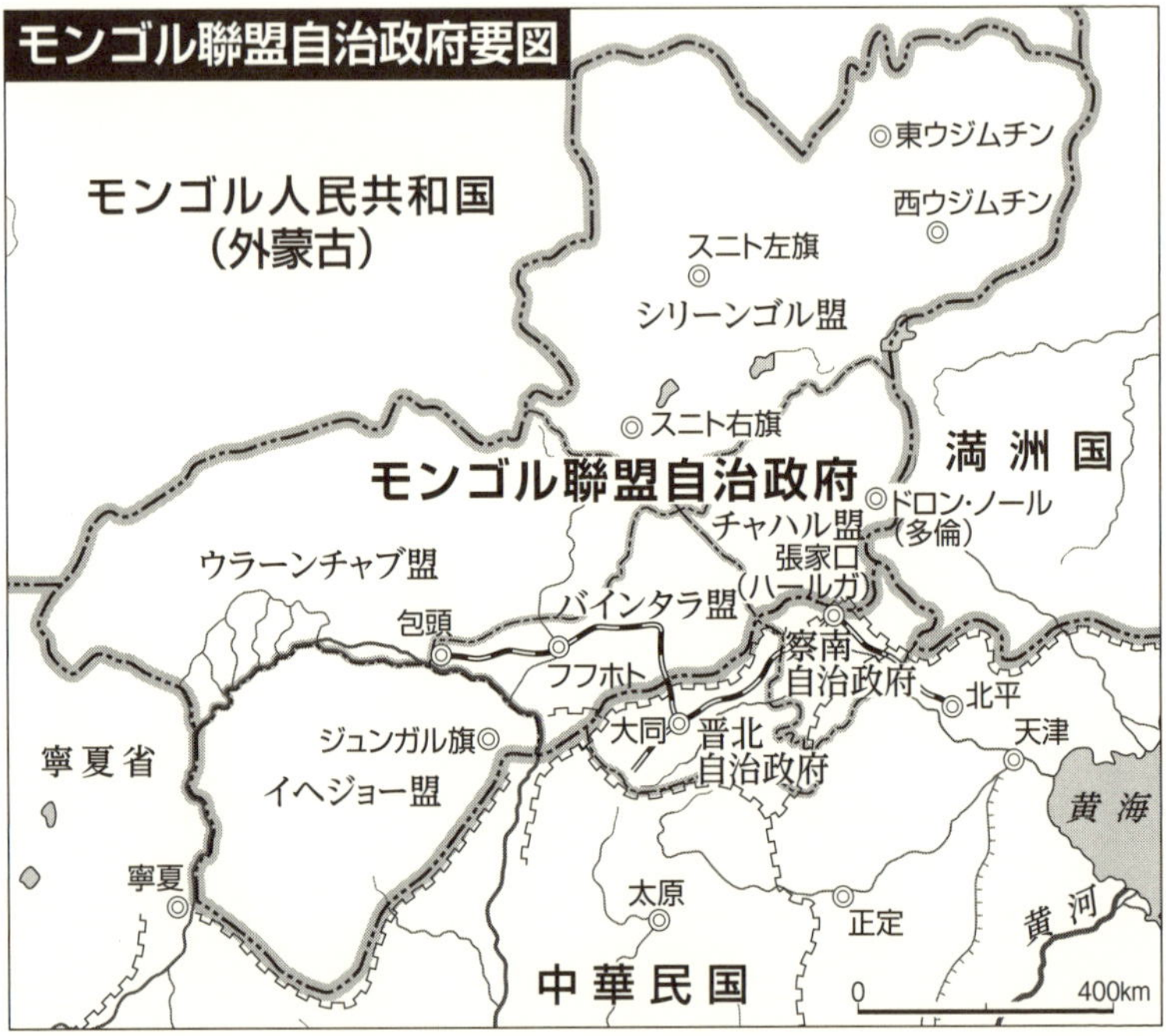

モンゴル聯盟自治政府要図

最後の馬賊

「帝国」の将軍・李守信

第一章　忘却のかなたから

植民地時代の日本人は綿密な調査を通して、モンゴルと李守信について、きわめて正確なデータを残した。こうした資料群はモンゴルの当時の実態を描いているだけでなく、日本人の民族性を逆照射する上でも有用である。それほど、モンゴル人の歴史は日本史の別の側面を織りなしているのである。

「東アジア」における過去およそ一〇〇年ほどの悲惨な時代とその記憶、そしてそれに比較して、随分とマシになった現在の状況。──こうしてふたつの光と影がないまぜになって、実際よりも、声高に語られている気がしてならない。
（杉山正明『逆説のユーラシア史』日本経済新聞社、二〇〇二年、一〇一頁）

1　帝国日本の使命

成紀は七三一年

一九三六年はモンゴルにとっても、日本にとっても重要な年である。この年の四月二十四日に徳王は内《みなみ》モンゴル中央部のシリーンゴル草原のウジムチン右旗《き》の王府所在地で「第一回モンゴル大会」を招集した。日本軍の影響下で、「察《チヤハル》東警備軍」司令官だった李守信も張北特務機関の機関長田中久《たなかひさし》とともにこの大会に参列した。

会議は三日間続いた。大きな天幕のなかには二百人も集まり、真ん中にチンギス・ハンの肖像画が掲げられていた。机はすべて円形に並べられ、民主的なやりかただ。シリーンゴル盟《めい》の十旗の王《ジヤサク》とチャハル盟十二旗の総官たちが列席していた。……天幕内は終始、熱気に包まれていた。[1]

会議は最後に「モンゴル軍政府」の創設を決定し、チンギス・ハンが即位した年から紀元を設定し、一九三六年を「成紀七三一年」とした。成紀とは、「成吉思汗《チンギスハン》紀元」の略である。五月十二日、モンゴル軍政府はジャブサル寺（嘉卜寺）で正式に成立し、徳王がモンゴル軍の総司令官に、李守信は副司令官にそれぞれ就任した。徳王とモンゴル人たちはこの成紀という年号を愛用し、一九四九年十二月末にモンゴル人民共和国に亡命するまで使いつづけた。

次に来るべきは陸上政策時代であろう

このとき、満洲国軍誌で、治安部参謀司が発行していた雑誌『鉄心』に軍事調査部が執筆した「蒙古民族の特殊性」という一文が載った。これには当時の日本のモンゴル観が如実にあらわれている。[2]

海洋文明の時代。世界各国の海洋政策は既に行詰った。次に来るべきは陸上政策時代であろう。亜細亜の中軸に帯状をなして広漠たる原野に散在する蒙古民族が文明開化の人為的恩恵に取残され、只管天恵の生業に拠って七百年前成吉思汗時代其儘の生活に甘んじているのは、海洋文明時代必然の犠牲である。……

日本は軍事、経済、政治の何れから観ても世界の先進文化国である。世界の先進国として東洋の可憐なる現状を救援し、所謂東洋弱小民族をして速に文化の恩恵に浴せしむる事は、皇道宣布と人類愛護の見地よりして、天賦の国策である。

文は続いて「赤露の南下」を日本の脅威としてとらえ、「衰退したモンゴル民族」の現状を分析した上で、日本は文化と産業の面から救済措置を取るべきだと主張している。

李守信将軍と徳王は、このようにモンゴルを眺める日本人たちに囲まれていたのである。李守信も徳王も、そして彼ら二人の配下に結集した無数のモンゴル人たちもみな、民族の衰退を嘆き、復興を切に願っていた。モンゴル民族を復興させるには古くからの宿敵である中国《シナ》から独立しなければならない。その独立を支持してくれるのが、日本だったのである。

もちろん、北のモンゴル人民共和国はすでに中国からの独立を果たしていたが、それは「赤露」ことソヴィエトの支援で実現できたものである。徳王も李守信将軍もそうした事実を認識していたのである。

ただ萎縮の二字につきる

では、モンゴルはなぜ、衰退したのだろうか。

衰退という事実は、日本人に指摘されるまでもなく、当のモンゴル人が誰よりもわかっていた。この点については、早くから内モンゴルに入って、地道な現地調査をおこなっていた文化人類学者の後藤冨男《ごとうとみお》の見かたに注目する必要がある。モンゴルの牧畜社会にかんする彼の一連の著作は、いまでもユーラシアの遊牧民研究に欠かせない古典となっている。その後藤が一九三七年に『月刊ロシヤ』に一文を寄せて、「モンゴル民族が衰退した」原因を以下のように列挙した。[3]

後藤はまず、「元帝国瓦解後の蒙古民族の運命は、ただ萎縮の二字につきる」と指摘する。そして満洲人の清朝三百年間にわたる分割統治を経て、漢人[4]の中華民国の成立後にはさらに悲惨をきわめ、「漢人中華民国の蒙古抑圧」が近代化を阻害し、産業の発展を遅らせているという。

今日の蒙古民族が政治的に三分されていることは確かに悲しき宿命である。漢人の各個撃破的侵略と国民政府の正面攻撃に死活の線をさまよいつつある内蒙古民衆としては、外蒙古の轍を踏まざる限り、満洲国に接近してくることは必然である。かくてこの政治的三分は、固定的な三分ではなくして、（中略）何れかその一を基点として汎蒙古主義運動に転化すべき可能性を蔵するものだ。

「三蒙古」とは内モンゴルとモンゴル人民共和国、それにソヴィエトの一員に組みこまれたブリヤート・モンゴルを指す。政治的に中国とロシアに三分されたモンゴル民族はいずれパン・モンゴリズムに鼓舞された統一運動に転じるだろうとの見かたである。

ツラン民族

狭隘《きょうあい》な一地域、すなわち内モンゴルだけからモンゴルをとらえるのではなく、ツラン民族と結びつけた日本人もまたいた。満洲国軍軍医少校の木下《きのした》真澄《ますみ》である[5]。

木下はまず「日満両民族は全く其の祖先を同じうする民族で、此等両民族の体内には同じ血潮の流れて居る」としたうえで、日本とモンゴル、満洲人、それに黄河以北の漢人もみな大きくツラン民族に属すという。ツランとは、民族学者は「此れを一名ウラル、アルタイ語族とも称」する。

重ねて述べよう。北支の民衆は、漢民族そのものよりも寧ろ日鮮満蒙人により関係深い同一ツラン系統の民族なのである。……北支の地がツラン同胞の一色に染換えられつつあるはツラン民族自衛の立場よりして余が最も欣快とする処である。

木下がモンゴルと日本をひとくくりにしてツラン民族の下位集団として分類していた一九三八年の時点で、モンゴル軍政府はすでにモンゴル聯盟自治政府に名を変えていた。中国人を主体とする晋北自治政府と、内モンゴルの察哈爾《チヤハル》南部（略して察南）に入植していた中国人とモンゴル人からなる察南自治政府もまた日本軍の支配下に統合された。モンゴル人と中国人、それに日本人からなる三民族の連帯を強めようとして、ツラン民族概念が活用されている。

同じ時期に、大阪毎日新聞／東京日日新聞の特派員、三原信一《みはらのぶかず》は綏遠《すいえん》省南部の平地泉（今日の集寧）で「蒙古の勇将李守信」に面会していた。李守信将軍とその大尉副官らは「民族学的のウラル・アルタイ（ツラン）民族系統に属しているため、容貌までも我々とほとんど変わらない」、と三原は驚く。

私は蒙古人というものに非常に親しい感情を抱くようになってきた。この人たちの祖先が七百年前に、あの体軀は小さく、脚も短い蒙古馬に打跨って欧亜の天地を席巻したのだ。そ

写真1-1　天幕のなかに飾られたチンギス・ハンの肖像画（『写真週報』1938年6月29日号）

写真1-2　モンゴル聯合自治政府成立のようす（『蒙古』1939年10月号）

して今また日本の正しい指導を受けつつ新しき「アジヤの嵐」を呼び起しつつあるのだ。

モンゴル人も日本人もともにツラン民族の一員であるが、日本は正しい指導をおこなって、古いモンゴル民族を新しい近代化社会に導き入れようとしている、との観点である。

蒙古人は生活の根拠さえも奪われている

では、「蒙古は何故支那に反抗するか」。ソ連と中国の情報を収集し、分析していた長山義男《ながやまよしお》は一九三八年に次のように論じている。[6]

熱河蒙地の大部分は斯くして漢化され、オルドスの良地、察哈爾の七〇%ウランチャブ盟の四〇%も既に植民地化されて、内蒙に於いては僅かに察哈爾省北部に帯状に広がっているシリンゴール盟だけが未だ冒されずに残って居るだけである。……蒙古人は支那人より生活の根拠さえも奪われたのである。……

支那移民の侵入を受け、漢化された蒙古人の中には二つの潮流が見出される。一つは支那に対する果敢なる闘争であり民族自衛であり、他は敗北主義であり漢化である。漢化の最も甚だしい地方に於いては、生活様式は全く支那式であり、母語の蒙古語さえ既に忘れられて居る位である。前者は東蒙に多く、後者は西蒙に多い。蒙古民族運動者の多くが東蒙より出ずるのもその為めである。

じつに的確に現状を識別した一文である。

「内モンゴルは中国の植民地だ」とする長山の見解は近代モンゴルの知識人や政治家たちの見かたとみごとに一致する。

熱河は万里の長城の北側に位置し、本書の主人公李守信もジョソト盟の出身で、のちに熱河省に改編された地のモンゴル人である。清朝時代からの行政組織でいうと、ジョソト盟とジョーウダ盟南部、ジェリム盟の一部は中国人移民に占拠されて漢化が進んだ。遊牧民の草原が中国人によって開墾されると、生活の基盤も破壊された。東モンゴルは人口も相対的に多かったので、「果敢な抵抗」も可能だった。中西部のチャハルやオルドスは人口が少なく、広大な草原に分散していたため、組織的な反侵略運動を喚起することもできなかったのである。

蒙古研究所の壮大な理想

モンゴルと満洲の問題を総合的に究明するため、日本は一九三九年六月一日に「蒙古研究所」を設置した。同研究所は研究部と調査部からなる。

「研究部は蒙古民族の起源、由来、盛衰の跡を探ね、過去の文化と業績を明らかにし、民族性に即応して文化の向上をはかり、民族意識の涵養と民族精神の発揚に学的基礎を与うることを使命とする」

「調査部は現代蒙古」をはじめ、シベリアと中央アジアの自然と人文社会科学に関する科学的な調査活動を展開する、との目標を掲げていた。

蒙古研究所はモンゴルを「新東亜秩序」のなかで次のように位置づけていた。[7]

文明と隔絶して広原に水草を追う遊牧民族が、漢人の蒙地開墾と植民地化の進むに随って疲弊困窮を加え、その羈絆《きはん》から離脱を求むるに至ったのはやむを得ないことで、一九二四年六月外蒙古独立の宣言は、蒙古人多年の期待に応え、蒙古史に新たなる世紀を画した事件であった。だが、外蒙独立は、その伝統の破壊、信仰の蹂躙、社会組織の急激なる変革等に伴う精神的並に経済的重圧の犠牲に於て与えられた独立であり、結局ソ連邦内に於ける一属邦化の過程を辿ることは最初から予定せられた運命であったのである。

英仏は、アジアの犠牲の上に繁栄し、更にその富を以て全アジアの支配を確立せんとしてあらゆる画策を弄しつつあるが、ソ連は外蒙を籠蓋《ろうがい》し、新疆を掌握して全支赤化に執拗なる努力を続けて来たことは周知のことで、中国共産党は又、これと呼応して陝北より山西を侵し、甘粛、寧夏に進出して綏遠を窺い、迪化及び庫倫を結んで牢固抜くべからざる西北共産連邦を形成せんとする情勢を展開しつつあった。……

蒙古聯盟自治政府は、その成立と同時に成吉思汗紀元を用いて元朝の直裔たる誇を示し、汎モンゴリアニズムの大旗を掲げて、蒙古恢興を志すに至った。……全蒙古民族の中心をなす内外蒙古の所謂ハルハ蒙古人が一体となり、合同勢力に結成せられ、独立帝国を創建して新東亜体制に参加することは、民族の運命展開の為めにも緊要な義務であるといわなければならない。

これほどモンゴル人をわくわくさせる文は他にない。

栄光の歴史を振り返り、そして大帝国を再興せよとのメッセージはモンゴル人に希望を与えた。ただ、蒙古研究所の見解は関東軍や日本国内の政治家たちの見かたとはけっして一致しない。関東軍も国内の政治家もモンゴル人に独自の国家を創ってあげようとの思想をもってはいなかった。

白鳥庫吉は説く

蒙古研究所は「本邦蒙古学の創設者にして斯学の最高権威たる白鳥庫吉《しらとりくらきち》博士を所長に推し、羽《は》田亨《だとおる》博士、和田清《わだせい》博士」など一流の碩学からなる陣営を整えていた。所長の白鳥は一九三九年に機関誌『蒙古』に「歴史上より観たる蒙古の過去と現在」を寄せた[8]。

蒙古、南部シベリア、キルギス等の沙漠又は草原地帯から北に進むと、シベリアの森林地帯となり、尚お北に行くと凍土地帯《ツンドラ》となる。が、森林地帯の住民が歴史の舞台に現われたのは近代のことで、北方諸種族の中、先ず問題になるのは沙漠又は草原に拠った遊牧種族である。これらの民族の配置は、大体今の満洲方面にツングース、蒙古高原にモンゴール、アルタイ天山両山脈からその西キルギス草原にかけてトルコ、更にそれ以西にイラン系統の人種がいたということは、古文献に徴して先ず間違いのないことである。

白鳥は「種族」と「民族」、「人種」をさほど区別せずに用いているが、遊牧民の分布にかんする歴史地理学的な区分けは正鵠を射ている。

ユーラシアの諸民族をモンゴル高原から出現したチンギス・ハンが統一して大帝国を建立したが、のちに没落した。その後、ロシア人が登場して東方経略に力を入れて、シベリアまでを勢力範囲内に収めた。ロシアの東進と南下は必然的にイギリスと衝突するし、新興の帝国日本もまた巻きこまれる、と白鳥は世界史的な立場で当代を俯瞰している。白鳥は、日本が創り上げた「東亜新秩序」を高く評価している。[9]

日本は、密林に人の通う道もなかった台湾を、領台五十年にして美しい果樹園の如くにした。朝鮮の石ころだらけの砂原も青々とした耕地と化し、満洲には匪賊の跡を絶たんとしている。蒙古の復興も漸くその緒につき、古き民族の伝統の中に新しき生命の胎動が始まっているのである。而して蒙古の復興が、支那西北辺境より中央アジアに至る広大な地域の覚醒を促すことも古来の歴史にその因縁を求むることが出来るのである。

白鳥は大日本帝国の壮大なビジョンをわかりやすく解説している。ユーラシアの長い歴史的潮流の結実として、日本がアジアに進出した、というのが彼の理解である。

紀元前の匈奴から十三世紀のモンゴル、そして満洲人の中国《シナ》征服や、中央アジアへの遷移と同じく、日本人も大陸に冒険する権利を当然有している。一度は大帝国を建設しながらも没落したモンゴルなどの諸民族は復興の夢を抱いているが、その夢は中国や西洋列強によって奪われている。日本にはそうした弱小民族の復興に積極的に関与する責務がある、と白鳥は説く。そして日本はすでに確固たる実績を台湾と朝鮮半島でつくりあげており、モンゴル復興も必ず実現できる、と鼓舞するのである。
モンゴルの若き知識人や青年政治家、軍人たちも白鳥と同様な理想像を描いていた。この一九三九年九月一日に、モンゴル聯合自治政府が成立した。

2　学問のまなざし、政治の思惑

チベット仏教

本書の主人公李守信は青年時代に一時出家し、ラマ（喇嘛、チベット仏教の僧）になっていた。チベット仏教は当時、喇嘛教とも呼ばれ、モンゴルの衰退をもたらした元凶とされていた。したがって、チベット仏教にたいする見かたはそのまま李守信の生まれ育った社会の宗教的背景についての理解になる。

東京帝国大学文学部を出て、蒙古研究所の研究員になっていた青木富太郎《あおきとみたろう》（マルコ・ポーロ『東方見聞録』の訳者として知られる）は次のように書いている。[10]

喇嘛教が現在の蒙古問題中の最も重要なものの一つであることは厳然たる事実である。蒙古民族の間に喇嘛教が浸潤した時以来、たしかに彼等の活動は鈍っている。彼等の非衛生的な生活、特に呼吸器病、性病の蔓延は今や蒙古民族をして自滅の淵に陥れんとしているとさえ言われている。そのかくなりし原因の一つは喇嘛教乃至喇嘛僧が作ったものだという説は正しい。

青木は、このように断じてからまたいくつかの通説に疑問を呈している。たとえばチベット仏教を受け入れてからモンゴル人の戦闘能力が弱くなったとかの観点は成立しないと説く。チベット仏教の本拠地であるチベットにおいて、「チベット人の剽悍《ひょうかん》」な精神は少しも軟化していないので、モンゴルも同様だという。

問題はむしろ清朝の政策にあった。各地に豪華な寺院を建立してモンゴル人の出家を奨励し、けっきょくは人口減少をもたらした。巨大な伽藍《がらん》はまた遊牧民を搾取する温床ともなり、社会を経済的な困窮に陥れた、という。

ソ連、そしてモンゴル人民共和国

モンゴル人の独立運動は孤立した政治的な行動ではなく、つねにソ連および同胞のモンゴル人民共和国との国際関係のなかにあった。日本もモンゴルの民族運動の国際性を認識し、それをみずからが主導する「東亜新秩序」に組みこもうとした。それをよくあらわしているのが評論家の本荘可宗《ほんじょうかそう》の主張である[11]。

蒙古独立運動は東洋新秩序の一環としての自覚の上に立てられるべきものである。……ソ

写真1-3　経典を背負って草原を往くモンゴルの僧侶（『写真週報』1938年6月29日号）

写真1-4　『蒙古』一九三九年七月号掲載のソ連邦にかんする写真二点。防ソを訴えながらも一種の羨望の視線が感じられる。

連の全領土は、蒙古人のものであった。これを回収するのは、蒙古独立と共に、その中に包含される観念でなければならぬ。かかる理想は、露西亜人の吹込み得ぬものであり、日本人のみこれ助力し得るのである。蒙古の独立は、雄大なる遠征の理想と構造とを有せねばならぬ。

本荘はまた、ソ連の文化工作員がウランバートルでモンゴル人に宣伝映画を見せて「ロシアとモンゴルが団結すれば、モンゴル人は衛生的で幸せな生活を送るようになる」と勧めていたことに注目しており、日本もモンゴル人にたいして尊大な態度を取らないで、懐柔政策を進めるべきだと進言している。

蒙彊という名称

日本は当時、徳王と李守信将軍が統治する内《みなみ》モンゴルを蒙彊《もうきょう》と呼んでいた。この名称はモンゴル人にはまったく人気がなく、徳王は強烈な嫌悪感を示していた。

蒙彊をいかに建設すべきか、早稲田大学講師で報知新聞論説委員を務めた平竹傳三《ひらたけでんぞう》が一文を公にしている。[12]

蒙彊地区とは本来、蒙古民族固有の居住地帯を総称する代名詞であり、支那事変の動乱の中から発生した術語であるが、具体的には主として内蒙古民族固有地帯たる万里の長城の外城線以北の所謂内蒙古と、内外長城線に囲繞された察南・晋北の両地域を合する総面積五〇万六八〇〇平方粁（即ち、本州、四国、九州及び朝鮮を合したのに均しい）地区を称しているのである。……蒙疆地区の人口は約五五〇万人と算定されるが、この中、大部分は漢人種であって約五一〇万人を占め、察南、晋北の住民は殆ど漢人であり、蒙古人は約三〇万人に過ぎず長城線以北の地域に居住し、回教徒約一〇万人は各地に居住している。

「蒙疆は元来徳工、李守信等を中心とする蒙古民族の国家」であるが、多民族と混住し、しかも「漢人種」が多数派を占める現実に日本は着目しなければならない、と平竹は見ている。

蒙疆は、西北シナの共産勢力と「赤露」が結びつくのを防ぐ前線、「防共の前線」であるので、戦略的価値はきわめて高い。「蒙古民族は近代文明の段階には余りに遠く、政治、経済、軍事、社会的にも未発展の段階にあり、原始的遊牧生活を現時に於ても尚お踏襲している現状」の改革が不可欠である、という。さいわい、蒙疆は資源が豊富なので、それを日本主導の「東亜経済ブロック」に組みこんで開発し、「日蒙如一の民族的融合調和」を進めれば、蒙疆は「第二の満洲国」になると信じている。

モンゴル人とシナ人のちがい

遊牧生活を送り、「衰退した」とされるモンゴル文化について、日本人はどのように理解していたのだろうか。「支那通」の外交官として知られた米内山庸夫《よないやまつねお》は次のような見解を示している。[13]

「蒙古民族が、草原から起って草原に家畜と共に生活して居り、所謂文化生活なるものとは、およそ縁の遠い生活をしていた」。「支那本土に入り、漢民族を平定しても」、やがては逆に漢民族の文化に支配されるようになる。元朝の滅亡後に草原に戻ったモンゴル人は近代に乗り遅れ、その命運は他民族の支援を必要とするようになったという。モンゴル人の性格をシナ人と比較すると、興味ぶかい点が浮かんでくる、と米内山は気づいた。[14]

木訥粗野で御世辞はいわず、真正直にぶつかって来るところを見ると、全く我が東北人の性格そのままのようにも考えられたりした。……支那人の日本語を話すのを聞くと、何処か日本人と違った語法があって、いわゆる支那人のいう日本語になる。……蒙古語と日本語とは言葉の構成が同じであるため、蒙古人の話している日本語は咄々《ママ》としているにも拘わらず同族的誼を以て私共の心に響いてくる。

米内山はかかるモンゴル人を三種に分類している。

第一は純正の蒙古人であり、第二は支那人化した蒙古人、第三は他民族と混血した蒙古人である。

「純正の蒙古人」は蒙疆と満洲国の草原地帯に暮らし、喇嘛《ラマ》教を信じ、固有の習慣を守り、遊牧を営む。「支那人化した蒙古人」は農耕をおこなっているが、技術は漢人に及ばずに拙く、貧困も進んでいる。ひどい場合はしかたなく「支那人と混血してしまった蒙古人」まであらわれるようになった。「蒙古人」と「支那人」は「水と油の如く和しがたい」が、「支那」を文明と見なし、「蒙古」を「野蛮」とする日本人の観点はむしろまちがっている、と米内山は喝破している。満洲国も蒙疆も「蒙古人と支那人との関係を考えて」、「畜産立国」を基本としなければならないと結論づけている。[15]

米内山の見識は群を抜いてすぐれているが、問題はその理論が政策として実るのに時間がかかったことであろう。

遊牧は「原始的」にあらず

米内山庸夫よりもモンゴルの遊牧を積極的に評価する人物がいた。東京帝国大学助教授で人類学者の横尾《よこお》安夫《やすお》である。彼は次のように単純明快に論じている。[16]

> 蒙古民族は所謂遊牧民である。我々から見ると簡易不潔な生活をした民族である。それで蒙古民族を視察した人は一様に云う。原始的遊牧民と。しかし私には遊牧民が原始的だという考えが充分納得が行かない。汽車や電車によって往来する民族が馬や牛車で往来する民族を原始的というのは、何も人間の本性に触れるところのない表現と云わなければならぬ。人間の生活形態は元より生得のものもあるけれども、環境によって支配せらるところ尠《すくな》しとしない。蒙古民族が遊牧民であるのは別に民族として劣等な為では毫もなく、その大亜細亜の広大な内陸地帯を生活舞台としているが為に外ならない。

遊牧を「原始的」だと決めつけるのは、「定住生活」を至上とする農耕民の観点にすぎず、モンゴル人と頻繁に接するようになった「我々日本民族自体もよく一応反省して見る必要がある」

と横尾は警鐘を鳴らす。「遡っては支那印度大陸からの文物、近くは欧洲大陸からの文物に異常な興味を持ち、物質的に精神的にも多くのものを我々の生活は此等に負うている」。こうした価値観こそが「簡易」や「簡素」を善とするモンゴル人との対立を生んでいる、と横尾は指摘する。「蒙古民族の発展の為には、清潔、教育、勤勉が必須の条件である」ので「冷徹なる理知に則して、科学的な教育」を施せば、民族的自覚を喚び起こし、「チンギス・ハン時代のような大蒙古の建設は可能である」と鼓舞している。

同化から救うべきチンギス・ハンの子孫

米内山や横尾と異なって、モンゴルにたいしてラディカルな見かたを示す日本人もいた。草原の奥地、百霊廟でモンゴル人教育にたずさわっていた人物、「蒙古人教育の理想」を執筆した岩《いわ》瀬《せ》敏雄《としお》は以下のように論じている。[17]

現状のままに今後三十年、五十年を経るならば、恐らく蒙古民族は滅亡するであろう。彼の無限とも考えられる程の粘着力を有する漢民族との接近は、必然的に優勝劣敗の理を現出する。

モンゴルが「漢民族との接近」によって同化されて滅亡してしまうと、「人種学的からいっても惜しむべきことであり、又我が日本の同系種族でもあり」、なんとしてでも避けなければならない。

そのためには、モンゴル人にたいして「理想的な教育」を施す必要があるが、「未開蒙古人」には教育の近代化の妨げとなっている次のような弊害がある、と岩瀬は指摘する。

一、頑迷固陋、無知蒙昧。
二、社会意識と衛生観念の欠如。
三、農耕を嫌忌していること。
四、母系民族で喇嘛教を盲信していること。

岩瀬はきびしく批判するだけではなく、積極的な提案もしている。牧畜を改良し、農耕を進め、野菜を食べるようモンゴル人を指導する必要がある。植林を奨励し、手工芸の発展を図る。科学教育を普及し、「民族精神の高揚」をうながさなければならない。[18]

我等はチンギス・ハンの如き英雄の子孫である、我々の手に依り、あらゆることが可能であると云う声が盛に起っているようであるが、かかるつけ上った考えは、教育効果が逆に表われる。民族意識発揚の教育である。我等は勉強しよう。努力しよう、而して先進国に劣らぬ国にしよう。チンギス・ハンの古にかえそうという様にならなければならないと信じている。

このように、「モンゴル人はチンギス・ハンの子孫である」との呼びかけは非常に効果的である。日本は一九四一年から大日本国粋党の総裁である笹川良一《ささがわりょういち》を名誉会長とする「映画チンギス・ハン製作同志会」を組織し、辻吉郎《つじきちろう》監督の指揮下で、八月一日から内モンゴルのドローン・ノール（多倫）で撮影を開始していた。チンギス・ハンを鈴木伝明《すずきでんめい》、その妻を宮城千賀子《みやぎちかこ》がそれぞれ演じた。[19]モンゴル民族の開祖に日本人が扮し、通訳と配役はモンゴル人が務めた。

後年、映画製作に携わったモンゴル人たちは、一九六六年から発動された文化大革命中に「日本の走狗」として粛清された。[20]ドローン・ノールは李守信将軍が長らく駐屯していた地である。

独立建国に理解を示した日本人

日本は、満洲国とモンゴル人民共和国との国境地帯で頻繁にソ連と衝突し、ついには一九三九年夏に大規模戦役にまで発展した。ノモンハン戦争である。

九月一日にはドイツがポーランドに侵攻し、第二次世界大戦の烽火はヨーロッパ全土に及んだ。九月十五日、日ソは停戦合意にいたるが、中華民国はこの合意に懸念を示した。日本側はモンゴル人民共和国の領土の保全を、ソ連は満洲国の存在を尊重する、と「日ソ中立条約」の本文とは別の「声明書」があったからだ。[21]日ソ停戦合意は当然、内モンゴルの民族独立運動を鼓舞した。日本とソ連、どちらも中国からの離脱を支える頼りになるとの見かたがモンゴル人の脳裏に定着した。

一九四一年暮れの十二月二十日に、医師上がりの植民地官僚だった金井章次《かないしょうじ》に代わり、満洲国国務院外交部次長などを務めた大橋忠一《おおはしちゅういち》が、モンゴル自治邦の最高顧問に着任した。最高顧問は最大の権力を握る。大橋は十二月二十九日から二週間かけてシリーンゴル盟とウラーンチャブ盟、それにバインタラ盟を視察してまわった。彼の訪問を徳王と李守信は温かく迎え、一九四二年の元旦にはスニト右旗の徳王宮殿で盛大な宴会を催した。大橋自身、次のような感想を残している。[22]

夜の祝賀の晩餐は賓客用の内蒙第一と言われる豪華な包の中で行われ、真ん中に牛糞を焚き、羊の肉を種々に料理した立派な晩餐が供せられた。その間楽人が柔かい嚠喨として心持の良い蒙古音楽を奏で続け、酒盃の廻るに連れて、徳首席自ら琴を弾じられ、私共の案内役たる興蒙委員会委員長の松王が蒙古歌を唱い、身はこれ七百三十数年前カラコラムの天幕府にあるが如き想いを致した。……

ここでいう徳首席は徳王のことで、松王はソンジンワンチョク王である。徳王を指導者とするモンゴルは必ず復興するだろうし、その政治的な意義もまた大きい、と大橋は正しく理解していた。[23]

奥地の蒙古人は今日尚未開の域を脱して居ないが、本質に於て正直にして勇敢、純真純朴七百年前世界的大帝国を作ったチンギスハンの後裔たる性格をもって居るこの蒙古人が、満洲事変で日本が捲起したる世界の現状打破の気運に乗じて、過去の偉大なる歴史を想起し、他民族の圧迫より逃れて独立を完了せんとする熱意に溢れて来た……而かもこの蒙古人は人種の系統から言っても、言葉の性質から言っても、民族の性格から言っても日本人に最も近い民族であって、世界各地に散在する蒙古系統の民族が殆んど例外なく顕著なる親日的傾向を帯びて居るのは、この血縁のつながりからであると私は確信して居る。

モンゴル人から温かく歓待された大橋は徳王に好かれていた。大橋は個人的に徳王と親交していただけでなく、モンゴルが将来に独立するのにも理解を示していた。大橋はモンゴル自治邦の最高顧問として赴任してきた際も、実際の支配者である駐蒙軍司令部へ出向いて指示を仰ぐ前に、徳王に面会していた。側近たちは彼のやりかたは駐蒙軍の不満を買うのではないかと心配したが、大橋は、モンゴル人から招かれたので、「先に徳王にあいさつするのは当然」との態度を取った。

案の定、実権を握っていた日本人たちに嫌われた大橋は、一九四二年九月三日に陸軍省に帰国を命じられるにいたる。[24] 駐蒙軍は最初からモンゴル人に独立の権限を与える計画を用意していなかったのである。

3　モンゴル復興の夢

日本の民族政策はソ連、中共よりすぐれていなくてはならない

太平洋戦争が勃発して一年後の一九四二年十月、蒙古研究所研究員の田中吉六《たなかきちろく》は「大蒙古建

写真1-5　シリーンゴル草原で風雨に曝されている徳王の宮殿。かつては大勢の日本人がここを訪れ、1945年9月には内モンゴル人民共和国臨時政府がここで成立した。

写真1-6　日本の侵略を警戒するモンゴル人民共和国のポスター
（*Mongolchuud 3*, Ulaanbaatar, 2016）

設」の必要を次のように唱えた。[25]

田中はまず、「いまや米英民族政策の批判者として登場せねばならぬわが民族政策は、では、前者に対する自己の優越性をなにを以って根拠づけるのであろうか?」と問いかけてから、米英の民族政策は「植民地的超過利潤」の収取に置かれたもので、東亜の民族政策には合わない、と断じる。

とくに「内蒙の蒙古民族」にたいしては、日本の民族政策はソ連と中共の民族政策よりもすぐれている特徴を示す必要がある、と強調している。

なるほど、内蒙に居住する蒙古民族は僅かに三十万というケタ違いに少ない人口数ではある。だが、わが東亜民族政策の一環としての対蒙古政策の重要性は、決してこの少ない人口数によってきまるのではない。問題は量ではなくして質である。即ち、蒙古民族三十万の占める彼らの対外的な政治的地位が、わが対蒙古政策の重要性を決定するのである。

田中からすれば、ソ連はすでに外モンゴルに科学技術と武器を提供して、モンゴル民族の統一という悲願を部分的に支持する姿勢を示しているので、日本はソ連の南下を防ぐためにも、内モンゴルのモンゴル人の独立を支援すべきだとの主張になる。

なお、戦後になっての田中は、肉体労働をしながら著作をおこなう在野のマルクス主義哲学者として知られるようになり、岩波文庫の『経済学・哲学草稿』の共訳者ともなった。

モンゴル民族の統一問題はあくまでもソ連との関係のなかで処理すべき

一九四四年、「日本と支那、それにソ連邦」の三ヵ国分割下のモンゴル民族をどのように位置づけ、その自決運動にいかにかかわっていくべきかについて、田中と同じく蒙古研究所研究員の遠藤一郎《えんどういちろう》は次のように自説を広げた。[26]

渺たる一種族として蒙古草原に蹶起し、遂いに全アジアを摺伏せしめ、更に東欧にもその勢力範囲を拡大したチンギス・ハンの蒙古は、明らかに近代外交の主体たるべき前提条件を獲得したが、幾許もなくしてこの大蒙古の崩壊後は、蒙古族が東西南北に分裂したほか、それぞれ世界列強の分割下におかれるに至ったため、近代外交の主体としての地位を獲得せずして終った。……

蒙古は民族的統一を実現せず、更に日ソ支三国の分割若しくは保護下にあるとはいえ、熾烈な民族的独立の希望に燃え、独立運動を通じて対外的意志表示をなすとともに、これによって独特の国際環境を形成しており、近代外交形成の一要素たり得るものがあるからである。……

いうまでもなく、支那は蒙古領土の大部分の宗主権を形式的ながら有しているか、またはこれを主張しており、蒙古民族を自己の被支配民族と主張しているに対し、蒙古側ではこれを承認せざるばかりか、支那からの完全独立を希求して、民族運動の手段にうったえ、それぞれ先進国日ソ両国に依存している。

遠藤は右のように分析してから、「日ソの平和関係の持続如何が、蒙古民族の民族運動に大きく影響し」ていると判断している。そして、日本は「蒙古民族運動を支持しつつ、自国の東亜における発言権の拡張を企図」しなければならない、と提案している。

遠藤はその後も政策提言を続けた。[27]

内蒙古に対する帝国の政策が、支那事変を契機として全面的発展を遂げつつあったに対し、この帝国の対蒙古政策の躍進は、外蒙古に対して必ずしも無影響ではなかった。外蒙古への影響は、おびただしい満蒙国境の紛争事件によって、端的に表明されたが、帝国としては外蒙古がソ連の保護国であるに鑑み、問題を日ソ両国の問題として、適当に処理するに努めた。

「おびただしい満蒙国境の紛争事件」の典型的な事例のひとつは、一九三九年夏のノモンハン戦争であろう。[28]遠藤は、対モンゴル政策は「対シナ政策」とは性質が根本的に異なるとし、モンゴル民族の統一問題はあくまでもソ連との関係のなかで処理すべきだと唱えている。

中国は内モンゴルだけでなく、モンゴル高原北部にたいしても宗主権を主張していた。当のモンゴル人は全民族を挙げて中国からの完全独立を自決権の実現だと理解して闘争をくりひろげていた。日本は内モンゴルでの権益を確保しようとして「日ソ不可侵条約」などを締結して国際関係の強化を図ろうとしていたが、ソ連はあくまでもそうした条約を戦略的に位置づけていた。

遠藤の回顧と見通しは正しかった。

その提言から　年後に、ソ連は条約を紙屑箱に破り捨てて対日参戦を宣告した。スターリンは全モンゴル民族の統一よりも、自国の指示にしたがう小さなモンゴル人民共和国の独立を許し、内モンゴルを中華民国に売り渡した。一九四五年二月の「ヤルタ協定」の裏取引である。このヤルタでの密談にはモンゴル人も日本人も参加していなかった。

積み重ねられた帝国の学智

敗戦の一年前の段階で、日本人のモンゴルにたいする理解は国際関係上だけでなく、さまざまな学問分野においても、それぞれ深化しつつあった。

帝国の政策を背景とした民族研究所は一九四三年春から考古学者の江上波夫《えがみなみお》らを内モンゴルに派遣して調査を進めた。内モンゴルを橋頭堡として中央アジア全域を射程に入れた「内陸アジア調査」が頻繁に実施され、文献学者の藤枝晃《ふじえだあきら》や今西錦司《いまにしきんじ》、梅棹忠夫《うめさおただお》らフィールドワークを重視する、後年大をなす一流の学者たちが現地調査に乗り出した。[29]また、翌年には学術探検を得意とする京都学派の学者が中心となって、文理融合型の西北研究所が誕生した。その当時に得られた学智が戦後日本の人文系の学問の土台となったのはいうまでもない。

大陸に乗りこんだ日本人と日々接触している「蒙古民族」の身体的な特徴にたいし、横尾安夫は次のように「人類全体の中で分類」してみせた。[30]

「蒙古民族の顔面は顎骨の突出が著しい」

「目の特徴は内眥の間の幅が広い」

「虹彩の色は原則として暗褐色であるが、いくらか灰緑色を帯びているものが一割位はあり」

「前身《ママ》の毛は甚だ稀」

「蒙古民族体型は、純遊牧民族のものとして正しく把握されて居ると信ずる」

横尾は自信たっぷりに書いている。本書の主人公たちもまたこうした体型の持主だったにちがいない。

個人の体験と民族観

日本人が、個人として戦時中に身をもってつくりあげたモンゴル経験はそう簡単に消えるものではなかった。

静岡県の望月稔《もちづきみのる》は、一九三八年に包頭《パオトウ》の特務機関の責任者だった金川耕作《かながわこうさく》中佐に誘われて内モンゴルに入った。彼は一九九六年になっても、大戦中の印象を変えようとしなかった。望月は「蒙古県の参事官」として包頭とフフホトで柔道と剣道をモンゴル人に教えていたという。[31]

> 蒙古人！　それは繊細優雅な古い文化に育まれた日本人とは多くのへだたりをもって生きている天然自然の児であった。……彼らは金銭の取引に血眼となって騒ぎ回る中国人を卑しいと見る。自らはボロを身にまといながらも決して服装で中国人を尊敬はしない。一度戦場にまみゆれば蒙古人一人は五人の中国人に匹敵するが故である。これは彼我公認の評価でもあった。天然自然の草原児にはただ戦力の強弱のみが人間の価値基準である。したがって伝統的普遍的に対中国人優越意識を持っていた。故に中国人と同列に扱われることを恥としている。ただ不思議なことに日本人とは同一血族との信仰を持っていた。

望月の回顧もまた民族間関係の要点を押さえている。今日の日本人もモンゴル人と中国人との関係を研究する際には、彼の省察を考慮に入れなければならないだろう。

モンゴル人は中華民族ではない

そもそもモンゴル人は自身を中国とはまったく無関係な民族だとの信念を有してきた。モンゴル人の民族主義の政党、内モンゴル人民革命党の指導者でもあったボインマンダホ（博彦満都）もそのような一人だった。

一九三〇年五月下旬に南京で国民政府主導の「モンゴル会議」にジェリム盟の代表として参会したボインマンダホは国民政府立法院院長の胡漢民《こかんみん》が唱える「中華民族」論に即座に反論した。[32]「モンゴルは中華民族ではない」、と胡漢民らと激しく衝突したボインマンダホはその後日本の統治を認め、満洲国興安南省省長や興安東省の省長などを歴任し、建国功労章や勲四位景雲章などを授けられている。[33]

ボインマンダホ一人だけではない。内《みなみ》モンゴルの西部においても、同じだった。一九三九年、国民政府の軍隊がオルドス高原を占領して「抗日の拠点」とした。黄河に近いジュンガル旗のモンゴル軍も一時、国民政府軍に接収された。ある日の国旗掲揚式の際に、ジュンガル旗のモンゴル軍は「おれたちはモンゴル人で、中国人ではない」と抵抗し、衝突した。その後、ジュンガル旗の軍隊は、若き貴族で「美少年」の異名を持つ奇天祥《きてんしょう》（奇子祥）に率いられて徳王と李守信に帰順し、イケジョー盟警察第一隊に改編された。[34]本書の主人公の一人、徳王は一九四五年夏に政権が崩壊した後も、「自分は中国人と称するのが恥ずかしい」と話していたし、彼の部下たちもまた「自分を中国人とは認めたくない」と力説していた。[35]

「モンゴル人は中国人ではない」という信念は、民族全体の共通見解だったのである。大戦に突入した当初、関東軍や駐蒙軍はモンゴル民族の統一運動にさほど政策的な関心を示そうとはしなかった。しかし、モンゴル人が中国人との折りあいが悪く、生活環境を根底から破壊する元凶と見なしていたので、「中国からの独立」に賛同せざるをえなかったのであろう。

我等蒙古の青年として

右にくわしく紹介してきたように、日本人は壮大なスケールでモンゴル観を形成し、国際関係のなかでモンゴルの民族運動を位置づけていた。では、モンゴル人たちはまたどのように日本を眺めていたのだろうか。

この点にかんしては、実際に日本経験を有するモンゴル人の見かたが代表的である。というのは、日本は早くからモンゴル人青年たちの留学を積極的に進め、大勢の知日派を育てていたからである。一九三九年三月十一日、徳王の長男、ドゥガールスレンも大和に旅立った。[36] 留学事業を主導していたのは善隣協会蒙古学生部で、一九四〇年だけで七十名の青年を受け入れていた。[37]

学校別に見れば、陸士四。北大一三。盛岡高農五。東京文理大一。東京高師三。東京工大二。慶大七。早大二。日大二。立正大一。洋大二。東京医専一。麻布医専一。高等獣医三。航空練習生一。善隣高商一〇。其他一二。

写真1-7　徳王の長男ドゥガールスレン［向かって右］（『写真週報』1938年6月29日号）

写真1-8　善隣協会の運営により静岡県に合宿に来ていたモンゴル人留学生
（『蒙古』1939年9月号）

右に示した留学生たちのなかで、立正大学文学科二年生で、当時二十二歳だった蒙太が書いた文に彼らの日本観があらわれている。[38]

我等蒙古の青年として東亜建設大業の精神実力を涵養する為、遠き重洋を渡り憧憬していた神州に於て、学問を修める事の出来るのも思えば誠に有難き極みでなければならない。我々は日本の悠久無欠万世一系なる清浄な国体を仰ぎ、清らかにして厳しき日本精神に染られ、忠義、尚武、寛恕、潔白なる国民性に陶冶せられ、斯様な環境に訓育されている我々は、益々日本に対し、日月の増すると共に崇敬、理解、習化、感謝の念を湧き、胸奥から真に日本人と一体一身となって、建設の片腕前進に一線と云う感じを抱き、真心から共同勉励する誓願を起さずにいられまい。……

然るに我等の蒙古民族を顧みよう。大帝成吉思汗以後と云わば、已に千年近くの事であって、且く之を他に置こう。……明清二朝の政治的統制を受け、民族の自由は全く他人の掌握に収められ、民国に至って只徒らに五族協和と唱えて来たに過ぎない。その実際に於いては依然として狄夷の待遇から放たれなかったのである。加えるに北方から赤魔の毒爪に罹り、半数をその赤色統治下に陥れたのである。……

我々は敢えて他人を憎まない。自己が、昏睡していたと確信している。努力克服の精神に乏しかったからである。蒙古復興の任務は全く二十世紀の我々蒙古青少年にあると確信する。

このように、近代化の進んだ日本を実際に見て、「蒙古の青少年」たちはいっそう、「モンゴル復興」の理想を実現させせようと決心を固めた。この時代、「モンゴル復興」ほど人びとの心を燃焼させせる言葉はなかった。

本書の主人公、李守信将軍もまたそのようなひとりだった。次章では、日本人が出会い、描いた李守信像を整理する。

第二章 「蒙古の乃木将軍」

日本人は「蒙古」にあこがれ、モンゴル草原から中央アジアを眺め、ヨーロッパにいたる交通路を打開しようと気宇壮大な帝国運営をしていた。帝国とその支配下の植民地を経営する際には、現地出身のすぐれた人材を駆使する必要がある。能吏もいれば、カリスマ性に富んだ政治家や軍人もいた。宗主国が植民地から手を引いたとき、そのような植民地出身のエリートたちは新生国家を建設する力となっていく。李守信もそのようなひとりだった。多くの日本人が彼に惚れこみ、称賛の辞を惜しまなかった。

ルネサンスとモンゴル帝国の時代が終わって以来、チンギス・ハンは人類史のどん底に引きずりおろされた。新たに植民地の権力を手に入れ、世界支配の使命を負っていると自任した近代ヨーロッパには、アジアの征服者を受け入れる余地がなかった。

（ジャック・ウェザーフォード『パックス・モンゴリカ』日本放送出版協会、二〇〇六年、四〇一頁）

1　天性の将器

明朗な武将

一九三六年八月二十一日。財団法人善隣協会の大島豊《おおしまゆたか》常任理事と日影董《ひかげただす》理事らの一行は新京（長春）発の列車に乗りこみ、天津経由で内《みなみ》モンゴルを目指した。途中の北平《ペイピン》（中華民国時代の北京の名称）で特務機関長の松室孝良《まつむろたかよし》少将と会い、北上して張家口を経て、八月二十九日に張北に到着した。張北には李守信が指揮するモンゴル軍第一軍の司令部があった。

「この地は人口約六千、土の城壁に囲まれた薄汚い県城であるが、現在では多倫《ドローン・ノール》より移駐してきた李守信軍の駐屯により異常の活気を呈している。目下同地に日本人の数約百七十名」

右は一行の印象である。張北は中国人の多いところだったが、日本軍は最初モンゴル人を優遇する政策を執ったことで彼らの不平を買ったが、李守信が駐屯してからは一視同仁の施策を始めたことで、中国人も服従しているという。モンゴル人だけでなく、中国人をも素直にしたがわせることは李守信の才能だった。善隣協会の理事たちもいち早くその才能に注目していたのである。一行はここで、李守信と会談した。[1]

李守信とは八月三十日軍司令部で会ったが彼は日曜日にも関らず仕出して居り、顧問の高木信中佐が同席していた。李は噂のように極めて如才のない明朗な武将である。非常に勤勉で朝の九時から夜の十時まで司令部に頑張り毎日必ず満洲国及び南京よりのラジオニュースを聞いて世界の大勢と時局に対する知識を得るに務めている。

日本人一行はその後九月一日に張北を離れてジャブサルという都市に着いた。中華民国はこのジャブサルに化徳という名を与えていたが、モンゴル人は「徳王を同化する」との意味があると見て忌み嫌い、「徳王で以て中華をモンゴル化する」との意味の「徳化」に改名していた。この徳化で、八月にモンゴル軍の盛大な閲兵式がおこなわれた。モンゴル軍政府の構成にたいし、善隣協会の調査団は非常に鋭い観察をしていた。[2]

軍政府内部における日系職員は政府成立当初、多少軋轢を免かれなかったが現在においては極めて折合よく円満に協力してやっている。ただ蒙古人側は表面結束しているように見えても今なお東蒙派と喀喇沁《ハラチン》派、スニト派等の派別があって往々意見の対立あるを免れない。

（一）東蒙派とは土默特《トウメト》旗出身の武断派で李守信を首領とし各司令部以下これに属す。（二）喀喇沁派とは熱河省喀喇沁旗出身の文官連で呉《ご》鶴齢《かくれい》以下これに属す。……

報告書は触れていないが、第三のいわゆる「スニト派」とは徳王の出身地シリーンゴル盟スニト旗を中心とした地域のモンゴル人たちを指す。

この時期、すでに李守信とその部下たちはモンゴル軍を完全に掌握していた。一同は、「内蒙独立運動を徹底強化し軍政府の基礎を確立せしむることは北支、防共問題と共に対ソ作戦上必要欠く可からざることである」と結論している。「ソ連の如きは日本の内蒙工作を以て冷笑」されないように、また「将来ロシヤの対外蒙政策に対抗するためには従来の姑息、消極なる方針は速やかにこれを清算しなければならぬ」と提案している。

モンゴル聯盟自治政府の成立と徳王

一九三七年七月七日、日本軍と中国軍は北平郊外の盧溝橋《ろこうきょう》周辺で戦闘し、板垣《いたがき》［征四郎《せいしろう》］師団は長城の要塞南口を攻略して張家口へと兵を進めた。徳王と李守信はモンゴル軍を指揮して西進し、十月十四日に綏遠《すいえん》省の省都帰綏《きすい》城（フフホト）を占領し、十七日には黄河のほとりに位置する包頭《パオトウ》市を収めた。十月二十八日、関東軍参謀長の東條英機《とうじょうひでき》も出席して、モンゴル聯盟自治政府の成立が宣言された。李守信が雲王ことユンダンワンチョク王を主席、徳王を副主席とするよう提案し、異議なく採択された。[3]大野慎《おおのまこと》は『起ち上った蒙古』を上梓し、このときのようすを次のように描いている。[4]

写真2-1　李守信軍（『蒙古年鑑』）

写真2-2　帰綏城を占領したモンゴル軍（『光輝』）

写真2-3　演説する李守信将軍
（『蒙古年鑑』）

かくて蒙漢両民族三百万は、十月二十八日午後四時五十分を期して、南京政府より分離独立し、防共協和の自治政府を樹立、楽土建設の意義深き第一歩を踏出すに至った。……徳王を始め、各旗王侯の眼には涙さえ光り、陰山も揺げと「モンゴール万歳」を連呼し、太祖成吉思汗の像に新政権の樹立を報告したとのことである。……

蒙古建設の中心人物、若き時代の英雄たる徳王を盟主として、精悍なる蒙古軍の指揮する上将李守信は、熱河生れの生粋の蒙古人であり、今年四十五歳の働き盛りである。

徳王が政治外交に秀でたる人物であるに対し、李将軍は軍事に卓越した武人で、今や復興に燃ゆる全蒙古軍の信望を一身に集めている。昭和七年八月、三千名の手兵を率いて朔北を平定したが、満洲国建設後は、察東特別自治区の行政長官となって治安維持に貢献する処多く、善政を布いて大いに民心を得たのである。軍律を守ること厳粛なるものがあるが、豪放にして恬淡なる処あり、克く部下を可愛がるので、部下は心から服従し、将軍の命には水火も辞せずという有様で、徳王と李将軍の名コンビは、多事多端なる新国家建設の覇業を成すに、大きな期待がかけられている。

日本人の観察は鋭い。「豪放にして恬淡なる処あり」、「部下を可愛がる」、「部下は心から服従し、将軍の命には水火も辞せず」との言葉は、これから次章以降に述べていく李守信の生きかたをじつに正しくとらえた評言である。

長谷川春子の印象

画家の長谷《はせ》川《がわ》春子《はるこ》も「蒙古の荒漠たる所に生れて住んで、半分原始人のような蒙古人の中にいた徳王」に一九三七年十二月五日に面会していた。「新蒙古の新人物のもう一人、李守信司令官と徳王とを比較すると中々に興味がふかいなと、彼を見乍ら私は内心考え」た、と長谷川は述懐する。広々とした草原からあらわれた徳王は辮髪《べんぱつ》をつけているが、「海上に住む船員のように遠視らしい」。「そして一方の徳王を語る場合、やっぱりつい引き合いに李守信が思い出さずにはいられない」[5]。

さて、李守信の印象である。

> 歳は書物でみると四十六七とか書いてあるがすくなくも一見五十歳以上に見える。李守信は永年苦労をして人間を様々に見てきた、世の中を充分知ったいわゆる出来た人物であって、成吉思汗の夢は徳王より、より少く、英雄的空想よりも実際的に仕事をし、人の頭に立てられるといった人物で、我々が李守信にあっても尺斗のおき所がすぐ摑かめて、甚だ勝手がわかるし、李守信将軍の方にしても、相手の人間の目安のつけどころも恐らく我々の考えや感情と同じであるから、会話のツボがすぐちゃんとはまって、彼の云わんとする所、行わんとする所、ある基点を仮りに置いて李守信将軍を考察したり、信頼したりできる。

李守信はこのとき、「勲二等、勲三位、陸軍上将」の身分だったが、包頭駐在のモンゴル軍司令部から「さらりと出てきた品のある人物だった」、と長谷川は女性の眼で描いている。

物質欲の影や匂いのしない人

長谷川は続ける。

落ち付いた中にどことなく温みと優しみがあって、然も会話は明快率直、ずばりとしずかに云ってのける。礼義《ママ》も正しい。日本の軍人勅諭で育った人でもないのに、彼の人柄は自ずとそれにあてはまるいい立派な武将だ。日本へ持って来ても彼は立派な将軍であろう。……緑林の商売をやったとか云う人が、その感じの実際物質にも恬淡らしい気品が不思議だ。そこが我々日本人とウマの合う所の急所なのであるが、恐らく支那の将官には必ず一脈の物質欲の影か匂いがしない人はないのに、李守信にはそれがないようだ。

緑林とは盗賊のことであるが、馬賊と盗賊とでは微妙にちがう。それはさておき、詳細は後述に譲るが、繊細な長谷川の直観は非常に鋭く、すべてみごとに実際の李守信の生きかたと合致する。「温みと優しみ」を持ち、物質欲に溺れないのが、李守信の最大の特徴であった。彼はモンゴルの草原に生まれ育ったが、精神的にはむしろ「大日本帝国の軍人勅諭で育った人」だったのである。長谷川はこのとき、モンゴル軍の参謀長烏古廷《うこてい》にも会い、「日本で教育を受けた、親日の随一」の男は、大きな声で「この次には中央アジアのパミール高原で乾杯しよう」とロマンを語っていたそうだ。

実戦四十四回馬を陣頭に乗り換えること一昼夜に十有六頭

翌一九三八年三月、稲村青圃《いなむらせいほ》という人物もまた徳王と李守信を訪ねた。彼はその印象を『支那・蒙古行脚：漫談』のなかで述べている。[6]

時恰も満洲事変が勃発した。日本軍の熱河聖戦が始まって、湯玉麟は多年日和見主義を執って居たが、皇軍にその不誠意を攻撃され、熱河から叩き出れてしまった。当時李守信は性来尊敬する日本軍の行動を、注視していた。日本の抱く大陸政策が、単なる侵略と搾取とではなく、王道楽土建設による、五族協和にあることを悟るや、李守信は敢然として手兵七千を擁して、蒙古原頭に——外郭として活動するに至った。

「内蒙古帝国建設のため喜んで捨石となろう」

と云うのが李将軍の信念であり、持論であって、多年抱いて居た蒙古独立運動のためには、身命を捨てて戦って来た。……実戦四十四回馬を陣頭に乗り換えること一昼夜に十有六頭のレコードを持つ激闘振りは、以て如何に李将軍が勇敢であるかが推察される。……

かれは天性の将器である。態度と言い言語と言い、謙譲にして真摯である。かくの如き闘将が内蒙古建設の大目的のため、徳王の出現に対して、何等の条件もなく、自己の地盤と手兵を献上して、自ら日頃言っている「一死以て蒙古建国に捧げん」を実践躬行して居るのであるから、新蒙古帝国の前途は希望満々たりといえよう。

くわしくは後章に譲るが、「実戦四十四回馬を陣頭に乗り換えること一昼夜に十有六頭のレコード」は、事実である。李守信は将軍であり、戦闘の際にはつねに最前線に立った。そして、「謙譲にして真摯」であるのもまた彼の性格であるが、なによりも「天性の将器」ほど的確に李守信という男をあらわす言葉は他にないだろう。

2　壮大なビジョン

使命は赤露遮断

李守信は一九三八年三月に『北支那』誌の取材に応じ、「日本軍と協力するモンゴル軍の使命は赤路遮断」だ、と語った。「赤路」とは「赤色通路」、すなわちソ連からの共産主義侵入ルートを指す。彼は次のように話す。[7]

今日徳王と私は蒙古民族の代表として、一は政治、一は軍事双方を分担しているが蒙古独立、民族国家再建については徳王と私の二人だけではなく、全蒙古民族が多年熱望しているところである。

李守信はこのとき、同胞の外モンゴルがソ連の支配下にある状況を危惧していた。同じころ、日本人外交官の長山義男《ながやまよしお》も『蒙古に於ける日ソの決戦』それは昨日まで単なる予想の範疇より出でなかったけれども、今や現実となって一歩一歩我々の前に近付きつつある」と認識していた。それでも、日本は「支那によって植民地化」されたモンゴルを助けるべきだ、と長山は唱えていた。[8]

李守信はまたモンゴル聯盟自治政府の治下に回族がいることについても触れている。イスラームを信奉する回族はモンゴル人と日本人と協力できる、と、いかにも政治家らしい発言をしている。

同じ雑誌に徳王も文を寄せ、モンゴルの独立運動は今に始まったものではないと強調している。モンゴルが衰退したのは「明朝と清朝」がモンゴル文化を抹殺する政策を執ったことにあると指摘した上で、当時において流行っていた「喇嘛《ラマ》教がモンゴルを堕落させた」との言説に反論している。喇嘛教すなわちチベット仏教は元朝のフビライ・ハーンが導入したもので、「宗教による堕落」はありえないと説いている。[9]

伊佐秀雄は聞いた

帰綏からさらに包頭へと西進を続けていたモンゴル軍と日本軍の陣中で李守信に会った日本人がいた。伊佐秀雄《いさひでお》である。[10] 伊佐は「憲政の神様」尾崎行雄《おざきゆきお》（咢堂《がくどう》）の側近として知られ、その伝記を著したことで知られる。

包頭の蒙古軍司令部で李守信将軍と会ったときにも、彼はキビキビした口調で内外蒙古を結ぶために日本から続々有能な指導者が入蒙することを希望すると云い、蒙古軍の使命は支那とソ連との結びつきを切断するにあると説いていた。

李守信の下に参謀長を勤めている烏古廷はまだ三十台の元気のいい太った身体にハチ切れるような覇気を包んで「今度お目に掛るときは中央アジヤにしましょう」とハッキリと日本語で云うのであった。

新蒙古政府及び蒙古軍の首脳部が異口同音に叫ぶことは日本軍の援助を得て外蒙古を征服し、中央アジヤに覇を唱える大蒙古の建設である。しかもこれは日本の「東亜の平和」建設と一致し、ソ連の勢力を東洋から駆逐することの使命を意味しているのである。……内外蒙古軍の衝突そのものはすでに日ソ開戦でさえあるわけだ。

このように、伊佐もまた李守信が語る「対ソ連の戦略」に注目している。伊佐は徳王にも面会していた。徳王はあいかわらずモンゴル独立の意義をくりかえし説明していたのにたいし、李守信は「防共」と「中央アジア征服」との壮大なビジョンを示して日本人たちを喜ばせた。明治以来、日本の大アジア主義者たちはモンゴル人のパン・モンゴリズムを利用して中央アジアを射程に入れた大帝国建設のビジョンを夢想していた。[11] モンゴル人だけでなく、ロシア人のなかにもその夢に踊らされた者はいた。しかし、一九三〇年代の関東軍からすれば、モンゴル独立は小さなことで、防共こそが喫緊の課題だった。関東軍の肚のうちを読めた李守信は単なる軍人ではなく、政治家でもあったことがわかる。

写真2-4　包頭に入った日本軍（『光輝』）

写真2-5　烏古廷（『蒙古大観』）

「蒙古の乃木将軍」

包頭は私の故郷、オルドス高原の東にある。

作家の大江《おおえ》賢次《けんじ》は「夜話」として、次のように包頭を描いた。[12]

包頭に着いた日は、風のはげしい日であった。風は西風であった。黄河を越えて、茫漠としてひろがったオルドスの地平線から、黄砂をまきたてて吹きつけていた。……駱駝の群は、この砂嵐の中にのんきそうであった。

大江はこの砂嵐のなかで日本の拡張についての「哲学的な思索」に耽っていた。大江と同じく「蒙古の研究を露国の学者に委ねる」だけでは怠慢だと見た松本清士《まつもときよし》は『大蒙古は起つ』のなかで以下のように論じている。[13]

我々東洋の平和を護る日本人として、如何して此光栄に満ちた事実を見逃し得られようか。新興に非ず、復活の隣邦、覚醒の隣邦、蒙古《モンゴル》こそは日本として、「亜細亜解放」の大先駆を敢行した友朋たるを讃えねばならないのである。……

(李守信) 満洲国錦州省朝陽県出身、旧卓索図盟《チヨソトト》東土黙特《トモト》旗に属し、本年(昭和十三年)四十六歳、正に働き盛りの雄将で人物と其姿とから「蒙古の乃木将軍」として知られている。

……軍顧問は磐井文男少佐である。

而も深く徳王の蒙古民族独立運動を理解し、昭和十一年の厳冬に傅作義の綏遠軍十三万を相手に苦戦し乍ら、自己の確保した多倫諸爾《ドロン・ノール》、察北の地を徳王に献じて、自らは軍人としてのみ終始した位で、察東警備司令と察東特別自治区行政長官とを兼務して多倫諸爾に在るや、察東一帯の民衆からは慈父として仰がれていた。

昭和十二年八月二十三日徳王の進発命令一下するや、内蒙古第一軍司令官として、紅地に白丸（日章旗と色を逆にした）軍旗を陣頭に立て、胸には成吉思汗の像を捧《ママ》じ日本軍の支援の下に輝く戦蹟《ママ》を示して、今日の新政府をして基礎安泰を謳わしめる人である。

李守信の戦績だけでなく、占領地の民衆からも推戴されていた事実から、日本人は彼を「蒙古の乃木将軍」だと讃えていたのである。彼は大軍を擁する実力者でありながら、つねに政治指導者の徳王に忠誠を尽くし、モンゴル独立という至上命題を最優先していたことが、日本人の記述からわかる。なお、「紅地に白丸」のモンゴル軍の軍旗は京都西陣の川島甚兵衛商店織物工場（現・川島織物セルコン）で製作された[14]。

蒙疆は支那ではない

モンゴル聯盟自治政府が一九三七年十月に樹立されても、日本人は内モンゴルを徳王らが嫌う言葉、蒙疆と呼びつづけた。一九三八年十二月一日、善隣協会張家口主任で、文化人類学者の後《ご》藤富男《とうとみお》が東亜研究所で講演した。彼は「蒙疆という文字は支那事変の砲煙弾雨の中から生まれた」とした上で、次のように蒙疆について解説した[15]。

先ずこの文字の分析と申しますと可笑しいのでありますけれども、蒙疆の蒙は勿論蒙古の蒙であります。然らば其の次の疆はどこかと言いますと、ご承知のようにこれは境という文字、神社の境内の境あれと全く同じ文字であります。従ってこれは普通には蒙古地方といった意味に解して居るのではないかと思うのであります。……

第二に支那ではないということは勿論満洲が支那ではないと同じ筆断で判決し得るのでありまして、蒙疆の大体四百万、これも或は七百万という数字もありますが、恐らく大体四百万の人口の中三百五十万は漢人でありますけれども、色々な蒙古との合体政権であるという点からこれは支那ではないという理由に主張して居るのであります。……

徳王等の最初の肚は満洲国に合併するというのではなく、日本と満洲の力を藉りて独立国を作りたいというにありました。それは内蒙古だけでは今申しましたように三十万の人口しかないのでありますから、充分の独立は不可能であります。併しながら徳王達の意向としては、その北方にある約八十万の外蒙古の連中をこちらに吸収したい。

後藤は「今の所蒙疆政府内にある者は、僅か三十万でありますが、これを生かすのか殺すのか」は「甚だ不安に堪えない」問題だと話していた。

小林知治の知見

一九三九年、小林知治《こばやしともはる》は『蒙疆読本』を編集して「防共蒙疆の地位」の重要性を強調した。[16]

蒙疆はこれを国防的見地から見ても、重要な地区であって、外蒙ウランバートルより張家口までは、機械化部隊の行程は僅か数十時間にして到達し得るのである。更らに張家口より北京までは目睫の間であって、若しも蒙疆地域をして無防備のまま放置するならば、抗日支那政権の足場とされるのみならず、ソ連の京津地方への進出は容易となり、延いて満洲国も危殆に瀕するのである。

小林の知見は日本軍が帰綏と包頭を占領してから出されたものであるが、六年後にはすべて彼の予想していたとおりの展開となるので、すぐれた先見の明があったと評価できよう。彼はまた『興亜大陸を往く』のなかで、徳王を「蒙古の太陽」、李守信を「猛将」と絶賛していた[17]。

蒙古人は、天津特務機関の宍浦《ししうら》［直徳《なおのり》］少佐も指摘している如く個々人が武蔵山の如き頑健な身体を持っている。生れてから寒暑の激しい気候に堪え得ない者は、自然淘汰の法則により死亡し後に残った者は悉く頑健な身体の持主である。……

食料なども茶を好んで飲み、常食として肉類、乳類、黄米、麦粉、塩などで、野菜、魚鳥は好まない。行軍などで麦粉や塩で行先地のどろ水など平気でガブ飲みして、ゴロリと野原に寝ても平気である。食事の時間など五分も費らない。綺麗な水を喰み、米を焚いて三十分位もかかる日本兵とは大変な相違である。馬上で育ち馬上で戦って来た関係上、馬上で寝り、昼夜兼行の行軍などは朝食前の仕事である。

更らに蒙古軍の特質として、一般的に勇猛果敢で、日本人に似ている。蒙人は心を一つしか持ぬといって誠心質朴を誇りとし、嘘付きを「君は支那人か」といって軽蔑している。

日本人はこのようにモンゴル人の民族性に注目し、日本人との親縁性に深く感動し、強烈な同情の念を抱いた。そして、モンゴル人の天性の戦闘能力と尚武の精神に敬意を払い、ともに大帝国の運営にあたろうともしていたのである。その際、つねに比較されていたのは、隣の中国人であった。

人と家畜の数

一九四〇年になると、日本が蒙疆と呼ぶモンゴル聯合自治政府の総人口は五百五十四万人に達した。

そのうちモンゴル人は二十九万人で、その他は中国人と回民である。同年八月号の雑誌『蒙古』は次のように伝えている。[18]

> 総面積五〇万六八〇〇平方粁は日本本州、九州、四国及び朝鮮を合したのに該当し、労働資力としての人口密度に於ては、全地区、平均一〇・九人は日本内地一八一人に比較すれば寥々《りょうりょう》たるもので在り、満洲国二五人に比しても其半数率以下に過ぎない……

いうまでもなく、遊牧地帯のモンゴル人は家畜の放牧にたずさわっていた。日本人顧問たちの熱心な指導の下で、内モンゴルの家畜にかんする近代的な統計が示されている。

緬羊：三百九十五万五千頭
山羊：八十九万五千頭
牛：五百六十万一千頭
馬：五百万一千頭
駱駝：五万三千頭

右の家畜頭数には中国人農民が飼育する少数のものも含まれているだろうが、それでもモンゴル人の家畜の全体数を知る上で貴重なデータである。

このような蒙疆には日本人在住者の数も確実に増えていった。「華北蒙疆の邦人数」を『蒙古』十一月号は記録している。[19]

総人口の出身者別内訳は内地人男十四万八千六百五十一名、女九万六千百廿六名、計廿四万四千七百七十七名、半島人男三万九千五百四十四名、女三万五百七十九名、計七万百廿三名、台湾人男六百八十七名、女二百七十名、計九百五十七名となり……

このように、大日本帝国はその配下の臣民を内地人と半島人（朝鮮人）、台湾人に分けていたのである。

石原莞爾曰く

では、大日本帝国はモンゴル人の国土をどのようにその支配系統に組みこんで経営すべきであろうか。世界最終戦争を必然と信じていた石原莞爾《いしはらかんじ》は一九四〇年三月一日に開かれた満洲国建国八周年記念活動の日に次のように講演していた。[20]

世界は一つになるのです。戦争は今数十年後に出来なくなる、今の長期戦争の其の次には素晴らしい短期戦争が出て来ます。極めて短期間に戦争の運命が決定せられる時が来るのです。……

今に世界は一つになる、でありますから私共は今は準決勝の状態だと言ってよいのであります。……

支那事変と云うものは完全に満洲事変の延長であります。日本人は満洲事変は終ったと思って居る。それは大間違いで満洲事変は断じて終って居ないのであります。……

もう一つ私皆さんに心をこめて訴えたいことは、聖戦を口だけでなく実行することであります。最初申しました聖戦は口では余り言う必要はない、少し位言ってもよい、手足ではドンドン聖戦をやることであります。言い換えて見れば日本の占領地の民心を把握することであります。

石原莞爾はこのように「民心の把握」を強調してから、「昭和維新の大道、次の世界最後の決勝戦」に向けての大同団結を呼びかけた。石原莞爾の熱意と理想が満洲国の西隣のモンゴル聯合自治政府にも伝わったのだろうか、政府成立一周年に際し、一九四〇年九月一日に李守信は次のような談話を発表した。[21]

この世界的大変革期に処し、日蒙相携えて事変の急速処理、大東亜共栄圏の確立を促進すべきを痛感するが、蒙疆の国軍たるわれわれ蒙古軍また蒙疆が東亜に演ずる重大性に鑑み、将兵一丸となっていよいよその使命達成に邁進する決意を固くしているのである。

いかにも軍人政治家らしい、冷静な談話であるが、世界情勢を凝視し、大日本帝国とモンゴルを結びつけて考えていた彼の見識があらわれている。

3 徳王とともに

張家口とフフホト

モンゴル自治邦の首都は張家口だった。この長城の要塞都市をモンゴル人は古くからハールガと呼び、それが西方のヨーロッパに伝わってカールガンと訛った。近代に入り、この草原の首都を日本人たちもまたこよなく愛した。

経済学者の今村鴻明《いまむらひろあき》は次のようにハールガこと張家口を一九四一年に描いている。[22]

頃日の張家口は既に毎日零下数度の冬である。四囲の山には雪が白い。くっきりと澄み渡った碧い空がある。新開の駅前大通りには貧しいながらも各種の諸建築が盛んに煉瓦を積み上げている。鉄路局の新庁舎も完成に近い赤煉瓦の姿を見せている。厳しい冬の山と空を背景にして見るこれらの諸建築を僕は美しいものに思う。その一つ一つに愛情を感じている。……

今や張家口は完全に日本的色彩によって覆われている。……

張家口《ハールガ》はモンゴル高原とシナ本土を結ぶ要衝だった。張家口から今日のウランバートルまでは約一二〇〇キロで、四十もの駅站《えきたん》で結ばれていた。[23] 張家口の南西側には中国の山西省があり、この商人がモンゴルの経済を牛耳っていた。山西省人が運ぶ商品はさらにロシアを経由して西洋まで届けられる。かくして近代世界の植民地体制にモンゴルもまた組みこまれていたのである。中国人商人の搾取で疲弊しきっていたモンゴル高原でナショナリズムが高まる。モンゴル人の民族自決運動と大日本帝国との関係もまたこのような情景のなかで展開されていたのである。

「内蒙自治運動の結果として成立したる政権の首都は歴史的にも厚和《フフホト》を選ぶことが妥当ではなかったか」

と今村は書いている。モンゴル人政治家のなかにも当時、そのような意見が出されていた。中国人が圧倒的に多い張家口よりも、モンゴル人が多く住む厚和ことフフホトの方が独立政府らしい、との見かただった。

フフホトとはモンゴル語で「青い都」の意である。十七世紀に清朝が成立すると、「帰綏＝帰化綏遠」すなわち遠くのモンゴル人を清朝に帰化させ、綏《やす》らかに平定するとの願いから中国風の名をつけた。日本人は「和」を厚くするとして厚和と呼んだが、これはモンゴル語の「フフ」の音をとったものである。同じ都市に三通りの名があるのは、その歴史の変遷をあらわしている。

日本は察南と晋北の自治政府をも統合し、長城以南の占領を射程に入れて、モンゴル自治邦の首都をあえて中国人の多いところに設置した。

私は日本の戦略は大局的だったと理解している。日本が草原から撤退した後、中国領内での高度の自治政権の建立を目指していたモンゴル人政治家のウラーンフー（雲澤）もまた、最初は首府の地として張家口を利用していたが、毛沢東《もうたくとう》と周恩来《しゅうおんらい》に彼の雄略が見破られてしまい、西の草原の都市、フフホトに「遷都」せざるをえなかったのである。ウラーンフーもまた徳王と同様に大志を抱く政治家だったのである。[24]

さきに李守信と会った人物として伊佐秀雄を紹介した。彼は一九四二年に厚和すなわちフフホトで徳王とも会っている。そのとき伊佐ら一行はこう尋ねた。

「閣下の辮髪は清朝に征服された屈辱的遺物ではありませんか」

すると、徳王は「いずれ辮髪は切ってしまうときが来ます。しかし、今ただちにそうすると、あまり急進的だというので民心の動揺も考えられるから」と応じた。

後年、ソ連とモンゴル人民共和国の連合軍が南下し、民族の統一が実現できる、と見たとき、徳王は辮髪を切っていた。しかし、それは彼の主導する民族統一ではなかった。「ヤルタ協定」

の密約で、彼が愛してやまなかった内《みなみ》モンゴルは永遠にその宿敵の中国に売り渡されてしまったことがやがて判明する。

軍人とは思われないほどの雄弁だ

伊佐の李守信評をあらためて引いておきたい。[25]

徳王とともに蒙古軍の指揮に当り、西征随一の功労者となったのは蒙古軍副司令の李守信である。軍司令部に行って刺を通じると、質素な狭い応接間へ僕等を導き、彼は長身を紺の支那服に包んだスッキリした姿で現れ、先ず蒙古軍強化策を弁じ立てた。……

彼によれば、蒙古軍を強くするには日本の優秀な軍事的技術と軍人精神とが必要であるから宜しく指導して貰いたいという。

彼は軍人らしいキビキビした調子で蒙古軍の強化策を一くさり弁ずると僕等の質問を待たず、今度はその使命を説き始める。

「共産党の勢力を蒙古から駆逐することが我々の使命だ。蔣介石はもともと共産主義に反対だったのだが、反満抗日のために共産軍と提携した。我々としては支那とロシヤとの結びつきを切断することが急務だ」……

彼の話は何時の間にか軍事問題を離れて文化政策に及び、宗教対策に移る。どう見ても軍人とは思われないほどの雄弁だ。「蒙古で最も勢力をもっている宗教は喇嘛《ラマ》教だが、この喇嘛教のため蒙古民族は堕落してしまったので、私は昨年徳王と相談して、これを撲滅する政策を採っている。しかし民心に深く喰込んでいる喇嘛の勢力を一朝一夕に駆逐するわけにはいかないから、漸進的撲滅策を講じている。即ち第一に新しく喇嘛に入ることを厳禁する。第二に二十歳以下の若い喇嘛は廟より帰らせて、農業に就かせるか、軍隊に入れる、逃げるものは捕えて投獄する。第三に老人の喇嘛には放任主義を以て臨み、その死による自然消滅を待つこととする」。

彼の喇嘛対策は彼の弁舌の如く明快だ。

すでに触れたように、李守信は若き日に一時、仏門に入ったことがある。彼は自身の経験に則して、喇嘛教がモンゴル社会に「堕落」をもたらしている、と分析していたのだろう。しかも、彼のこうした見解は当時の日本が満洲国で実施していた宗教改革[26]とほぼ一致していたので、当然、関東軍からも支持されていたはずである。

「徳王よりも年長であり、軍における実力は遥かに彼を凌ぐものがあるにも拘らず、李将軍は常に徳王を表面に立て、自らは縁の下の力持の役回りで満足している」、と伊佐らは高く評価している。

ウイルソンの民族自決論は……

モンゴル自治邦の最高顧問が金井章次《かないしょうじ》から大橋忠一《おおはしちゅういち》に交代したことは、前に述べた。この交代は「日本人内部の矛盾が原因であるが、私が彼に反対したことにもある程度関係がある」と徳王が後日、振り返っていた。「金井章次は狡猾な人物」だと徳王の眼はきびしい。[27]

当の金井章次は更迭されたのちの一九四二年に『新指導者』誌に「民族と国家」という文を寄せて、次のように唱えている。[28]

たとえばアジアの国家対策としてツラン民族国家というものを創るという。それに依れば日本、満洲国、蒙疆、回教徒の連邦国家を創ったらいいと考える議論であるがこれはどうもおかしい。……

それから尚お私は民族自決に関係して行かなければならんと思う。所謂実力を以て進展するところの民族は国家の形態に発展するが総ての民族が必ずしも進展の経路を取らない。……ウイルソンの民族自決論の弊害は人間はすべて平等なりというのと同じで、人間は全部平等だといっているうちに抽象観念に囚われてしまったのである。

金井章次はこのようにアメリカ大統領のウッドロウ・ウイルソンの唱えた民族自決論を批判した上で、暗にモンゴル人には「国家に進展する力」がないといわんとしている。

彼は漢民族には「汪兆銘《おうちょうめい》の南京政権」のような「支那国家」を樹立する力があるかもしれないと認め、「支那はその辺境民族対策」を練る際には日本主導の東亜新秩序と一致しなければならないと書いている。要するに、徳王と李守信らが求める独立を認めないとの立場である。

金井章次は満洲国の関東軍から蒙疆に派遣された能吏で、モンゴル独立には反対の立場だった。そのため、李守信もその『自述』のなかでくりかえし「満洲国から派遣されてきた日本人と漢奸は質が悪い」と指摘している。

写真2-6　現在の張家口。毛沢東の巨像が中国による支配を象徴している。

写真2-7　モンゴル聯合自治政府成立の日の徳王。辮髪に注意（『写真週報』1938年６月29日号）

写真2-8　徳王と並んで座る金井章次（『蒙疆読本』）

日本婦人との結婚は？

一九四三年、作家の貴司山治《きしやまじ》が東京の画家松本雅文とともに李守信を張家口に訪問した。[29]

いかにも東洋人らしい童顔の将軍は日にやけた浅黒い顔に、柔和な笑いをたたえて私の方をみながら、「まあ、蒙古の沙漠を旅行するのでしたら、遠洋航海に出るつもりででかけることですな。蒙古は大海です。いや大海なら船も通っていますが、沙漠では白帆もみえません。いわば人口過少ということが新興蒙古にとって何よりの悩みなのです」。

このように「人口過少」が話題にのぼってくると、「蒙古の新興青年と、日本の自覚ある女性との結婚による人口増殖ならびに民族の向上改良をはかる方法は、実行不可能だとお考えになるでしょうか」、と貴司は問いかける。すると、李守信は次のように応じた。

それは望ましいことだけれど恐らく実行は困難です。第一日本人と蒙古人とは生活の程度がちがう。主食物もちがう。日本人は米を主食とするが、蒙古人の主食は羊肉です。一致しうるでしょうか。穀物を主食とする点では漢人でさえ蒙古人に同化しえません。そりゃ、おっしゃるまでもなく、漢人と比べては、日本人は蒙古建設の人柱となるべくすすんで蒙古人の中へはいってくるだけの自覚を持ちうるでしょう。しかし、まあ沙漠へ行って貴司さん自身あの包《パオ》の中にねてごらんなさい。包《パオ》の生活様式では日本の女性は今のところ、とても辛抱できますまい。

貴司は「包《パオ》は遊牧と防寒のために、自然と生まれてきた蒙古人の住居様式」だと評価する。すると、李将軍は「固定包《パオ》に住む富家や貴族の子弟」なら日本人女性との結婚も可能かもしれない、と応じた。

国民皆兵で行くつもりです

貴司はさらに日本への注文を総司令に尋ねると、こんな答えがかえってきた。

私は一介の軍人ですから、あまり多方面にわたって何でも考えるということはしませんが、軍人として特にいいましょう。この戦争は長い、ということです。李守信はそれを覚悟して、部下将兵を掌握して起っています。どこまでも日本と運命をともにして頑張るつもりです。日本人にこのことを知ってもらいたい。……今の蒙古軍は……更に一段と強化しなければなりません。その組織において日本同様国民皆兵の制をとらねばなりません。その際、日本とちがって、蒙古人は女でも男同様に馬にのります。人口の少い蒙古では女でもいざとなれば戦線に立たせる心がまえで、つまり女子供も合せた国民皆兵で行くつもりです。

将軍は作家の貴司の質問にていねいに答えて喜ばせた。貴司は最後に以下のように感想を書き残した。

蒙古自治邦政府の副主席で、蒙古軍総司令を兼ねている李守信将軍は、内蒙古建国の元勲の一人である。
徳王にならんで、李将軍の信望は新興内蒙古七百万民の間に篤い。私一個のみるところによれば、むしろ軍権を一手に掌握して蒙古軍全将兵から神のごとく、親のごとく慕われている点と、その人柄の、いかにもどっしりと実力のある点において、李守信将軍こそ、新興蒙古を表象する典型的人物であると感ぜられる。……

以上、多くの日本人の記録から読み取れる李守信は、人物が温厚にして豪放で、品格のある武将だった。万事、実際の状況に即して行動し、宏大な夢を語る徳王の側に控えめに立って、温かく見守る役に徹していた。彼は徳王より十歳も年上だったので、軍事力で以て後見していた姿が如実にあらわれている。

日本人の李守信にたいする高い評価は戦後も変わらなかった。陸士三十五期で、実際に李守信のモンゴル軍に砲兵大尉として指導にあたった松井《まつい》忠雄《ただお》は、李守信には「天性の明朗性と将器」がある、[30] と一九六六年に回顧している。では、天才軍人の李守信はどのようなところに生まれ育ち、青少年時代を送ったのだろうか。

第三章　草原の暴風

一八九二年七月十一日、内モンゴル南東部のジョソト盟トゥメト右旗のゴルグルタイ村に住む李家に三番目の男が生まれた。ナソンバヤルという、長生きできるようとの意味の名前が付けられた。のちに十一歳のころに村の私塾に通うようになると、先生から「義」との漢字の名が与えられて、李義となった。長兄は李君で、次兄は李臣、「君臣」間の忠義を守るとの願いがこめられた命名だろう。以後、この男はその名前のとおりに生きつづけた。後日、彼が馬賊から足を洗って官軍の熱河遊撃馬隊に鞍換えしたときに、連長（中隊長）の安静海から「信義を守るよう」との期待をかけられて「李守信」に改名した。字は子忠である。そこから、彼は生涯にわたって人びとからの期待に応えようとして生きぬいた。言い換えれば、この男は「信義を裏切る」行為をせずに戦い通したのである。

1　南モンゴルのフロンティア

ああ、中国。悪鬼にして、つかみどころのない巨人。かの国でチンギスが象徴するものは、過去の強大な力と、おそらくは未来に関する権利の主張だ。

（ジョン・マン『チンギス・ハン』東京書籍、二〇〇六年、四二八頁）

熱河承徳府朝陽県第七区

李守信はみずからの故郷について、以下のように、歴史家顔負けの語り口で的確に描写している。[1]

私の村はゴルグルタイあるいは大廟といい、熱河承徳府朝陽県第七区の管轄下にあった。ここから南へ九〇キロ行くと朝陽県城にいたり、北へ四五キロのところにトゥメト右旗の王府黒城子がある。黒城子王府からさらに一五キロ離れたところにトゥメト左旗があり、今日の阜新県だ。熱河のモンゴル人は清朝時代から二つの盟に分かれていた。南がジョソト盟で、北はジョーウダ盟だ。二つの盟は遼河の上流にあたるローハ（老哈）河とシャラムレン河を境界とする。ローハ河の南は農耕地帯で、シャラムレン河の北側には牧畜地帯が広がる。ローハ河とシャラムレン河の間は半農半牧の地だ。……

ジョソト盟は二つの部と二つの旗からなる。二部とは南西のハラチン部と北東のトゥメト部で、両旗とはトゥメト部の東北に住むタングート・ハルハ旗とシレート・フレー旗だ。ハラチン部は左旗と右旗、それに中旗からなり、長城の古北口とつながる。トゥメト部は左右両旗に分かれ、長城の山海関と接壌する。この二部のモンゴル人はかなり早くから漢文化に接した。トゥメト部はもともと現在のフフホト付近で遊牧していたが、十六世紀に東へと移動してきたので、東トゥメトとも呼ばれてきた。

このハラチン部とトゥメト部が遊牧していた地域は近代になってから、南モンゴルのフロンティアと化した。

李守信が回想しているように、まず漢文化に接した時期が早かった。両部のモンゴル人の王公家には北京の清朝の帝室から公主《こうしゅ》が嫁いできていた。公主は多数の漢人の世話人を連れてくる。清朝末期に入ると、山西省や山東省からの農民もモンゴル人の草原を開墾しようとして、入植してくる。漢人が増えて行政管理が必要となったために、トゥメト右旗でも最初は庁という組織をつくって対応していたが、やがて朝陽県に改名する。モンゴル人の盟や旗といった組織のなかに新たに漢人を中心とした県が誕生したことで、「旗県併存」の状況があらわれた。

「随蒙古」

朝陽県では県内の佑順寺《ゆうじゅんじ》を中心に漢人が増えていった。李守信によると、トゥメト右旗のモンゴル人も漢字の姓名を名乗る。鮑《ボウ》と烏の名字をもつ者は貴族で、白や高などは平民だ。鮑はチンギス・ハンの姓、ボルジギンの頭文字を音写したもので、烏はモンゴルの歴史上の大部族ウリヤンハイの頭文字に由来する。[2] 早くから移住してきていた漢人はモンゴル人と通婚してモンゴル籍を取得した結果、「随蒙古」（モンゴル人に随った人びと）と呼ばれるようになった。トゥメト右旗に住む李と王、張と周といったモンゴル人はすべて「随蒙古」の範疇に入る。「トゥメト右旗に比べると、左旗は漢人地域と相対的に離れていたことから開化せずに、モンゴルらしさを残していた。そのため、モンゴルジンとも呼ばれた」。李守信はこのように語る。モンゴルジンとは、「モンゴルらしい」との意だ。

ゴルグルタイ村の李一族も「随蒙古」である。

「私の祖先は山東省済南府長清県の人で、たった一人でトゥメト右旗にやってきてモンゴル人の婿になった。私の祖母と兄嫁、私の第一夫人はみな、天足《てんそく》で、モンゴル語が話せた」

と李守信はいう。

「天足」とは、「天然の足」を指す。日本語では同じ読みになってしまうが、中国人の女性が纏《てん》足《そく》していたのとは、根本的に異なる。

李守信がいう祖先がいつ、なぜ、単身で長城を脱出してモンゴル草原に闖入《ちんにゅう》したかは、不明である。くわしくは後述していくが、祖先は山東省出身でも、李守信は終生にわたって、「私はモンゴル人」との信念を抱いていた。漢人が増えたトゥメト右旗はしだいに牧畜ができなくなり、定住して農耕を営むように変わる。

写真3-1　李守信の故郷、大廟村（写真提供：Narangerel）

写真3-2　李守信の故郷、トゥメト右旗の風景。草原はゆるやかな起伏からなる。
（写真提供：Narangerel）

金丹道

「山の斜面はすべて棚田に変わっていた。人びとは猫の額くらいしかなかった畑にロバで肥料を運んで耕していた」

と李守信は故郷の貧困化したモンゴル人の生活について述べている。ゴルグルタイとは、「雉のいる地」との意だ。生態環境がすぐれていた実態をあらわした村名だろうが、李守信が生まれたときにはすでにようすは一変していた。

モンゴルなどユーラシアの遊牧民にとって、遊牧は豊かな生活の特権だった。定住生活に転ずるとは、人生における敗残、堕落を意味する。遊牧民を定住させうる方法は経済的な搾取と政治的な抑圧しかない。[3] トゥメトやハラチンの場合は、清朝政府による政治的な抑圧と、中国人による経済的な搾取がモンゴル人を定住させた要因である。この点については、近代モンゴルの実態を観察した日本人識者たちも同様の認識を示していたことは前章で述べた。

「私は金丹道事件の翌年に生まれたのだ。金丹道の教徒たちはモンゴル人に会えば、絶対に殺していた。金丹道に参加した者はまた跑学好《パオシュエホー》という」

と李守信は語る。跑学好とは、「好」を屋号とした道教系の秘密結社だ、とハラチン右旗の知識人ボインビリクト（汪国鈞）は伝えている。一八五三年生まれの彼はみずからの経験を織り交ぜながら金丹道の乱についてくわしく記述している。

ボインビリクトによると、モンゴルに入植してきた漢人は地元の王公にごく少量の税金を納めなければならなかった。しかし、漢人は人口が増えるにつれ、庇《ひさし》を借りたら母屋《おもや》まで乗っ取ろうと横暴になった。一八九一年七月、金丹道はその首領の楊悦春《ようえつしゅん》に率いられてアウハン旗の王府を襲った。モンゴル人であれば、絶対に殺害するという「民族浄化」の政策を取った。金丹道の連中はモンゴル人を殺しながら、「まだ税金を取るのか」と話していた。[4] 李守信の部下である徳松《とくしょう》坪《へい》は金丹道がアウハン旗を襲撃した際のただ一人の生き残りである。

陰暦の十月十二日、金丹道が李守信の故郷の朝陽県に攻め入ると、佑順寺の僧が錦州《きんしゅう》まで馬を飛ばして援軍を求めた。このとき、李守信の父親は村人たちを避難させてから、ひとりで留守番をして動静を見はからっていた。やがて、左宝貴《さほうき》を将とする政府軍はゴルグルタイ村の東で金丹道の徒党約一万七千人を殲滅《せんめつ》した。左宝貴はその後、一八九四年に日清戦争のときに平壌《ピョンヤン》で戦死する。[5]

金丹道の乱で漢人に殺害されたモンゴル人の数は七万人以上にのぼる。[6] この暴乱はたんに漢人がモンゴル人を殺して納税を拒否した運動ではなく、彼らは「モンゴル人と満洲人を殺して清朝を滅ぼす」という鮮明な政治的目標を掲げていた。暴力を駆使すれば他者の領土を占領して植民地を構築できるという理念はこの時期から漢人側に定着した。のちの一九六六年に内モンゴル自治区で大規模なジェノサイドが発動され、モンゴル人が数万人単位で虐殺されたのも、金丹道の後遺症のひとつだ、との見解が一般的である。[7]

李守信は金丹道の乱で荒廃しきったモンゴルで生まれている。深刻な打撃を受け、回復からほど遠い当時の社会環境が彼の成長に大きな影響を与えたのは当然のことであろう。

民風、闘争を好む

「金丹道はモンゴル人を見かけたら殺すとのやりかたを取っていたので、モンゴル人側も結束して漢人をやっつけるようになり、民族間の衝突が激化した」
と李守信は振り返る。その結果、「民風、闘争を好むようになり、賭博と麻薬に走る者が増えた」。李守信によると、朝陽県で最初に武力で生計を立てようとしたのはゲンデンジョー寺の僧侶たちで、彼らは早くも道光《どうこう》年間（一八二一〜一八五〇）に馬賊となって、遠くは奉天近辺まで出没していた。モンゴル人の馬賊は、馬韃子《マーターツ》と呼ばれていた。

漢人も負けてはいなかった。李守信の実家から南東へ四十数キロ離れたところの広嶺山《こうれいさん》には張《ちょう》作霖《さくりん》が蟠踞《ばんきょ》し、その隣に湯玉麟《とうぎょくりん》が陣取っていた。二人とも、近代中国に深刻な影響をもたらした軍閥である。

「私が生まれる前後の時期から、朝陽は毎年のように戦乱に巻きこまれた。どの家にも武器があり、みんな馬に跨《また》がって鉄砲を撃つようになっていた」

これは、李守信が幼少時から見ていた風景である。

戦乱の時期にあって、一般の庶民と王公との暮らしには大きな差があった。モンゴルの場合、中国とちがって、草原は民族全体の共同所有となる。清朝末期に中国人が侵略してくると、王公たちは草原を土地として勝手に租借に出して、税金を取って収入を増やした。

トゥメト右旗も例外ではない。広大な面積の草原を中国人農民に「荒地」として耕させ、租税をもらい、その金を使って北京に別邸を建てて贅を尽くした。「トゥメト右旗の王も北京城内の西、醬養坊に豪邸を擁していた。庭には舟を浮かべられるほどの湖があった。日本の敗戦後、王子のチンプードルジが私に六十万ドルで売ろうとした」。李守信はこのように証言し、自分の旗の王の暮らしぶりを描いている。[8]

ゴルグルタイ村の住民は百戸くらいで、半分がモンゴル人だった。村内では李家がもっとも裕福で、三百畝もの耕地を抱え、馬と牛、それに羊も放牧する半農半牧の暮らしを営んでいた。平素は三、四人、忙しいときには数十人を雇うほどの「モンゴル人地主で、人民を搾取していた」。むろん、「人民を搾取」したとは、李守信の証言にイデオロギー的な解釈を強引に加えた中国共産党の歴史観である。

哀しき領主

モンゴル人は必ず身分上、チンギス・ハンの直系子孫貴族の統括下に入らなければならない。李家の領主はセレンという貴族だった。没落してしまったセレンは暇さえあれば、李家に来て居候した。

李一族は毎日、酒と肉のようなご馳走でもてなし、アヘンもたっぷり吸わせた。あまりにも足しげく通ってくるので、少年李守信は家にあった三丁の銃を指して、「セレンの奴はせこい。殺してやる」と痛罵した。

「庶民がもし貴族の殿《ノヤン》さまを殺したら、一家全員が死刑となる。貴族が庶民を殺しても、死刑にはならない」

不平不満を胸に潜ませた息子を父親はこのように諭した。後日、父親は大金を貴族セレンに支払って隷属関係を絶ち、自由民《ダルハン》になった。それでも、セレンの訪問は途絶えなかった。人のよい父親はずっと、彼が死ぬまで面倒を見つづけた。セレンには子孫がなく、孤独な貴族だった。

余談になるが、私にも似たような経験がある。オルドス高原に住むわが家も貴族の領民だった。わが家の領主はとっくに死去していたが、その未亡人は社会主義時代も旧領民の家を転々として暮らしていた。どの家に来ても、丁重な扱いを受けていたのを私は覚えている。これが、モンゴルにおける庶民とチンギス・ハン家の子孫との関係である。

「李家は貴族の統括から離脱した」

と他人に後ろ指を指されたくなかった父親は旗内の北票山の近くにある寺の領民となった。「廟戸」といい、寺領民の意味だ。すべては戦乱の時代を生き残るための手段である。

2　馬賊になる

放った弾は必ず「肉を喰った」

李守信の故郷トゥメトの草原では、馬賊が社会の内部にまで深く根を下ろしていた。言い換えれば、人びとはいつでも馬賊に変身できたし、銃器と戦馬から離れれば、ふつうの遊牧民か農民に戻っていた。どこかへ戦闘におもむく馬賊は村内の金持ちの家に身を隠すのがふつうである。李家に泊まった馬賊を、七、八歳になった李守信は興味津々に眺め、彼らから血沸き肉躍る自慢話を聞いた。家にあった三丁の銃を使いこなせるようになった少年李義は山に入ってウサギを撃った。

私の射撃の技術は一流だ。十五歳のときに朝陽県民団の馬警《ばけい》になり、馬賊と戦った。私の戦馬は常にトップを走り、放った弾は必ず「肉を喰った」。まるでゲームのように殺人を楽しんでいたので、馬賊側にとっても相当、頭の痛い存在だった。

「肉を喰う」とは、弾が肉体にあたることを指す、馬賊用語である。

相手が馬賊だとはいえ、「ゲームのように殺人を楽しんで」いては困るので、温厚な父親は李義に七歳年上の嫁を見つけた。名前はデリマという。しかし、結婚生活は彼を変えることができなかった。「ゴルグルタイ村の少年李義」は勇猛果敢な名射手として、トゥメト右旗の民団と馬賊の双方に知られるようになった。少年はますます意気揚々と変わってゆくが、父親の心配は並大抵ではない。馬賊に復讐されるのが、いちばん怖かったからである。

ラワン・ラマ

一九一三年、ゴルグルタイ村から八キロ離れた平頂山廟で、ひとりの屈強の青年が出家してきた。二十一歳になった李義である。辮髪を切ってラマ（僧）となった青年は読経に専念することはしなかった。寺の住職、ラワン・ラマの衛兵（砲手）となったのである。

平頂山廟には五十数人の僧がいたが、住職のラワン・ラマは平凡な出家人ではなかった。金丹道の暴乱のときに、寺は官軍と支援しあったことで、清朝の毅軍《きぐん》と特別な関係を結び、そのリーダーの宋慶《そうけい》や米振標《まいしんひょう》などはすべて寺の僧と義兄弟の契りを交わしていた。清朝や中華民国の役人が朝陽県に赴任してきた際にも平頂山廟に挨拶に来ないかぎり、長く続くことはなかったほどである。なお毅軍は、八旗や緑営などの清朝の正規軍とは別につくられた地方軍（郷勇《きょうゆう》）のひとつ。同治《どうち》年間（一八六二〜一八七四）に安徽《あんき》省で練成され、農民反乱軍の捻軍《ねんぐん》との戦いのなかで勢力を拡大していた。

ラワン・ラマの場合は「官」のみならず「賊」とも義兄弟の関係を締結していた。熱河省の軍閥湯玉麟の部下で保安旅の旅団長趙国増《ちょうこくぞう》、馬賊の頭目安静海《あんせいかい》、直隷軍の紀小辮《きしょうべん》などである。これは「官と賊」双方のボスも朝陽県で生き残るためにはラワン・ラマの承認が必要だったことを意味するだろう。それだけではない。朝陽県を通過して草原と北京との間を行き来する商売人たちも当然、彼の庇護を必要とした。これほどの人物であるので、自身の安全を確保するのに、一流の射撃の技術を持つ李義を必要とした。「ラワン・ラマは昼には官のために、夜には賊のために動いていた」。

李守信は語る。[9]

ラワン・ラマの下で二年間ほど衛兵（砲手）を担当したことで、私の視野は大きく開けた。多くの馬賊や政府関係者と知りあったばかりではなく、馬賊になろうとも、役人になろうとも、商売人になろうとも、すべて要訣《ようけつ》が必要だということだ。才能だけでなく、まわりからの推戴《すいたい》も欠かせないということを学んだ。

自分自身の才能に頼るだけでなく、周囲からの推戴が重要だ、との見かたを李守信は生涯にわたって変えなかった。ラワン・ラマは政府や馬賊とのやりとりを処理しおえると、寺の近くの未亡人のところに行って泊まるのが毎日だった。李義はその隙にウサギを撃って寺の僧たちにご馳走をした。僧たちも大いに喜んだが、ラワン・ラマは李義の野心を見抜いていた。大志を抱く者は身辺に置くべからず、と悟った住職は「李義は殺生しすぎで、仏門に不向き」との理由で彼を王府に推薦した。

二年後の二十三歳のとき、李義はトゥメト右旗王府の「管印協理」の富巴什《フーバーシ》の砲手に転身した。「管印協理」とは、王の印璽《タマガ》を管理する協理《トサラクチ》のことだ。協理は清朝時代から踏襲されてきた役職で、旗の実務を担当する重要なポストだった。

義から信へ

ときのトゥメト右旗王府は黒城子というところにあった。王は夏になると、北京から黒城子に戻って避暑した。京城から連れてきた京劇を観て楽しみ、旗の実務はすべて「管印協理」の富巴什に任せていた。

富巴什には四人もの砲手がいたが、李義はこの仕事にも魅力を感じなかったので、三ヵ月で辞めて家に帰った。次兄の病死を悲しむ父親の姿を見て、李義は家に留まることにした。親孝行だったのもまた、李義の性格である。[10]

一九一七年、父は七十三歳で亡くなった。翌年、一切の心配事を断ち切った私は安静海に誘われて、熱河遊撃馬隊に入った。二十七歳だった。安静海も趙国増も馬賊だったが、政府に投降して官軍に編入されていた。

若き名射手を部下に迎え入れた安静海は、李義の名を李守信に変えた。義だけではなく、信をも重視する改名だったのである。ここから、李守信という天才軍人が誕生したのである。

「私は二十七歳で熱河遊撃馬隊に入り、三十一歳で軍官になった。蒙疆政権のナンバー・ツーの戦犯として裁かれるまで、私はずっと馬賊と結託していた」

と『李守信自述』は記す。

もちろん、どれも中共が使う政治の匂いがぷんぷんする枕詞にすぎないが、それでも李守信が証言する馬賊の制度と戦闘は一流の資料である。

熱河は満洲に近く、南部の承徳《しょうとく》付近が山岳地帯で、それ以外はすべて草原である。モンゴル高原特有の、ゆるやかな起伏のあるステップが広がるところで、モンゴル人が遊牧していた。承徳には清朝皇帝の避暑山荘があり、そのまわりに中国人からなる庁や県といった行政組織が設けられ、蒙漢雑居し、半農半牧の世界が広がっていた。馬賊はこの半農半牧の地帯、ローハ河とシャラムレン河の間を好んだ。

馬韃子

馬賊にはきわめて厳密な組織があり、最新の銃器と駿馬《しゅんめ》をたずさえた。モンゴル人や中国人、それにイスラーム教徒の回民からなる多民族混成馬賊は「胡匪《こひ》」と呼ばれた。純粋にモンゴル人からなる馬賊は「馬韃子《マーターツ》」と称される。

両者とも主として半農半牧の地域で活動するが、「胡匪」はけっして遊牧民の草原に行こうとしないし、「馬韃子」も朝陽県以南の中国人農民の村落にはめったに入らない。「胡匪」は大小さまざまな軍閥と結託するが、「馬韃子」のほとんどは、モンゴル高原の独立運動に参加した経歴をもつ。

活仏ジェプツンダンバ・ホトクト（ボグド・ハーン）がモンゴルの独立を宣言すると、南モンゴルからバボージャブらが駆けつけて参加した。バボージャブは日露戦争のときに日本軍の先導隊を担った経験から、日本の近代化に深く感銘を受けて、中国からの独立を決心していた。バボージャブはジェプツンダンバ政権の命を受けて何回も南モンゴルに進軍するが、失敗した後に部下たちは「馬韃子」に変身した。

「私が後日に創建したモンゴル軍は基本的に胡匪と馬韃子を合併させた軍団だ」

と李守信は述べている。

要するに、モンゴル人馬賊には政治的な信念があったが、中国人は単純に生活の手段として馬賊の道を選んだにすぎない。張作霖や湯玉麟のような大物馬賊も、勢力が増大してから政治家を演じるようになるが、信念を貫くことはなかった。モンゴル人と中国人、両民族の最大のちがいである。李守信が馬賊になっても、モンゴル復興という政治的な信念を放棄しなかったのも、このためである。

モンゴル人にとって、馬賊という生きかたと政治的信念は矛盾しない。政治的な信念、すなわち民族の復興を実現させるには、馬賊の道を選ぶという方法もあったからである。

3　バボージャブの遺志を継いで

紀律第一

すでに触れたように、ハラチンやジョソト盟のモンゴル人や中国人の裕福な者は砲手という私兵を擁していた。砲手は官軍に協力して馬賊を掃討することもあれば、馬賊側に立つことも躊躇しない。貧しい遊牧民と農民は、金持ちが馬賊に襲われるのを見て喜んだし、いつでも馬賊に加わることもできた。官軍は本気で馬賊と戦う勇気をもっていなかったし、馬賊も徹底的に官軍に襲いかかることを避けていた。

馬賊は屋号（字号）を名乗る。李守信の部隊は当然、「信」を屋号とした。熱河の馬賊は規模が大きいほうは百人あまりで、小さいほうは三、四十人からなる。個々の馬賊で攻めきれない官軍に出会うと連合する場合もある。その際はもっとも勇敢で人格のある者が最高司令に推戴される。李守信はいつも招かれて、三、四百人に膨れあがった馬賊軍団の最高司令に選ばれていた。彼はどの軍団からも信頼されていたからだ。

李守信によると、馬賊は紀律を守るのを第一にしていたという。勝手に殺人を働き、「花を採る」行為をした者は死刑に処される。「花を採る」とは、女性に乱暴することを指す馬賊用語

写真3-3　承徳に建つチベット仏教の寺院。清朝の皇帝はこの地で夏をすごした。

写真3-4　バボージャブ
（*Almanac History of Mongolia*, Ulaanbaatar, 2016）

だ。官軍の兵士を捕まえたときは捕虜として扱うが、官軍が馬賊を捕えるとすぐ処刑する。そのため、官軍に捕まらないように戦闘力は群を抜いて強い。

「四、五十人の馬賊で千人もの官軍に襲いかかったり、瞬時に包囲網を突破したりするのはけっして難しいことではなかった」

と李守信は回顧する。[11]

馬賊のボスは大勢の部下たちの信頼を獲得するために、なによりも戦利品を平等に分配する公平性を保たなければならないという。ボスがいちばん恐れるのは正面の敵陣からの銃弾よりも、身内が後ろから撃つ、すなわち不満をもつ部下に暗殺されることだ。李守信の盟友のひとり、日本統治時代には「東亜同盟軍」の司令官になった白鳳翔《はくほうしょう》という馬賊のリーダーはつねに七丁もの拳銃を肌身離さずに暗殺を防ごうとしていた。「かわいそうに、奴は夜でも鉄の塊を抱いて寝ていた」、と李守信は語る。部下たちから絶大な信頼を勝ち得ていた李守信は激戦中でも素っ裸で寝ていたし、いつも先頭に立って敵陣に突っこむ彼の体には傷ひとつなかったことも、前に述べたとおりである。

ケチな馬賊は嫌われる

馬賊にはそれぞれ決まった活動領域があり、他の馬賊の縄張りを侵さないよう気をつける。しかたなく他人の支配地を通過する際も事前に知らせて衝突しないよう慎重に動く。豪商を襲撃して財貨を手に入れたときも、欲望を抑えなければ逆にやられてしまう。一九二〇年陰暦十二月二十八日、ウラーンハダ（赤峰）から北京へと向かう百台もの馬車からなるキャラバンを、馬賊に扮した李守信の熱河遊撃馬隊が襲った。だが、紙幣だけを集めて、大量の銀貨には手を出さなかった。

「戦馬一頭には銀貨一千個しか載せられない。二、三千個もの銀貨を載せたら、馬はもう疲れて走れなくなる。別の馬賊に見られたとき、重い銀貨を載せているとすぐにばれてしまう」

と、けっして貪欲に走らないのが、李守信の性格である。「支那の将官には必ず一脈の物質欲の影か匂いが」するのにたいし李守信にはそれがない、と画家の長谷川春子も述べていた。

馬賊の銃器や戦馬を経済的に支援していたのは、他でもない地元の金持ちや裕福な商人である。そのため、馬賊は戦いが終わると、当然、その戦利品の一部をスポンサーに分け与えなければならない。支援者はまた馬賊の諜報機関でもある。いつ、どういう豪商がどこを通過するのかを知らせてくれる。馬賊は夜霧にまぎれて出没し、夜明け前に支援者の豪邸に入って隠れる。支援者は必ず家族全員を集めて挨拶する。

「支援者の第一夫人や第二夫人、それに子どもたちには気前よく小遣いを配らなければならない。ケチな馬賊は嫌われる」

と李守信は語る。

馬賊にとって、支援者のなかでもとくに豪農や地主は危険な存在である。多くの地主は独自の私兵を擁しているので、場合によっては馬賊を捕縛して官軍に売り渡して潔白を演じることもある。豪農や地主に比べると、商人は気が小さく、利益を優先して裏切ることはしない。李守信が馬賊として出かけるときにはいつも、豪農や地主家には泊まらずに、商人の邸宅ばかりを選んでいた。

商人たちとの関係を重視する彼のやりかたは、のちにモンゴル軍の最高司令官になっても変わらなかった。李守信は金銭に執着して戦利品を独占することは絶対にせずに、すべて部下たちを優先した。商人たちも、恬淡《てんたん》な馬賊のリーダーには金品をすすんで差しだすが、そうして得た財貨はすべて部下に配る。これが李守信の性格だ。馬賊と地元の民は共生関係にあり、馬賊の存在は中華民国社会の政治と文化の産物であったことがわかる。

蒙匪

一九二二年春の開魯《かいろ》。

「身軀高大の私は胡宝山《こほうざん》と王明児《おうめいじ》と三人で軍旗をもって、先鋒を務め、ホリート廟を包囲した。蒙古匪賊（蒙匪）バボージャブの残党を片づけるためだが、モンゴル人を駆使してモンゴル人を殺害するための策略だった」

と李守信は語る。三人ともモンゴル人で、熱河遊撃馬隊の軍官である。うち胡宝山のモンゴル名はエメゲートで、彼はもともとバボージャブの部下。ともにトゥメト左旗大営子の出身だった。

バボージャブは一九一一年八月に独立したばかりのボグド・ハーン政権に合流し、「東南辺境モンゴル人鎮撫官兵総管大臣」にして「忠誠なる世襲の鎮国公」の爵位を授けられていた。ボグド・ハーンが一九一三年春から五路の遠征軍を南モンゴルに派遣して、同胞たちを中国の圧政から解放しようとした際に、バボージャブもそのうちの一路を形成した。

彼の軍勢には日本人の有志らも積極的に加わった。ただ、日本軍はモンゴル人の独立を支援するよりも、自国の利益を優先していたので、バボージャブにたいする援護も二転三転した。一九一六年十月十七日、バボージャブはジョーウダ盟の林西県城を攻めた際に戦死した。[12]

バボージャブの死後、その部下の一部、七、八十人は胡宝山に率いられて熱河遊撃馬隊の統領・張連同《ちょうれんどう》に接収された。以後、「蒙匪」があらわれると、張連同はいつも李守信と胡宝山に反撃を命じた。もちろん、李守信はこうしたやりかたは「蒙古人を以て蒙古人を殺害する陰険な手法だ」と内心ではわかっていた。

中国人から「蒙匪」と呼ばれていた人びとは、「モンゴル復興」を掲げて中国からの独立を勝ち取ろうとする蜂起軍である。李守信によると、そうした蜂起軍の将校は貴族の王公かチベット仏教の高僧で、兵士は庶民からなる。蜂起軍内にはロシア人や日本人の顧問もいた。武器もほとんどロシアか日本製で、複数の戦馬をたずさえて疾駆し、馬上で別の戦馬に飛び乗るので、一昼夜で五〇〇キロも進軍できるスピードは常識では計れない。戦闘の際には体を馬の肚に隠して突進して接近し、一躍して敵を打ち倒す。中華民国は剿軍百個大隊を派遣して蒙匪対策を講じたが、逆に各地であいついでモンゴル人に撃退された。

内心は複雑

中国軍は紀律が悪く、一般のモンゴル人遊牧民と馬賊を区別せずに殺害をくりかえしたので、モンゴル人の支持を得られなかった。そもそも、中国がモンゴル人を敵視していたので、モンゴル人王公も庶民も立ち上がったのである。李守信軍はちがった。彼らはけっしてモンゴル人遊牧民を敵にまわすような紀律違反をしなかった。

「開魯を一九二二年春に攻め落とした蒙匪は四、五千人で、彼らのリーダーは誰で、どのような政治的な思想の持主だったかは、私は覚えていない」

と李守信は相手の「モンゴル復興」については口を閉ざす。「蒙匪」はアルホルチン旗と開魯を占領し、熱河遊撃馬隊の北路巡防隊が大敗したので、李守信軍に白羽の矢が立てられたのである。李守信は手柄を立てようと奮戦した。相手は「モンゴル復興」のために戦っているし、部下の胡宝山ももともと「蒙匪」だった。このような事実を知る李守信の内心は複雑だったにちがいない。

「蒙匪」の主力部隊はホリート廟内で無防備に休んでいた。負けっぱなしの中国軍がここまで追ってくるとは思っていなかったし、中国軍内にも自分たちとまったく同じような、いや中国軍に「帰順」した元「蒙匪」がいることを知らなかった。[13]

　朝霧のなかで、風に吹かれている蒙匪の紅旗が見えた。戦馬は放たれて草原の草を食んでいる。私と胡宝山は彼らの戦馬を先に奪うことにした。銃を撃ち鳴らすと、戦馬は一目散に方々へと逃げていった。

戦馬を失うと、モンゴル人は戦う気力を喪失する。李守信と胡宝山もけっして深く追わなかったので、「蒙匪」は三百人の死者を出して撤退した。

「蒙匪の大半もトゥメト左旗かフレー旗の出身だった」から、李守信の故郷の者である。彼は帰郷を希望する者は解放し、戦馬に乗りつづけたい者を自軍に受け入れた。彼らはのちに李守信が一九三二年に創建する「モンゴル軍」の中堅となっていった。そういう意味で、「私も徳王も、バボージャブの遺志を受け継いでいる」、と李守信は信念を吐露する。

国際関係と軍閥

バボージャブの残党と何回も戦った経験を持つ李守信が、その自述のなかでくりかえし語っているのは軍功ではなく、「モンゴル人を使ってモンゴル人を殺害させた」熱河遊撃馬隊の上官たちの陰湿な謀略である。中華民国の毅軍の系統に編入されていた熱河遊撃馬隊は張作霖の東北軍閥に属す。「日本帝国主義は、最初は（バボージャブのような）蒙匪を支援していたが、一九二二年以降は張作霖を動かして二度にわたって直奉戦争を発動した」、と彼は分析している。

李守信の見解を補強するように、歴史学者の麻田《あさだ》雅文《まさふみ》は次のように指摘する。

張作霖は北京政府の支配権をめぐって第一次直奉戦争を起こしたが、「天才肌の軍人、呉佩孚《ごはいふ》の前に完敗した」。北京への進出をあきらめた張作霖は東北三省の運営に専念すると同時に、北満洲に残っていたロシアの利権回収をも積極的に進めた。帝政ロシアに簒奪された利権を批判する中国人のナショナリズムが高まっていたので、民衆への迎合とみずからの私利私欲の確保が動機だった。日本軍は、このような張作霖を支援しつづけることで、帝国の戦略を実現しようとした。[14] 張作霖はみずからの地盤を固めようとして、東北に隣接する熱河の軍閥たちを受け入れて北京政府と対峙させた。一九二五年十月、熱河遊撃馬隊は東北軍騎兵第十七旅団に改編され、李守信は同軍の第三十四連隊（団）の連隊長に任命されていた。

「第一は部下、その次は各界の友人。これが馬賊として軍人として成功する秘訣だ」

と李守信はみずからの成功について述べている。[15]

馬賊のボスとして軍団を指揮した経験者は軍官学校を出た秀才よりはるかに強い。馬賊の経験はけっして軍官学校の教科書や操典にはなく、すべて実体験である。その上、もしそのボスにさらに政治と経済、外交的な知識があれば、社会的にも成功する。山東省の読書人呉佩孚が山賊の張作霖に負けたのは、その典型的な事例だろう。私も馬賊を経験することで物事を客観的に判断できるようになった。私は勇猛に戦い、上手に兵隊を指揮し、広く各界とつきあい、商売にも熱心だった。七年後には、熱河遊撃馬隊の実に三分の二を私が掌握したのである。

麻田雅文が呉佩孚を「天才軍人」と称しているのにたいし、馬賊上がりの李守信は彼をけっして評価していない。

新興の帝国日本の存在

ハラチン地域もジョーウダ地域も、南モンゴルのフロンティアであった。長城を境に中国の首都北京の北口玄関に接し、有史以来、遊牧民とシナの農耕民が対峙しあってきた最前線である。近代に入ってから、新興の帝国日本が満洲平野でユーラシアの古い帝国ロシアの南進を食い止めた。シナの侵略を食い止めようと立ち上がっていたモンゴル人たちは靡《なび》くように帝国日本に追随した。バボージャブのような英傑たちである。

李守信はバボージャブ軍の一員にこそなれなかったものの、胡宝山のような「蒙匪」を自陣に受け入れたことで、「モンゴル復興」を掲げる草原の男たちと合流した。バボージャブのような偉大な先駆けが民族自決の道を切り拓いたので、その足跡をたどるように、李守信は近代モンゴル軍の寵児になっていったのである。

バボージャブは近代モンゴル騎兵の創始者だと位置づけられるが、[16] 李守信はその騎兵をさらに強大な組織に改編して、大日本帝国陸軍と一体化させるのである。

写真3-5　モンゴル聯盟自治政府前の若き哨兵。李守信はモンゴル騎兵を強大な組織へと育てあげてゆく（『蒙古大観』）

第四章　官馬隊と軍閥

草莽から蹶起して官軍の将校となった李守信は、矛盾だらけの生きかたをしなければならなかった。同胞を鎮圧し、そして日本と中国のどちらかを選ばなければならなかったのである。

夏のモンゴル高原はすばらしかった。見わたすかぎりのお花畑である。
（梅棹忠夫『回想のモンゴル』中公文庫、一九九一年、三九頁）

1　英雄殺し

ガーダー・メイリンは死んだ

一九三一年春。陰暦の二月二十日は寒い日だった。

ホルチン左翼中旗（ダルハン王旗）のシベート草原ホンゴル・オボーを流れるローハ河は分厚い氷に覆われていた。結氷したローハ河を四、五十人の騎馬の男たちが渡ろうとしたところ、河のまん真ん中で陥没した。李守信は河の南側の土手にうつ伏せになって、男たちに照準を定めて撃っていた。河のなかの男たちはたちまち二十数人の死者を出したものの、半分は対岸にたどりついて、戦馬を飛ばした。

安全に逃げられるはずの二十数人の男たちは、まもなくふたたび銃弾の雨を浴びながらも果敢に戻ってきた。氷の上に横たわる八人の戦死者の遺体を奪おうとしている。ローハ河は氷をゆっくりと浮かべて流れていく。氷の上で、二十世紀南モンゴルの最大の英雄、ガーダー・メイリンが息絶えていた。英雄を射殺したのは、他でもない李守信である。

李守信軍は八人の首を切り落としてから、身を切るような寒風のなかで野営した。
翌日、ホルチン左翼中旗の実力者、滕海山《とうかいざん》の家まで行軍し、温かい肉うどんをふるまわれた。捕虜になったガーダー・メイリンの部下のひとりが滕海山とともに首を逐一確認したところ、金の入れ歯をした者が、「蒙匪」のボスだと認めた。滕海山は李守信にガーダー・メイリンは草原の開墾に反対して立ち上がった英雄だと語り、李守信はしだいに悔恨の念に包まれるようになった。[1]
滕海山にはハーフンガという息子がいた。ハーフンガは後にモンゴル人の民族主義の政党、内モンゴル人民革命党の指導者となり、内外モンゴルの統一合併をめざして闘争することになる。このように、ホルチン左翼中旗は近代モンゴルの英傑を輩出する地である。

なぜ殺害を告白したのか

ガーダーとは、南モンゴル東部方言で、末っ子に対する愛称だ。ローガーダともいう。[2]
ガーダー・メイリンのモンゴル名はローガーダで、ジェリム盟ホルチン左翼中旗の旗兵を統率するメイリン（梅林）で、孟青山という漢名を名乗り、孟梅林とも呼ばれていた。モンゴルの草原を中国人に開放して開墾させるのに反対したために、旗の王の怒りを買った。王は彼を牢屋に入れて処刑する予定だった。ガーダーには二人の奥さんがいて、第二夫人は牡丹という。小銃が使える牡丹は四、五名の親戚の者を集めて牢屋からガーダーを救い出すと、遊牧民たちを組織して武装闘争を始めた。その勢力はたちまち膨れあがり、一時は全ホルチン草原だけでなく、遼寧と熱河の辺境を震撼させた。しょせんは軍事経験のない牧畜民の集団にすぎなかったので、私が指揮する東北軍第十七旅団に殲滅された。ガーダー・メイリン本人もこの私が直接、撃ち殺したのである。……

第二夫人の牡丹は私の連隊（団）長の胡宝山に拾われた。後日、（モンゴル軍が）フフホトに駐屯していたころ、彼女は胡宝山にひとりの男の子を産んでくれた。胡宝山が宝昌県で亡くなった後、牡丹も行方不明となった。

メイリンとは、清朝時代から使われてきた役職名である。ガーダー・メイリンも武勇にすぐれていたので、ホルチン左翼中旗の旗軍の指揮官だったが、李守信の才能には及ばず、失敗した。モンゴル人蜂起軍は約七百人で、たいする李守信は三個の連隊（団）を指揮していた。東北軍第十七旅団の第三十四連隊と四十一連隊、それに二十七連隊である。戦力の差は歴然としている。伝統的なモンゴル人馬賊の「馬韃子《マーターツ》」と同じように、ガーダー・メイリン軍も半農半牧の地帯を東のホルチン草原から西のウジムチン草原をめざして移動をくりかえしていた。追われるガーダー・メイリン軍はモンゴル人からなっているので、けっして熱河に近い中国人村落には入らない。中国人の草原開墾に反対して蜂起したからである。追う李守信軍もほとんどがモンゴル人だったから、彼らもまた中国人から敵視されていた。「わが軍は昼夜を問わずに三日三晩追撃しつづけ、兵士たちの指は凍傷を負い、戦馬の腹部も冷えて青くなっていた」と李守信は語る。李守信はこのように淡々とガーダー・メイリンについて語るが、文中にはやさしい気づかいの気持ちがこめられている。

「ガーダー・メイリンを殺害したのは、俺だ」と自白したのは李守信である。李守信自身が語らないかぎり、誰も知らない。彼はどうして、あえて民族の英雄を殺した罪を吐露したのか。ある歴史学者は次のように解説する。[3]

晩年の彼は、なぜ鎮圧とガーダー・メイリン銃殺の真相を明かしたのだろうか。長期間にわたる軍閥の大漢族主義による抑圧、長年の獄中生活などを経験した後、若い頃の軽率な行動に対する反省と悔悟の現れであろう。

いま、李守信の「対日協力」を非難するモンゴル人は少ない。しかし、モンゴル人蜂起軍を弾圧した事実は、悲劇である、と理解しているのではないか。

歌はひろがる

ガーダー・メイリンは戦死したが、彼の功績を称えた歌は拡がった。今日においても、『ガーダー・メイリン』という歌[4]を知らないモンゴル人と中国人はいないほどである。

南方より飛んできた赤い若雁は
長いシャラムレン河に留まってから飛び立つ。
立ち上がったガーダー・メイリンは
モンゴル人の国家《くに》を守るためだった。

ガーダー・メイリンの蜂起はその後、神話のように全モンゴルの草原に伝わり、彼を讃えた歌は「民族の抵抗のシンボル」となって人口に膾炙《かいしゃ》した。今日においても、モンゴル人の草原が中国人に占領されて開墾されつづけている現実は少しも変わっていないので、モンゴル人は誰もガーダー・メイリンを忘れていない。

牡丹

ある研究によると、ガーダー・メイリンの最初の夫人はウユンジュレーといい、難産が原因で一九二二年に亡くなった。二年後、ガーダー・メイリンは同じ旗に住むリンチンという貴族の娘、ミダンチチクと再婚した。このミダンチチクが牡丹《ムダン》として知られる女性である。

ガーダー・メイリンが李守信軍の包囲網を必死に突破しようとしていたころ、牡丹は流産してしまい、モンゴル人の家に避難していた。蜂起軍が全滅した後、牡丹も逮捕されて開魯県の刑務所に閉じこめられた。

蜂起軍はモンゴル人で、それを鎮圧した李守信と胡宝山もまたモンゴル人である。蜂起軍は故郷の草原を中国人に占領されまいと武器を手にして抵抗したのだし、もともとは鎮圧する側の男たちも民族の独立をめざす英傑だった。官軍の東北軍に編入されたとはいえ、心は通じあう。

一九三二年の暮れ、李守信の下で大隊長になっていた胡宝山は開魯県の刑務所を訪れて牡丹の保釈を嘆願した。なにしろ、英雄バボージャブの部下で、モンゴルの独立を勝ち取ろうとして少年時代から戦ってきた男である。「胡宝山は能騎善射で、ずっと李守信軍のなかでもっとも戦え

写真4-1　中国の漫画、連環画『嘎達梅林』に描かれたガーダー・メイリン。彼は最後に日本人を罵倒して死んだという。

写真4-2　胡宝山（左）
写真4-3　晩年の牡丹（右）
（ともに包樹海「尋踪嘎达梅林夫人牡丹改嫁事件」）

写真4-4　牡丹と息子の胡万鈴一家
（包樹海「尋踪嘎达梅林夫人牡丹改嫁事件」）

る猛将だった」と歴史学者はいう。「能騎善射」は、武を尊ぶモンゴル男児の基本中の基本である。

「草原開墾に反対して蜂起したガーダー・メイリンに対する深い同情と、モンゴル民族に対する責任から、保釈を請求した」と歴史学者は分析している。牡丹はそれ以後、胡宝山の第三夫人兼秘書となった。

胡宝山は一九四四年、日本が草原から撤退する一年前に亡くなった。李守信軍の顧問だった松井忠雄は、胡宝山は「猛烈な反漢人種。しかし李守信には心服していた」と述懐する。[5]

波瀾のその後

胡宝山が他界したとき、四十二歳になった牡丹は九歳になる胡万鈴を連れて暮らしていた。一九四七年、牡丹と息子は胡宝山の故郷であるトゥメト左旗（阜新県）に入って、静かな生活を送ろうとしたが、実現しなかった。殺人をくりかえす中国共産党の「土地改革運動」をトゥメト左旗で経験した後、一九五四年から長春に移住する。一九六六年からは文化大革命の嵐を浴び、暴力が原因で自力では歩けなくなった。一九七五年五月九日に七十三歳で生涯を閉じた牡丹の遺骨は、彼女の故郷ホルチン左翼中旗のシベートに埋葬された。

彼女は終生にわたって、ガーダー・メイリンと胡宝山（エメゲート）という二人の英雄を支えて、民族の自決のために戦いぬいたのである。亡くなる前の年の冬、ガーダー・メイリンの姪、孟梅花という大学生が長春にいる牡丹を見舞った。牡丹はずっと保管してきたガーダー・メイリンの写真を見せて、家族への思いを語った。[6]

熱河遊撃馬隊

右に述べてきたように、李守信は東北軍騎兵第十七旅団第三十四連隊（団）の連隊長のポストにいたころに、モンゴルの英雄ガーダー・メイリンを弑《しい》した。この軍団は彼がそれ以降に創設したモンゴル軍の根幹となって、日本の敗戦まで続く。李守信は次のように軍団史を語る。[7]

私は一九一八年に熱河遊撃馬隊に入った。熱河遊撃馬隊は一九二四年冬に第二次直奉戦争が勃発した後に奉軍側に帰順して騎兵第九旅団に編成され、張連同《ちょうれんどう》が旅団長だった。翌一九二五年に、この部隊は東北軍騎兵第十七旅団に改編された。私は第二連隊の趙国増《ちょうこくぞう》の下で大隊長になっていた。その後、さらに東北軍騎兵第十七旅団は再編され、崔興武《さいこうぶ》が旅団長に任じられ、私は第三十四連隊の連隊長に昇進した。……

私のこの部隊は毅軍《きぐん》から発展したもので、毅軍は最初、直隷軍の系統に属していたが、後に奉軍に鞍替えした。第二次直奉戦争で直隷系が負けて、新しい指導者を必要としたからである。

毅軍については先に少し触れたが、郷勇《きょうゆう》のひとつである。安徽《あんき》省で練成されたもので、農民反乱軍の捻軍《ねんぐん》との戦いのあいだに山東省の人を大勢、受け入れた。捻軍の乱がおさまらないうちから西北の回民たちもあいついで蜂起すると、清朝は湖南省出身の左宗棠《さそうとう》の私兵に頼るようになる。[8] 毅軍も左宗棠の湘軍に追随してイスラーム教徒を鎮圧しながら熱河に入って駐屯するようになる。

尚武の民族、満洲人の清朝が弱体化していくなかで誕生した中国人の軍団、それが叙軍である。清朝末期から中華民国期の一九二五年まで、叙軍は長らく米振標《まいしんひょう》という男に率いられた。モンゴル国の軍隊が南進して同胞を解放しようとした際、そのうちのバボージャブ軍と戦っていたのも、米振標統領の部隊、叙軍だった。

体制が中華民国となっても、大隊（営）を旗と呼ぶなど、叙軍は清朝時代からの八旗軍の伝統を放棄しなかった。熱河遊撃馬隊も三つの馬隊からなる「官馬隊」と称されていた。「官馬隊」には、武にあこがれるモンゴル人の青少年たちが大勢入ってきていたし、馬賊の投降も歓迎された。

2　義兄弟の契り

私には大志があった

「私は自前の銃を馬に載せて、家の小作人に守られて、朝陽県から出発して建平下河に駐屯していた熱河遊撃馬隊の第三大隊の安静海《あんせいかい》中隊長の部下になった」

とは李守信が官馬隊に入ったときの風景である。自分の銃と戦馬がなければ、部隊から借りたものを使って敵から奪わなければならない。最初から銃と戦馬を持参してくる者はやはり、金持ちだった。

「馬隊に入ったときはすでに二十七歳になっていたが、私には大志があった」

と李守信は本音を隠さない。将軍になりたくない兵士は凡人だ、との格言は彼にぴったりである。中隊長安静海の衛兵となった後も兵士たちと寝泊まりをともにし、戦馬の世話を引き受けた。小遣いで兵士たちにご馳走をおごり、積極的に義兄弟の契りを交わした。こうして半年も経たないうちに、兵士たちの大半はすでに中隊長安静海よりも、その衛兵の李守信にしたがうようになった。

「作戦のときには、私はいちばん、勇猛果敢に先陣に立った。だから、熱河遊撃馬隊は最終的には私のものになったのである」

「中隊長、そして大隊長になっても、突撃のときはつねに最先頭を、撤退のときはいつも最後尾を走る。どんなときでもけっして兵士たちを捨てない。これが私の軍人としての原則だ」

とは李守信の回想である。[9] 一九二二年春、バボージャブの残軍と開魯で戦った戦功により、彼は一気に中隊長に昇進した。この戦いについては、すでに述べた。

張連同と崔興武

米振標に次いで毅軍の統領となったのは、湖南省出身の張連同《ちょうれんどう》少将だった。モンゴル人のトクト（陶克陶）やバボージャブ軍との戦闘を李守信に自慢していたという。彼は一九二五年に軍権を手放して北京で静かに暮らしていた。日中戦争が始まってまもなく、息子の放蕩で破産し、極貧の生活を送るようになる。モンゴル軍の総司令官になっていた李守信は元上司に蒙疆政権の紙幣、一万元を渡して困窮を助けた。

「死後は墓もなく、棺は廃寺に置かれていた。私が彼をきちんと埋葬したかったが、日本の降伏で果たせなかった」

と李守信は回顧する。[10]

張連同の殺軍を引き継いだのは、崔興武《さいこうぶ》という遼寧《りようねい》省黒山《こくざん》県出身の男だった。一九三三年三月に部隊の指揮権をすべて李守信に渡して満洲国の新京《しんきよう》（長春《ちようしゆん》）で暮らすようになるまで、約八年間にわたって熱河遊撃馬隊を統率した。

崔興武は、いつも李守信の盟友にして忠実な部下である胡宝山をそそのかし、モンゴル高原の馬群を略奪させては奉天《ほうてん》（瀋陽《しんよう》）や承徳、それに錦州の馬市で転売して暴利をむさぼっていた。見かねた李守信が胡宝山を厳重注意し、モンゴルの馬群を中国に転売するのを止めさせた。

また、崔興武はバーリン右旗と左旗の王を恐喝して四〇平方キロメートルもの草原を占領して自分専用の灌漑《かんがい》農地に改造した。そして、「ヘシクテン地域のモンゴル人たちはモンゴル人民共和国と内通している」と因縁をつけて大金を手に入れていた。

「熱河の軍閥たちは非常に封建的で、彼らには政治的野心はいっさいない。彼らは熱河を支配して二十数年にもなるが、馬賊や地主層と結託して私財を増やすこと以外に関心がなかった」

このような李守信の見解は正しい。李守信の上司である崔興武は典型的な中国人軍閥であった。思想がなく、モンゴルの草原を占領し、モンゴル人と社会を抑圧し、搾取するために生まれてきたような男だった。彼の圧政はジョーウダ盟のモンゴル人の憤激を買っていたが、そのつど、李守信の調停で平穏を取り戻していたのが実情だった。

「関東軍の参謀田中隆吉《たなかりゅうきち》が私に話したことがある。崔興武は皇帝溥儀《ふぎ》の御用掛吉岡安直《よしおかやすなお》に骨董品や金銭の賄賂を贈って、新京で豪邸を購入した。日本の降伏後、私は彼を顧問として迎えたが、フレー旗の戦いで解放軍に殺された」

と李守信は証言する。[11] 崔興武の遺体を故郷の黒山県まで送り届けたのも、李守信である。清朝の毅軍から中華民国の熱河官馬隊に鞍替えし、後にまた東北軍に再編された後の歴代の上官を礼遇するのが、李守信のやりかたである。ここに、彼の人柄の一端がうかがえる。

中華民国政府は奉天軍閥すなわち奉軍を支配下に入れようとして一九二六年春に戦火を交えたが、熱河はずっと奉軍系統の湯玉麟都統の支配下に置かれた。中華民国軍も熱河の西、山西省に拠点をつくって、ときどき衝突した。崔興武の東北軍騎兵第十七旅団は湯玉麟の指示でジョーウダ盟内のヘシクテン旗と林西県（西バーリン）に駐屯していた。この間に、李守信はホルチン左翼中旗で発生したガーダー・メイリンの蜂起軍を鎮圧したのである。

第二のバボージャブ

「内モンゴルの東部地域において、剽悍《ひょうかん》な男たちは馬賊となり、民族主義者たちはみな親日的だった」

とは李守信の見解である。彼はみずからと日本とのかかわりについて述べるときに、必ずバボージャブを挙げている。「熱河が日本軍に占領される十数年も前から、モンゴル人たちはすでに私を第二のバボージャブだと認識していた」と彼は述懐する。

ジョーウダ盟アルホルチン旗にアイゲン寺という名刹があり、シャブラン活仏が住職となっていた。一九二二年夏、中隊長となった李守信は軍を率いて寺に駐屯していた。寺領の草原は広く、千万もの家畜群を擁していただけでなく、寺の倉庫には五百丁もの日本製の鉄砲と十万発の弾薬を隠してあった。

各旗の王や活仏だけでなく、馬賊の頭目たちとも幅広く交際していたシャブラン活仏は毎日のように李守信を食事に招いた。李守信はシャブラン活仏と義兄弟の契りを交わしたが、部下の胡宝山はバボージャブに追随していた時代から寺の住職と親交を重ねていた。

活仏が隠していた日本製の武器はアルホルチン旗の王のものだった。王も活仏も日本が経営する南満洲鉄道の関係者と連絡しあっていた。ある日、活仏は日本の天皇と皇后（大正天皇と貞明皇后）の写真を李守信に見せながら話した。[12]

李中隊長にはモンゴル復興という大きな夢のために貢献する気があるようで、私はこれらの武器を惜しまずに提供しよう。いざ立ち上がったら、日本製の大砲も手に入る。私は仏門に入った者なので、兵隊を指揮することはできない。バボージャブ将軍が亡くなった後、モンゴル人はみな李中隊長に期待を寄せている。

「義兄弟となった以上は、艱難困苦をともにしよう」

と李守信は慎重に答えた。三十歳になったばかりの若き中隊長がチベット仏教の高僧から「第二のバボージャブ」ともちあげられたときの心情は容易に察することができよう。この時代、

「モンゴル復興」ほど、青年たちの胸を熱くする言葉は、ほかになかったのである。

中国人から信頼されたモンゴル人

バボージャブ将軍は内モンゴルを中国から独立させようと闘争していたので、その軍勢も純粋にモンゴル人からなっていた。

一方、「第二のバボージャブ」李守信は異なっていた。李守信軍のなかで、バボージャブの元部下胡宝山の中隊だけは純モンゴル人で、もっとも戦える別動隊を成していた。しかし、その他の部隊はむしろ中国人兵士が多数を占めていた。李守信は中国人の兵士たちと将校たちからも篤く信頼されていた。熱河遊撃馬隊が東北軍騎兵第十七旅団に改編された後も、内部の連隊長たちや、旅団長崔興武の副官や参謀たちは、例外なく全員が李守信の義兄弟だった。

「崔興武旅団の三分の二の将兵たちは無条件で私の命令にしたがっていただけでなく、熱河北部の漢人地主や有力な商人たちもみな、私を推戴していた。李守信は信頼できるモンゴル人だ、と漢人たちはそう見ていたからだろう」

と李守信は述べる。のちに、李守信がモンゴル軍の総司令官になっても、中国人兵士からなる「蒙古軍」はずっと彼の精鋭の一部を誇っていた。モンゴル復興のために戦う李守信であるが、その理想を実現するためには中国人をけっして排除していない。もちろん、時代も社会環境も変わったからであろうが、この点は先駆者のバボージャブとのちがいである。

他民族を排斥しない、という点では、モンゴルの偉大な祖先チンギス・ハンと同じである。若かったころのテムジンことチンギスを支えていた者のなかでは、彼と同じ出身のモンゴル人が少なく、ほとんどは契丹《きったん》人やウイグル人だった。異民族の英傑たちに支えられて初めて、自民族の統合が進んだのであろう。

民族復興という目標を実現させるためには、中国人だけでなく、日本人とも協力するというのは、ごく自然のなりゆきだったのである。

3 名誉ある帰順

満洲事変とモンゴル自治軍

「満洲事変のときに、私は開魯《かいろ》県に駐屯していた」

と李守信は日本とかかわるようになった経緯について語る。[13] 事変後まもなく、日本側の先鋒を担っていたモンゴル自治軍が要衝の通遼《つうりよう》を占拠した。

モンゴル自治軍は三つの軍団からなる。第一軍の司令官はホルチン左翼後旗の包善一《ほうぜんいっ》（エルデニビリク）で、第二軍はホルチン左翼中旗の韓《ハラヌート》セワン、ガンジョールジャブが第三軍の司令官だった。ガンジョールジャブはバボージャブの次男で、その弟のジョンジョールジャブは関東軍との連絡係を務めていた。後日、ジョンジョールジャブは李守信に「例のアルホルチン旗内のシャブラン活仏が保管していた武器弾薬を自治軍がもらった」と話していた。

一般的に、植民地側は強制的に宗主国に動員されて、戦争に協力するのではない。植民地側も戦争を利用してみずからの境遇を改善しようとするのが、真実である。[14] モンゴルの場合も、厳密にいうと、満洲事変の際に組織されたのはモンゴル自治軍ではなく、モンゴル独立軍である。モンゴル独立を支持しなくなった関東軍はモンゴル人民族主義者たちに圧力をかけて、独立軍を自治軍に改名したのである。[15]

この李守信にも勝てないで、なにがモンゴル復興だ

モンゴル自治軍の兵士は主として東北蒙旗師範学校の生徒たちからなるが、将校たちはみな、李守信と胡宝山の知人だった。日本軍はこんどは興安軍と改称されたモンゴル自治軍（ここではあえてモンゴル自治軍の称を用いる）を先鋒に立てて、一九三二年秋から通遼を拠点に西進を開始し、李守信の開魯県をしつこく攻略しはじめた。勇猛なモンゴル自治軍が先導しているので、開魯は簡単に落ちると日本軍は判断したらしいが、相手は李守信だったので、作戦計画は最初から頓挫した。

旅団長の崔興武は日本軍に投降するか否かで悩んでいた。崔は李守信を開魯県から通遼方面に近いドート（道徳）営子という地に派遣して抵抗の姿勢を見せながらも、通遼特務機関長の田中《たなか》久《ひさし》[16]と密かに連絡しあい、帰順のチャンスをうかがっていた。自治軍側も李守信に遠慮して旧知の胡宝山を通して日本への投降を説得した。

すでにモンゴル独立軍は自治軍さらに興安軍に改称されていたとはいえ、モンゴルを復興させ、中国からの独立を実現するには日本に頼る以外に選択肢がなかった時代である。自治軍側の

戦闘ぶりを見た李守信は胡宝山を次のように叱咤した。

彼らは四個軍団と自称しているが、四千人もいない。司令官も王様か活仏で、兵を動かせる者もいない。烏合の衆で、この李守信にも勝てないで、なにがモンゴル復興だ。

モンゴル人同士で戦って、無意味な流血を避けよう、と李守信は冷静である。

「李守信はモンゴル人である。あのときにモンゴル人青年たちのスローガン、モンゴル復興を聞いて、彼はとても感動していた」、とは当時を知る人の証言である[17]。

ある日、モンゴル自治軍の顧問松井《まつい》清助《せいすけ》が自治軍第一師団の師団長ナチンションホル（鮑殿卿）とともに崔興武旅団長を訪ねた後に、李守信を表敬訪問した。ナチンションホルは李守信と徹夜で語りあい、自治軍第五軍司令官のポストを用意していると話した。

「私はモンゴル人だ。モンゴル民族の復興のためならなんでもやる。ただ、自治軍の現状には満足していない」

と李守信はやんわりと断る。

モンゴル復興という理念には感動しても、四個軍団からなる自治軍に加わって、新たに第五軍団になるような地位に満足できる男ではない。自治軍もその名前が独立軍から改称させられたことに不満を抱いていたので、「第二のバボージャブ」を自他ともに認めていた李守信が自治軍第五軍の司令官というみみっちいポストに魅力を感じないのは当然のことである。

崔旅団長の不満

日本側は松井清助に軍を指揮させて李守信を攻撃したが、モンゴル自治軍は本気で戦おうとしない。

「松井顧問は大胆にもモンゴル自治軍を指揮して白昼堂々と、この俺とローハ河を挟んで戦おうとしてきた」

と李守信は憤激していた。彼はみずから大砲に砲弾を装塡し、一発で松井清助の車に命中させた。捕虜になった松井がある中国人将校に撃たれて死亡すると、崔興武旅団長は李守信に不満を爆発させた。崔旅団長の不満は二つあった。李守信が日本側にしたがうモンゴル自治軍と本気で戦おうとしなかったことと、松井清助顧問を殺害してしまったことだった。崔旅団長はすでに田中久特務機関長と連絡しあい、投降を決めていたからである。上司の崔旅団長に向かって、李守信は咆哮《ほうこう》した[18]。

旅団長殿は漢人で、日本人の田中久と親しくしているではないか。私はモンゴル人だ。モンゴル自治軍に親しみを感じないでいられるか。

このとき、すでにモンゴル自治軍側の司令官の韓セワンらも密かに李守信と義兄弟の契りを交わして不戦を誓いあっていた。それだけではない。草原のモンゴル人馬賊も数百人単位で李守信と胡宝山のところに陸続と集まってきて、軍勢は増大する一方だった。

モンゴル人は独立精神が強く、簡単に他人に追随しない。しかし、いったん指導者として群を抜く人物が生まれると、みずから馳せ参じるのもまた、モンゴル人の性格である。李守信はまさに「第二のバボージャブ」として、草原の屈強な男たちの信望を集めていたのである。

跡目をめぐって

一九三三年二月二日の新京のヤマトホテル。小磯国昭《こいそくにあき》中将は二十数人もの中佐以上の将校たちを集めて豪華なパーティを開き、李守信を歓迎して征塵を洗った。東北軍第三十四連隊の連隊長を関東軍の中将みずからがもてなすのは、破格の待遇である。この知遇を得て、李守信の心情は大きく変わった。

「わが旅団長の崔興武が冷酷無情であるように、中国人の軍閥はどれも器量が小さい。彼らと比べると、日本人将校たちはみな、度胸があって、格好いい」

と李守信は思った。李守信がこのように考えるようになったのには、以下のような経緯があったからだ。

日本軍が満洲を完全に掌握すると、張作霖の息子張学良《ちょうがくりょう》系統の東北軍は音を立てて崩壊し、雪崩を打って熱河に逃亡してきた。崔興武の軍も東北軍騎兵に改編されたとはいえ、彼らは地元の熱河に深く根を降ろしていたので、満洲からの東北軍の避難を歓迎しなかった。

しだいに軍旅生活に嫌気がさした崔興武は、軍権を完全に李守信に譲りたかったが、条件は李守信が彼の養子になって、崔守信と名乗ることだった。熱河の大小さまざまな軍閥はみな、親が死ぬと、自然に軍権を息子に渡す伝統に則《のっと》ったやりかただった。

関東軍との駆け引き

軍閥は家族経営だったが、近代化に覚醒した李守信には魅力が感じられなかった。また、ちょうどこのころ、李守信の五歳になったばかりの息子が病死したので、陰影が彼の胸から消えなかった。

「俺は自分の銃で戦って、連隊長になったのだ」

と、言い放った李守信を、崔興武旅団長も黙認するしかなかった。

「抗日だろうが、投降だろうが、あるいは多くの軍団をひとつにまとめようが、李守信でなければならない」

と熱河の中国人有力者たちも当時、挙《こぞ》ってそう認識していたからである。李守信はついに崔守信にはならなかったが、崔興武を旅団長とする東北軍騎兵は、実際は李守信の命令で動くように本質的に変化していたのである。

一方、関東軍にとって、西進政策を実現し、将来に長城を突破して中国本土をめざすには、どうしても熱河を占領しなければならなかった。熱河を手中に収めたら、モンゴル人民共和国や新疆経由の「赤魔」ソ連の脅威にも対処できる。

一九三三年元日、関東軍は山海関を攻略して熱河に突進してきた。一月二十八日、李守信軍は日本軍の飛行機を撃ち落とし、四人の日本兵が捕虜となった。崔興武はこれらの捕虜を関東軍に渡して弾薬と交換しようともちかけていた。日本軍の弾薬で自軍を武装しておけば、他の軍閥と戦えるし、関東軍が接近してきたときも、発砲して「抗日」の姿勢を示せるからである。中国人軍閥には政治的な思想はなく、いかに生き残って自国の人民を搾取して利益を得るかが最優先課題である。だが、李守信は軍閥の陣営に身を置いていても、彼にはモンゴル復興という大志があったので、中国人とは根本的にちがっていた。

崔興武の特使として、一月三十日に通遼に到着した李守信を、特務機関長の田中久は厚遇した。田中久少佐は、「血色のいい、いかにも明るい人」だった。[19]

「関東軍に帰順するにしても、抵抗するにしても、すべては李守信しだいだ」

という熱河の情勢を日本軍の特務機関は熟知していた。田中久は李守信に新京訪問を打診したところ、快諾が得られたので、二月一日に列車に乗りこんで通遼から東へと走った。途中から関東軍嘱託の金永昌《きんえいしょう》（アルタンオチル）というモンゴル人も加わり、モンゴル復興について列車のなかで語りあった。

事実上の抵抗放棄

新京では前関東軍司令官の菱刈隆《ひしかりたかし》大将と小磯国昭中将が待っていた。

「東北軍騎兵第十七旅団の崔旅団長よりも、われわれは李守信連隊長を信頼している。貴殿はモンゴル人だからだ」

と小磯は包み隠さずに話す。夜、小磯中将が連隊長に宴会を設けて、温かく迎えたことは、すでに述べた。李守信軍が捕えた捕虜は関東軍に返され、日本側は銃弾二十二万発と機関銃十五丁を謝礼として渡した。ここから李守信は田中久機関長と信頼関係を構築し、二人のあいだの連絡係をモンゴル人の金永昌嘱託が担当するようになった。[20]

「日本に投降した」

写真4-5　新京（長春）のヤマトホテル（『満洲国大観』）

写真4-6　張学良と蔣介石（向かって左から）（『満洲国大観』）

写真4-7　金永昌（『蒙疆読本』）

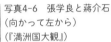

と宣言しなくても、李守信連隊長が新京に行って関東軍からの武器弾薬を運んできた事実は、東北軍騎兵第十七旅団が事実上、抵抗を放棄したことを意味している。二月二十日、日本軍は戦闘力抜群の茂木《もぎ》［謙之助《けんのすけ》］旅団を先鋒に躊躇なく通遼から西へと進軍し、一路、開魯県をめざした。大雪に包まれた通遼郊外は、真っ赤な炎があちらこちらから天に達する勢いで燃え上がっていた。

途中、日本兵は並行して進む李守信軍の兵士たちの頭に触ろうとした。侮辱だと思った彼らは大胆にも日本兵に向けて発砲した。モンゴル人には、他人に頭を触られると無性に腹が立つ習性があるからだ。日本軍の将校たちが駆けつけたので、大規模な衝突は避けられた。これが中国軍なら日本兵になにをされても卑しく我慢したかもしれないが、相手は馬賊上がりのモンゴル人で、天下無敵を自任する李守信の部下たちだったから、日本兵に遠慮することもしなかったのである。

開魯県城に入ると、地元の商務会は茂木旅団長を歓迎する宴席を設けた。
「皇軍はこれから赤峰に向かう。李連隊長には車四百台を用意してほしい」
と、茂木旅団長が話す。このとき、東北軍騎兵第十七旅団の旅団長崔興武はすでに軍隊を捨てて先に林西、すなわちバーリン西部へと逃亡していた。李守信は茂木旅団長の要請を断ってから開魯県北部から林西をめざした。

途中、劉桂堂《りゅうけいどう》の部隊約六百人を壊滅した。劉桂堂は中国から内モンゴルに侵入してきた軍閥で、以前にモンゴル人の胡宝山と敵対していたからである。「猛烈な反漢人の思想」を胸中に抱く胡宝山は機会さえあれば、中国人軍閥を片づけていた。三月五日の午後、李守信の戦馬は林西城の東門に到着し、軍営を張った。

歓呼の推戴

林西で、一足先に撤退してきていた崔興武旅団長は正式に軍権を李守信に移譲した。「私はもう四十九歳になった。少し財産ができたので、これからは満洲国で静かに暮らしたい」とあっさりと軍を離れる決意を表明した。崔興武は政治的な思想信条をもたないが、引き際は潔かった。東北軍騎兵第十七旅団の代理旅団長になった李守信を騎馬の戦士たちは歓呼して推戴した。モンゴル人で、かのバボージャブに追随していた胡宝山はとくに喜んだ。「俺たちはこの日のためにやってきたのだ」と涙を流した。

夜、李守信代理旅団長は田中久に電報を打って、情勢の変化を知らせた。田中久はこのとき、赤峰特務機関長に転任していた。七日の朝八時に、李守信は日本軍の小柳均《こやなぎひとし》部隊とモンゴル人からなる満洲国の興安軍を林西城内に迎え入れた。無血入城は日本軍への帰順を意味するが、戦いに敗れて武器を奪われての投降ではないので、李守信の東北軍騎兵第十七旅団の名誉も、保たれたことになる。

一週間後、小柳均は日本軍を率いて赤峰に向かった。彼は李守信が教えたルートを通らずに自分の判断で進軍したところ、オンニュート旗領内のシャラムレン河で戦車が沼地に陥没して苦労した。数日後、赤峰特務機関長の田中久が林西城に飛んできて李守信に謝罪した。

「小柳君はまだモンゴル人の誠実さがわかっていなかった。私は関東軍を代表して貴殿に感謝の気持ちを述べたい」

と田中久は誠実である。私も一九九九年二月二十八日に赤峰市内でシャラムレン河を渡ったことがある。沙漠に沼地が多く、渡河できる場所は限られ、日本時代に架けられた鉄橋はまだ地元の人びとに愛用されていた。

熱河遊撃師団司令官

オンニュート旗に入った田中久は四月初めに李守信を熱河遊撃師団の司令官に任命した。師団には三個の支隊があり、一個支隊は三個の連隊で構成し、計九個の連隊と一個の砲兵大隊からなる巨大な師団に発展した。

兵士も崔興武時代の二千人から八千人にまで増えた。各地のモンゴル人馬賊や尚武の中国人たちが合流してきたからである。劉継広《りゅうけいこう》と尹宝山《いんほうざん》はそれぞれ第一と第二支隊の司令官に、胡宝山は第三支隊の司令官に任命された。このうち、胡宝山支隊は純粋にモンゴル人からなる軍だった。田中久はまた浅田弥五郎と佐藤ら三人の日本人を顧問として李守信軍に派遣した。

このとき、中国人がいうところの「長城抗日戦」は完全に失敗し、日本軍が北平《ペイピン》（北京を国民政府が一九二八年に改称）城外の通州まで到達していたのである。時代は大きく変化したのである。

第五章　日本との「初恋」

一九三三年春の五月。

まだ緑が少なかった時期に、熱河遊撃師団の司令官李守信は六千五百人の兵を連れて、ドローン・ノール（多倫）の東を流れるシャンダ（善丹）河に到着した。モンゴル語でドローンは「七つ」で、ノールは「湖」だ。シャンダとは、湿地帯を指す。自然環境が豊かだった、草原に湖が点々と分布していた時代に付けられた地名だ。二〇〇〇年に私が同地を訪れたときには、すでに湖は消えていた。

「若い」「青年」という言葉は、ダイナミズム、進歩、自己犠牲的な理想主義、革命的意志を意味した。

（ベネディクト・アンダーソン『想像の共同体』リブロポート、一九八七年、二〇二頁）

われわれ日本人は、辺境民族ですから、中華思想には反発し、むしろ、こういう辺境文化のほうに共感をおぼえる点があります。

（梅棹忠夫『文明の生態史観』中央公論社、一九六七年、三三二頁）

1 関東軍の思惑

群雄割拠

「ドローン・ノールという地は、先にモンゴルのラマ廟が建ち、続いてその南一キロのところにモンゴル人と中国人が貿易をおこなう市が栄えて、大きくなった街だ」

と李守信は語る。ここは歴世のジャンガー・ホトクトとガンジョールワ・ホトクトという二人の高僧が駐錫《ちゅうしゃく》する場所である。

この二つの系統の活仏はいずれも清朝政府との結びつきが強く、満洲人の皇帝に代わってモンゴルの仏教界に君臨する支配者だった。ドローン・ノールはまた北京からモンゴル高原へ通じる通商路の要衝でもあったので、豊かな地だった。李守信軍が来たとき、彼に割り当てられたのは富が山積する市街ではなく、「白沙黄草」が広がる郊外のシャンダ河岸だったので、不満の気持ちが一気に膨れあがった。天下随一の富めるところのドローン・ノールを中国人軍閥の劉桂堂部隊に独占された事実に李守信は我慢できなかった。もちろん、劉桂堂も日本に投降していた。このとき、李守信が連れて来ていたのは中国人兵士からなる二個支隊で、胡宝山のモンゴル人支隊は林西に残って、退路を確保していた。いかにも彼らしい戦略である。

李守信は後日、当時の中国北部と南モンゴル熱河地域の情勢について、以下のように振り返っている。

日本軍が一九三三年初夏に熱河を完全に占領してから、察哈爾《チヤハル》北部進攻に結集した兵力は劉桂堂の七、八千人と張海鵬《ちようかいほう》の千八百人、それに私の六千五百人の計一万六千人である。張海鵬は遼寧省の人で、彼の軍隊は満洲国の正規軍として編入されていたし、本人も熱河省の省長に任命されるほど、関東軍に信用されていた。私はモンゴル人だったために、日本側から信頼されていた。劉桂堂は山東省からの流れ者（流寇）で、関東軍の信任はまったくなかった。

こうしたなかで、李守信と張海鵬の部下王永清《おうえいせい》旅団長の二人に与えられた任務には、察哈爾《チヤハル》北部への進軍だけでなく、劉桂堂部隊にたいする監視も含まれていた。承徳特務機関長の松室孝良《まつむろたかよし》からの指令である。劉桂堂も自身の置かれた立場を察知し、頑としてドローン・ノールをモンゴル人の李守信に渡そうとしなかった。

五月二十六日、松室機関長は承徳から飛行機でドローン・ノールに入り、劉桂堂と李守信、それに王永清の三人の仲を調停しようと試みた。調停は失敗し、松室機関長も劉桂堂にたいする不信を増幅させ、「関東軍には私のほうから報告して解決する」と言い残して承徳に帰った。

モンゴル人を敵視する劉桂堂を李守信は放っておかなかった。二十八日の早朝、小雨が降るなかでシャンダ河に攻めてきた劉桂堂軍を待っていた李守信は反撃し、一気に三百人以上もの兵士を倒した。翌日、劉桂堂は残軍を率いて西に逃亡し、張家口で馮玉祥《ひょうぎょくしょう》の抗日同盟軍に合流した。まもなく王永清の部隊も熱河に派遣されたので、ドローン・ノールはそれ以後、李守信軍の本拠地となった。この豊かな商業都市を独占し、東西南北の要衝を掌中に収めた時点から、李守信の軍人政治家としての成功への路がいっそう、開けたのである。

劉桂堂が謀反した日の朝に、熱河主席湯玉麟《とうぎょくりん》の副官だった烏古廷《うこてい》も五百名ものモンゴル人騎兵を連れて李守信に合流してきた。烏古廷（一九〇八〜）はハラチン右旗出身のモンゴル人貴族で、字《あざな》は臻泰といい、東北陸軍講武堂（第十一期）を卒業した秀才である。烏《ウ》という姓は、モンゴルの古い部族、烏梁海《ウリヤンハイ》の頭文字を取ったものである。烏古廷は、個人的に李守信と義兄弟の関係にあっただけでなく、松室大佐とも親しかった[1]ので、林西に派遣して胡宝山の支隊を訓練するよう指示した。胡宝山の支隊は馬賊出身者が大半で、勇猛であるが、近代的な戦術を教える必要があったので、東北陸軍講武堂を出た烏古廷に期待したのである。李守信はこのように、適材適所に青年たちに活躍の場を与えていたのである。

ドローン・ノールを貸す

流れ者（流寇）の劉桂堂を受け入れた馮玉祥は抗日同盟軍を指揮してドローン・ノールを攻めて名声を獲得しようと企んでいた。抗日同盟軍のベースは西北軍で、蔣介石の国民政府軍とも仲が悪く、中華民国政府の支持を得ていなかった。七月七日、馮玉祥は一万人以上もの兵士を率いてドローン・ノールを包囲して、砲撃を始めた。李守信によると、一九三七年の「支那事変」（盧溝橋事件）までは南モンゴルのチャハル北部に日本軍の正規軍はなかった。熱河遊撃師団の「特設隊」と顧問以外に、日本人はいなかった。したがって、馮玉祥の「抗日運動」もどことなくパフォーマンスのように見えて空しい。

馮玉祥はスパイを派遣して、李守信の第一支隊長の劉継広《りゅうけいこう》の部下、陳景春《ちんけいしゅん》に話をもちかけてきた。スパイ曰く、ソ連とモンゴル人民共和国の援助を受けている馮玉祥は中国人民の抗日運動の希望《ホープ》である。目下はドローン・ノールを占領して手柄を立てたいという。

「ドローン・ノールを三ヵ月間借りたい。貸してくれたら、それこそ李守信将軍の抗日にたいする最大の貢献だ」

と、スパイは説得する。

「三ヵ月間は長すぎる。一ヵ月間だけだ」

と、李守信も馮玉祥との関係を完全に断ち切るつもりはない。乱世を生き抜くためのモンゴル人の智慧である。日本軍は航空部隊を出して空から支援していたが、李守信軍内にいた浅田弥五郎ら三十数人からなる特設隊は完全に戦意を失っていた。

「弾薬が底をついたら、どうするのか」、と馮玉祥軍の「猛攻」を見た倉林顧問は心配する。「白兵戦だ」と李守信は答えた。馬賊は白兵戦を怖がらないし、相手の抗日同盟軍も本気で攻めているのではなく、「抗日のパフォーマンス」を演じているにすぎない。

十二日の黎明、李守信軍が無事に撤退したのを受けて、馮玉祥の抗日同盟軍はドローン・ノールを「勝利裏に占領」した。中国の各種報道機関は馮玉祥を絶賛する記事で新聞の一面を埋め尽くしたが、蔣介石は喜ばなかった。馮玉祥自身の回想によると、蔣介石はチャハルの「赤化」を危惧し、抗日同盟軍の背後にいるソ連の存在を嫌っていた。まもなく蔣介石の嫡系部隊の圧力を受けて、馮玉祥自身も張家口を離れざるをえなくなった。失脚した馮玉祥はその後軍権を剝奪され、失意の生活を送った。[2] 一九四六年からアメリカに視察に行き、二年後に帰国の船が火災に見舞われた際に死去した。

李守信が馮玉祥の抗日同盟軍に「貸した」ドローン・ノールには張 凌雲《ちょうりょううん》という男が三千人の兵を擁して駐屯していたが、一ヵ月すぎても、返す約束を守ろうとしなかった。しかも、馮玉祥の抗日同盟軍は紀律が極端に悪かったので、熱河省のモンゴル人たちは不満だった。八月十一日、李守信軍はふたたびドローン・ノール近郊のシャンダ河畔にあらわれた。[3]

張凌雲旅団長は約束どおりにドローン・ノールを明け渡そうとせず、かえって騎兵を出してきた。私はここで「敵の戦馬の尻尾に嚙みつく」という典型的な馬賊戦術を使った。まず、わが騎兵は円形に展開して敵軍を包囲する。抵抗できない張凌雲の兵隊が逃げると、わが騎兵は戦馬を相手の尻尾に嚙みつくように接近して走る。こうしてドローン・ノールに入っていくが、市街地を守る敵の歩兵は射撃できない。味方との区別がつかないからだ。私はこうしていとも簡単にドローン・ノールを再占領したが、日本人たちはこの馬賊戦術が奏効するのをじつに不思議に観察して、驚いていた。

李守信は敵の張凌雲旅団に深刻な打撃を与えずに、放してやった。旅団長の張凌雲まで戦馬を失っていたが、李守信は彼にロバを一頭渡して、命を助けた。遊牧民はロバを愚かな動物と見なすので、もはや相手は戦士ではないとの待遇である。

つきあいにくいモンゴルの知識人

李守信がドローン・ノールを馮玉祥の抗日同盟軍に「貸していた」間に、背後の拠点、林西を守っていた胡宝山支隊に異変が起きた。烏古廷の四弟、烏《う》臻瑞《しんずい》（アミンブヘ）が暇さえあれば胡宝山の兵士たちに向かって、「李守信は偽者のモンゴル人だ。モンゴル軍は本物のモンゴル人に指揮されるべきだ」と離間策を弄していたのだ。

胡宝山とアウハン旗出身のダリージャヤーが烏臻瑞の人柄は信用できないと報告していたが、李守信はさほど気にしなかった。李守信がドローン・ノールから撤退したのを見た烏古廷と烏臻瑞兄弟は熱河遊撃師団が惨敗したと判断し、支隊をそそのかして満洲国に入って、興安軍に合流していった。まもなくことの真相が明るみになると、胡宝山も烏古廷もまた李守信のところに戻ってくる。

「日本人も蔣介石もつきあいやすいが、モンゴル人の知識人たちがいちばん、苦手だ」

と、李守信はこぼす。彼はずっと、徳王のモンゴル自治邦政権内の読書人たちを信用しなかった。知識人たちは美辞麗句を並べて熱っぽく語るが、簡単に動揺するからだ。後年、一九四九年十二月末に次から次へとモンゴル人知識人たちが、アラシャン沙漠のなかで民族自決運動を続けていた徳王の身辺から離れてアメリカに飛んでいくが、李守信だけが最後までその指導者に忠誠を尽くした。ここに、彼の人柄があらわれているのである。

一九三三年八月にふたたびドローン・ノールを占領してから一九三七年七月の「支那事変」まで、中国の新聞は私を「逆賊の李」と呼んでいた。私は悩むようになり、しだいにアヘンに手を出し、第二夫人を迎えた。

李守信がこのように苦悩の日々を送っていた時期に、日本側はドローン・ノールに財団法人善隣協会を設置し、中嶋万蔵《なかじまんぞう》がその責任者になった。九月になると、李守信軍は「察《チヤハル》東警備軍」に名を変えられ、二個支隊も師団と称するように改編した。兵士も増えつづけた。チャハル部鑲黄旗の大隊長ゴルミンサンは五百騎をつれて合流してきたし、胡宝山も七百騎を連れて戻ってきた。胡宝山は、烏古廷にそそのかされて満洲国の興安軍に改編させられていたが、旧主の恩義を忘れる男ではなかった。軍勢は九千人にまで増大し、野戦砲も多数配備され、通信小隊と憲兵隊も組織され、近代化が一気に進んだ。

軍の体制が整うと、李守信は新京におもむいて関東軍司令部に謝意を伝えた。旧知の小磯国昭参謀長はあいかわらず李守信を「モンゴルの英雄にして、民族復興のホープ」だと称賛した。このとき、浅田弥五郎顧問はすでに駐ドローン・ノール特務機関長に昇進し、代わりに下永憲次《しもながけんじ》という陸軍中佐が顧問として着任し、特設隊を指揮した。[4] 下永憲次は陸士二十三期で、満洲国の興安軍官学校の設置に尽力した人物であり、いわゆる「蒙古狂」のひとりである。[5] しかし、李守信の下永憲次にたいする評価はあまり芳しくない。関東軍から李守信軍に支給された経費と装備を下永が何回も着服していたからである。ドローン・ノールにあった日本料亭で働く日本人女性に夢中になり、大金を彼女に貢いでいたらしい。

金永昌と于蘭澤

ドローン・ノールはチャハル・モンゴル部の草原である。チャハル・モンゴルはモンゴルの大ハーンの直属の部衆で、清朝に帰順しようとせずに、何回も抵抗し蜂起をくりかえした歴史を有する。

清朝はチャハル・モンゴルを分割し、十二の旗に編成して皇帝専用の家畜群を放牧させた。チンギス・ハンの直系子孫からなる王のポストを設けずに、総官を任命して旗を統治した。清朝が崩壊した後も、十二旗はそのまま総官に統率されていたが、他のモンゴル人地域と同じように、旗全体を統括する盟を設置したいと地元の政治家や知識人たちは願っていた。関東軍はモンゴル人の気持ちに応えようと、調査研究を始めた。

一九三四年夏、関東軍は金永昌（アルタンオチル）と于蘭澤（バヤンタイ）という二人の青年をドローン・ノールに派遣して、チャハル盟創設の準備を開始した。二人ともハラチン出身のモンゴル人で、日本留学の経験をもつ。二人はチャハル・モンゴルの有力者を網羅した結果、鑲黄旗総官のジョドバジャブ（卓世海）が将来の盟長ポストにふさわしいとの結論を出した。

当時のジョドバジャブは徳王に追随してベーレン・スメ（百霊廟）の自治運動に参加していたので、ドローン・ノールに来て日本軍と連携する意思はなかった。関東軍は李守信にチャハル盟長への就任を打診したが、本人は軍務から離れる意思はまったくなかったので、一九三六年春に盟政府が正式に発足するまで、金永昌と于蘭澤の二人が代行するしかなかった。

李守信が前年に新京入りして小磯参謀長に会った際の通訳はスニト右旗の特務機関長の宍浦直《ししうらなお》徳《のり》少佐だった。日本軍の「徳王工作」が始まると、「その長には、外語出の宍浦少佐が起用された。蒙古研究生あるいは留学生として、現地にあった主として東京、大阪外語出の若者がこれを補佐」していたのである。[6]

関東軍がだめだったら……

一九三四年の冬、関東軍から派遣されたトクト（陶克陶）という人物がドローン・ノールに来て金永昌と会い、徳王工作について話しあった。当時の徳王はまだ、日本側と連携するか否か、態度を明らかにしていなかった。ある夜、李守信は二人の知識人に平素から考えていた「モンゴル復興」について尋ねた。

すでに触れたように、関東軍がジョンジョールジャブの「モンゴル独立軍」を「モンゴル自治軍」に改称し、さらに興安軍に編成したことに李守信は不満だった。李守信は満洲国の国民ではないものの、関東軍のやりかたがほんとうにモンゴル人の自決を支援しているかどうかに、疑問を抱いていたからである。

写真5-1　ドローン・ノールに建つチベット仏教寺院。中共に破壊されたまま残っている。

写真5-2　熱河省のモンゴル人たち（ジョーウダ盟アウハン旗のモンゴル王。『満洲国大観』）

写真5-3　善隣協会とその関係者。前列左から二人目中嶋万蔵、中西某、盛島角房（張家口特務機関）、井口三蔵（ハイラル蒙都旅館）、前川坦吉（善隣協会理事）、横田碌郎（アラシャン特務機関）、矢野光二（駐蒙軍調査班長）、後藤富男（善隣協会調査部長）、林重弘（善隣協会）（写真提供：中嶋熙）

写真5-4　ジョドバジャブ（『蒙疆読本』）

写真5-5　関東軍の嘱託トクト（『一個蒙古老人的回憶』）

「満洲人がモンゴルを復興させるのか。それとも、モンゴル人が満洲を復興させるのか。私は日本の満蒙政策がわからない」

と李守信は静かに表明する。彼は、この時点でまだ徳王に会ったことがない。それでもモンゴル人の信望を集めていた徳王が、日本に好意を示さない心情がわかっていた。満洲人は清朝の支配者だったが、すでに中国に同化され、満洲国内でも強烈な民族意識をもつ者は少なかった。満洲人と逆に、モンゴル人の一部は独立した人民共和国を創建したし、民族全体の統一が崇高な目標だと誰もが疑わなかった。それにもかかわらず、関東軍が創った国の名は、国民意識の薄い、言い換えれば満洲人意識のない、満洲国だった。こうした政策にモンゴル人が疑念を示すのは、当然のことである。

「関東軍がだめだったら、他にモンゴル人民共和国という選択肢がある」

と、トクトがぽろりと本音をこぼす。これを聞いた金永昌は顔色が変わり、三人とも黙りこんだ。監視されていたからである。

この晩の語らいを通して、李守信は日本型の近代教育を受けた知識人の思想信条がわかるようになったと述懐している。彼らはけっして単純な親日派ではない。日本以外につねにモンゴル人民共和国とソ連との関係を意識していたからである。

「私はわかった。関東軍はすでに三つのモンゴル人勢力を確保した。徳王のモンゴル地方自治会と満洲国の興安軍、それに私の軍隊である」

と李守信は情勢を認識していた。

2　暗殺の陰翳

徳王との初対面

一九三五年初冬のある日。

ドローン・ノールの空港に二百人からなる勇猛なモンゴル軍の儀仗兵がずらりと並んで「天馬」の飛来を待った。「天馬」は関東軍から徳王に送られた飛行機である。飛行機が轟音をあげながら止まると、辮髪姿の徳王が降り立った。李守信は駐ドローン・ノール特務機関長の浅海喜《あさみき》久雄《くお》と善隣協会会長の中嶋万蔵、顧問の下永憲次らをともなって、徳王を丁重に出迎えた。

李守信はすでに以前から徳王は非凡な政治家で、モンゴル復興の指導者だとあこがれていた。徳王も李守信の突出した軍事的才能を高く評価していた。

飛行機を降りるなり、徳王は李守信に尋ねた。

「貴殿の軍隊にはどれくらいの兵士がいる?」

徳王はこのとき、ベーレン・スメを根拠地に自決運動を推進していたが、中国人軍閥傅作義《ふさくぎ》の侵略を受けて草原が蚕食されていたし、側近のフフバートル（韓鳳林）も国民政府に暗殺されていた。フフバートルは日本の陸軍士官学校を卒業した軍人で、徳王の保安隊隊長だった。フフバートルが暗殺された後は宝貴《ほうき》廷《てい》（ボヤンデレゲル）がその後任になっていたが、彼は李守信の義妹にあたる女性を妻にしていたので、徳王側の情報もくわしく李守信に伝わっていた。

「私のところが中国軍に攻められたら、貴殿はドローン・ノールからどれぐらいの時間で来てくれるのか」

徳王と李守信は初対面でありながら、一方は政治的な指導者で、もう一方はそれを支える軍人としての信頼関係が最初から堅く結ばれていた。このとき、徳王は三十三歳で、李守信は四十三歳だった。

徳王は李守信という強力で、忠実な同志を得たことで、モンゴルの自決運動をいっそう、自信をもって進めていくことになり、「正に歴史的な会見」だった、と現場に居合わせた中嶋万蔵は語る。[7] 近代におけるモンゴル人の歴史において、深い足跡を残した一歩がここから踏み出されたといえる。

「強行軍なら三日で駆けつけることができる」

と李守信は答える。当時、徳王の住むスニト右旗とドローン・ノールに無線があったが、日本人が操作していたので、急用ではないときは馬を飛ばして伝令する伝統的なやりかたで連絡しあうことも約束された。日本は利用すべき力ではあるが、まだすべてを打ち明けて話す相手ではなかった。まもなく、李守信は南モンゴル東部出身のモンゴル人からなる一個連隊（団）を徳王のために組織し、自身の義妹の夫、宝貴廷を連隊長に任命した。宝貴廷は東北陸軍講武堂の卒業生で、烏古廷と同期である。これ以降、李守信とともに最後まで徳王に追随することになる。[8]

一九三五年十二月三十一日、李守信司令官は華北の要衝、張北に入った。張北の南六〇キロのところに張家口があり、モンゴルと中国との境界線に立つ長城の要塞である。

「わが騎兵は張家口の玄関口、大境門まで突進していったが、中国軍第二十九軍の抵抗はなかった」と、李守信は語る。関東軍の田中隆吉参謀と田中久らの支持もあり、最新の日本式武器で武装された騎兵だった。中国軍第二十九軍内にも日本側に通じる将校がいて、戦う意思を最初から示さなかった。

国民政府軍の指導者何応欽《かおうきん》と日本側の梅津美治郎《うめづよしじろう》との間で協定が結ばれたことで、華北地域はすべて日本軍の占領下に入っていた。徳王と李守信もこの時期をモンゴル独立のよい機会だと判断した。

マスクをかぶる

張家口以北のチャハル北部（察北）を占領した李守信に、中国軍もウインクを送ってきた。第二十九軍の宋哲元《そうてつげん》将軍は密使を派遣して李守信の部下陳景春《ちんけいしゅん》を通して投降を打診してきた。

「帰順というが、宋将軍は第二十九軍の軍団長のポストを俺に譲ってくれるか。彼は蔣介石の義理の息子であっても、日本人の前ではまだ俺のほうが上だ。蔣介石とも直接つきあうが、宋哲元を通す必要はない」

と李守信はやんわりと断りながらも、宋の第二十九軍に武器弾薬を密かに提供した。日本軍から李守信軍に届けられる弾薬もまた中国軍支配下の地域を通るなど、戦場でも戦う人間同士の義理人情が機能していた。

「いまは誰もがマスクをかぶらなければならない時期だ」

と李守信は話した。

傅作義の考え

宿敵の傅作義もまた李守信に武器弾薬の融通を要請してきたが、こちらはきっぱりと拒絶した。傅作義は、「モンゴル人は人間ではない。牲口（家畜）なのだ。もしよく働けば餌をやる。もし柔順でなければ打ってやるだけだ」と主張していた。[9] 山西省出身の彼はモンゴル人を手当たりしだいに処刑するという過酷な抑圧体制を、モンゴル人の故郷で実施していたのである。

南モンゴルで横暴な大漢族主義支配を強行する傅作義の意見を蔣介石は聞き入れて、徳王らが主導して一九三四年四月二十三日に創設した「モンゴル地方自治政務委員会」（蒙政会）を一九三六年一月二十五日に解体した。具体的には私の故郷オルドスで「綏境蒙政会」を、シリーンゴル盟南部のジャブサル寺で「察《チャハル》境蒙政会」を立てて二つの組織に割る方法で、中国人が得意とする分割統治をモンゴル人に強制したのである。

徳王はこの「チャハルと綏遠を分裂させる」政策に反発し、逆にチャハル盟を四月に樹立しようと決心した。新しいチャハル盟の盟長にはジョドバジャブ（卓世海）が就任予定だった。チャハル盟を新たに設けようとの計画は早くも一九三四年から関東軍の指令を受けた金永昌と于蘭澤らによって進められていたことは、前に触れた。

知識人へのきびしい眼差し

一九三六年一月二十二日、南モンゴル各地の有力者たちが集まった張北でチャハル盟の成立大会が開かれた。徳王はスニト左旗のゴルジョルジャブ王（郭王）とモンゴル人民共和国から「亡命」してきていた高僧デロワ・ホトクト、内モンゴル人民革命党の指導者バヤンタイ（白雲梯）とサインバヤル（包悦卿）らを連れて参会した。関東軍からは田中隆吉参謀と田中久らが来ていた。

盟長に就任予定のジョトバジャブの身辺には南京からの呉鶴齢《ごかくれい》と尼冠洲が付いていた。二人は蔣介石からの代表で、チャハル盟の成立を阻止するために来ていた。

デロワ・ホトクトはもともとモンゴル高原南西部にあるナロバンチン寺の活仏だったが、社会主義体制のモンゴル人民共和国が成立すると、一度は逮捕されて死刑判決を受けた。徳王がチベットのパンチェン・ラマの支持を受けて自決運動を進めるようになると、その動静を探るために、モンゴル人民共和国は同じくチベット仏教の高僧だったデロワ・ホトクトに「逃亡」を演じさせて南モンゴルに派遣した。デロワ・ホトクトは徳王の身辺に長く留まり、戦後は祖国へ帰還せずにアメリカに渡り、一九六五年にかの地で客死した[10]。

徳王によると、「その頃、白雲梯《バヤンタイ》は国民党中央委員に落選して、政治の世界に志を得ないいま」天津で蟄居《ちっきょ》していたのを宍浦直徳と中嶋万蔵が自分のところに連れてきたのである。呉鶴齢もまた国民党側に希望を託そうとしたが、成功せずに徳王に合流していた[11]。

「とにかく暗い」というのがこのときに呉鶴齢を観察した李守信の印象である。バヤンタイについては、李守信はその弟の白雲航と知りあいだったので、少し歓談した。

「なぜ、左から右へ旋回したのか」

と本人の思想にかんする鋭い質問である。内モンゴル人民革命党がコミンテルンの指示で次第に極左路線に舵を切るようになると、バヤンタイはそれに反対し、党を離脱して蔣介石の国民党政権に接近したからである。

バヤンタイがどう応じたかは不明であるが、「モンゴルの知識人はみな、ずる賢い」と李守信はきびしい。

ガソリンと高級生地

チャハル盟成立の式典が終わると、徳王と田中隆吉参謀は飛行機で張北を離れ、バヤンタイとサインバヤル、それにゴルジョルジャブ王と尼冠洲らは車で張家口へ向かった。

徳王は李守信に頼んだ。

「呉鶴齢の車にたっぷりとガソリンを入れてあげて」

李守信はそのとおりにしてから、司令部によってから帰宅し、少しアヘンを吸って休んだ。すると、田中久がやってきて、将校用の高級生地を李守信に渡しながら、

「張家口方面に行ったモンゴル人のひとりが馬賊に殺された」

と、伝えてきた。

「モンゴル人を殺害して服従しない者に警告を発しているのだ」

李守信はとっさに悟った。高級生地を贈られた理由もまたわかった。ただ、犠牲にされたのがバヤンタイなのか、それとも尼冠洲なのかはまだ、知らなかった。また、呉鶴齢が車にガソリンを入れてはるばると徳王の故郷へ逃亡した原因もようやく飲みこめた。

写真5-6　デロワ・ホトクト（左）（*Mongolchuud 1*）

写真5-7　呉鶴齢

写真5-8　ジャチスチン
（*The Last Mongol Prince*）

尼冠洲殺害

日本側はこのとき、呉鶴齢と尼冠洲ら二人の暗殺を決定していた。北のスニト右旗へと疾駆する呉鶴齢の殺害を命じられた宝貴廷は任務執行を拒否して、顧問の煙草谷平太郎《たばこやへいたろう》と現場で対立していた、と後日に徳王は回想している。[12] 一方の尼冠洲は不運だった。彼を乗せた車が張北南門を出て小孤山（万全貯水池）というところに着いたときに、特務機関の大杉某に率いられた十数人に止められた。「卓盟長が尼冠洲さんを呼んでいる」と話しかけながら、大杉は引き金を引いた。かくして、チャハル盟の成立に反対し、日本軍と距離を取ろうとしたモンゴル人が殺害されたのである。[13]

徳王によると、尼冠洲はチャハル・モンゴルの明安《ミンガン》旗の佐領（役人）で、社交的な性格で、政治活動も上手な人物だった。バヤンタイと呉鶴齢が落選したのと対照的に、彼は国民党中央委員に当選し、蔣介石の指令を帯びて徳王のところに自決運動を抑えこむために派遣されていた。チャハル盟成立大会に参加した際も、日本側が受け入れられない多くの問題を提案したことで、日本人に恨まれたという。徳王は語る。[14]

呉鶴齢から聞いた話では、チャハル盟公署成立大会の際、尼冠洲はジンギスカンの肖像に供えられた九匹の羊を指さして、次のように言ったという。

「我々蒙古人が決められるのは、ここにある九匹の羊の供物しかありません。他はすべて日本人がやったことで、日本人によってほしいままに操られています。……」。日本人がこの話を聞いたら、尼冠洲をますます憎み、彼を殺さずには気がすまなかったことであろう。

尼冠洲が殺害されたことで、面と向かって日本側に反対するモンゴル人は減ったが、識者たちの心に大きな陰翳が落とされた。

フフバートルも消された

本節の冒頭でも触れたが、同様なことは以前にも起きた。一九三四年九月、徳王の保安処第一科長のフフバートル（韓鳳林）が北平で国民党の中央憲兵第三団に逮捕されて、極秘に殺害された。蔣介石直々の命令だった。日本側の要人たちが徳王を訪ねてくるたびに、陸士を出たフフバートルが通訳を担当していたし、熱心に自決運動を唱えていたためである。「フフバートルは日本と結託し、国民党や国家に背いて民族を売り渡した裏切り者」とされて、中国人に殺されたのである。

フフバートルは徳王がもっとも信頼する青年の一人で、その父親と妻を慰め、みずから蔣介石に助命を嘆願したり、天津特務機関のトップ、土肥原賢二《どいはらけんじ》に中国政府への働きかけを依頼したりしたが、成功しなかった。

「韓鳳林事件の発生後、私は蔣介石の虐殺行為に不満を抱くと共に、多角的外交を進めようという側近たちの提案を受け入れるようになった」と徳王は語る。「多角的外交」とは、日本側との協力をいっそう推進することだった。[15] しかし、殺害という政治手法はたいてい、逆効果をもたらす。もっとも、日本側が尼冠洲を殺害した逆効果はじわじわと、後からあらわれてくることになる。

3 軍政府の誕生

呉鶴齢

ここで少し、モンゴル人から「聖人」と呼ばれていた呉鶴齢について述べておく必要があるだろう。

李守信によると、呉鶴齢はハラチン右旗の貴族で、モンゴル社会においては、非常に珍しい、菜食主義者だった。幼少時からモンゴル語と漢語を学び、北京の法政専門学校を卒業した後は、バヤンタイらとともに内モンゴル人民革命党の活動に参加した。バヤンタイが王公制度の廃止を唱える急進派だったのにたいし、呉鶴齢はその存続の必要性を訴える穏健派だった。彼の活動は蔣介石の目に留まり、一九二八年秋にモンゴル・チベット委員会の委員に任命され、モンゴル駐北京弁事処処長にも推戴されていた。

若き徳王が草原から北京に登場して政治活動を華々しく進めるようになると、その魅力に惹かれた東モンゴルの青年チョクバートル（陳紹武）とチョクバダラホ（陳国藩）、サイジラホ（丁我愚）とジャチスチン（于宝衡）らはみなその身辺に集まってきた。こうしたなかで、徳王と呉鶴齢も出会い、初対面から意気投合した。

「徳王は呉鶴齢をみずからの宰相のように扱った」と李守信は語る。[16] 李守信はこのように回顧しながら、自身は徳王から終生にわたって大将軍と信頼されたことを言わんとしている。呉鶴齢と李守信はいわば、徳王の左右両大臣で、一人が文官を、もう一人は武官を統率していたと言っていい。

南京政府に戻らず

一九三三年に徳王がベーレン・スメ（百霊廟）で自決運動を始めた際に、中国人の宋哲元と傅作義は強硬に反対した。「チャハル省」と「綏遠省」という中国式の省制度のなかでモンゴル人をコントロールし、古くからの「盟」を廃止して中国人中心の植民地体制の強化を主張した。

呉鶴齢は徳王の立場を擁護し、蔣介石と交渉した。呉鶴齢の手腕は蔣介石にも評価されていた。そのため、徳王と日本軍がチャハル盟を設置しようと動きだすと、蔣介石は呉鶴齢を派遣して阻止にとりかかった。同行の尼冠洲が日本軍に暗殺され、呉鶴齢も威嚇されると、彼は南京政府に戻らずに徳王のところに残ったのである。

呉鶴齢は一度も私利私欲に走ったことはない。彼は蒙政会委員やモンゴル駐北京弁事処処長のポストにいたころから、国民党政府からの経費をみずからのポケットに入れたことは一度もない。モンゴルの政界において、彼のような清廉な政治家は他にいなかったので、徳王の信頼も篤かった。

李守信はこのように呉鶴齢を高く評価している。[17] 呉鶴齢は清廉潔白の一生を送ったが、李守信は信義を貫く人生をまっとうした。徳王の「宰相」と「将軍」はいずれも傑出した人物だったが、時勢が彼らに味方しなかった。

モンゴル人の准国家

「チャハル盟公署は成立したが、地方政権にすぎない」、と判断した徳王はさらに全モンゴルの各盟と旗を指揮できる中央政権の創設に着手した。徳王の身辺にいた東モンゴルの青年たちを中心に、統一指揮機構のモンゴル軍総司令部の創設を進めた。徳王の回想である。

　百霊廟蒙政会から中堅幹部の陳紹武・丁我愚・趙文儒（マハシリ）・張秉智（ウルジト）・白景畬（ジャルガムジ）を呼び寄せ、以前から我が旗にいたトクト・金永昌・于蘭澤・ボインダライ・郭王等とともに、蒙古軍総司令部の設立準備に取りかかった。改元易幟《かいげんえきし》を決定して、ジンギスカン紀元（『王公表伝』を調べると、同年は成紀七三一年であった）を採用し、藍地の右上に赤・黄・白の三本線を象徴とする蒙古旗を定めて、中国の羈絆《きはん》から脱し、「独立自治」の道を歩むことを示そうとした。

周到な準備を経て、一九三六年二月十日、大雪が降りしきるなかで、徳王はスニト右旗の天幕式宮殿内で、モンゴル軍総司令部の成立式典を開いた。徳王とその日本人顧問団、それに青年たちはチンギス・ハンの肖像画に敬礼し、「ジンギスカンの偉大な精神を受け継ぎ、蒙古固有の領士を回復して、民族復興の大事業を完遂することを誓います」と宣誓した。日本側を代表して、少し遅れて到着した関東軍の西尾《にしお》寿造《としぞう》参謀長も「日本と蒙古は手を携えて、親密に合作しましょう」と挨拶した。このとき、徳王はモンゴル軍総司令に、李守信は副総司令兼軍務部長に選ばれた。

　モンゴル人自身の准国家が誕生したことで、満洲国や北平からも大勢の青年たちが馳せ参じた。サンドレン（包海明）とノモンダライ（高慶春）、テムルバートル（劉定一）とオンホアムル（包崇新）、テケシボイン（王宗洛）らである。徳王は組織大綱に則して軍務部と政務部などの部門を整えた。そして、兵士を募集して軍隊を拡大しようと宝貴廷と烏雲飛をジョソト盟とジョーウダ盟へ、サインバヤル（包悦卿）をジェリム盟にそれぞれ派遣して青年たちを募った。「日本人からなる顧問部が組織され、軍事指導・政治指導の責任を負った」。しかし、「その頃、呉鶴齢はなお日本側の了解が得られず、重要な職務に就かせられなかった」、と徳王は述べている。[18]

　李守信によると、モンゴル軍総司令部が誕生した後も、田中久らはまだ呉鶴齢を信用せずに暗殺の計画を立てていたという。のちに徳王はみずから田中隆吉に「呉鶴齢はすでに蒋介石との関係を完全に絶ったし、モンゴル復興に全身全霊を捧げている。日本側はすでにまちがって尼冠洲を殺害してしまったが、これ以上の殺人は東亜新秩序の構築と日蒙提携に不利だ」と説明した。徳王の再三にわたる説得の結果、日本側は呉鶴齢の殺害を放棄したのである。[19]

軍政府の誕生

　一九三六年五月十二日。ジャブサルというところで「モンゴル軍政府」の宣誓式がおこなわれた。ジャブサルとはモンゴル語で「真中」や「間」との意で、「張家口とウランバートルの間の中間地帯だ」と李守信は語る。草原に建つ三つの質素な固定建築のなかで、モンゴル人が中国から独立しようとして建立した軍政府が第一歩を踏みだしたのである。

「三軒の建物は中央が政府で、西は特務機関で、東は軍司令部だ」

「私はモンゴル人で、モンゴル復興のために戦う」

との強い意志を抱いて、李守信はこの小さな司令部に「察《チヤハル》東警備軍」の部下たちを連れて移ってきた。このとき、満洲国興安軍に編入されていた烏古廷も徳王のところに馳せ参じてきたので、モンゴル軍の参謀長に任命されていた。ジャブサルは中国語で化徳と呼ばれていたが、徳王はそれを忌み嫌い、徳化と変えた。

「烏古廷は呉鶴齢の妹を夫人に迎えていたし、呉鶴齢も徳王の参議部長になっていた」

と李守信はジャブサルに集まった要人たちについて描いている。徳王の親衛隊を率いていたのは宝貴廷で、「温厚な美青年」だった。[20] ある日本人は李守信が一九三六年二月まで統率していた軍を「モンゴル軍建軍の第一期」とし、この時期は第一軍と第二軍しかなかった。なお、モンゴル軍政府が誕生した後の一九三六年五月からの時期を「モンゴル軍建軍の第二期」と分けている。[21]

この第二期のモンゴル軍の組織は以下のとおりである。

第一軍……軍長は李守信。第一師団（劉継広師団長）・第二師団（尹宝山師団長）・第三師団（陳景春師団長）・第四師団（宝貴廷師団長）

第二軍……軍長は徳王。第五師団（依恒額《イホンゴ》すなわち依紹先師団長）・第六師団（ボインウルジ師団長、のちに烏雲飛）・第七師団（ムグデンボ師団長）・第八師団（サインバヤルこと包悦卿師団長、のちにチングンジャブこと戴選青）・第九師団（師団長シュンノードントプ、のちに包海明）

以上のような一個軍、九個師団で、総計一万人にのぼる規模だった。

漢師と蒙師からなるモンゴル軍

モンゴル軍の第一軍は李守信の親衛隊のような存在で、いわば彼と「馬賊」時代と「官馬隊」時代の艱難困苦をともにした人びとである。李守信は次のように述懐する。[22]

　モンゴル軍総司令部は烏古廷が参謀長を、劉正中が副参謀長を担当していた。郭光挙が参謀処長で、張啓祥《ちようけいしよう》（アルビジホ）は副処長であった。紀樹勲は軍械処長で、陳康烈は軍法処長で、丁其昌《ていきしよう》は砲兵隊長で、王占元が警備隊長だった。このなかで、烏古廷と張啓祥の二人だけがモンゴル人である。

李守信は、右に列挙した中国人たちもすべて熱河遊撃馬隊時代からみずからに追随し、忠誠を尽くした点を強調している。

「第一軍は軍長の私がモンゴル人で、将校と兵士は約一割がモンゴル人にすぎず、他はすべて漢人だったので、漢師《ハンスー》と呼ばれた」

徳王はみずから純粋にモンゴル人からなる第二軍の「蒙師《モンスー》」を指揮したが、「漢師」にもっとモンゴル人青年たちを抜擢するよう李守信に求めた。しかし、「軍学校を出て二、三年しか経っていない者は使えない」と言って、李守信は慎重だった。李守信は、動揺しやすいモンゴルの知識人を信用していなかったことについては、前に述べた。彼はハラチン部やホルチン部出身で、日本の陸軍士官学校や国民政府の中央軍学校、東北陸軍講武堂を出てすぐに中隊長になった秀才たちをも信頼しなかった。

「貴族の出身者は育ちがいいが、部下とともに苦労したことがない」

「東モンゴル出身の知識人たちは空論ばかり並べる。いざ戦闘となると、震えて銃器も使えない」

と、きびしい。ただ、李守信は感情的に軍学校を出た青年たちを酷評していたわけではない。近代的な教育はおおいに必要であるが、もっと実戦で自分を磨くよう、と青年将校たちに期待していたのである。

徳王は宝貴廷を派遣して、四十万のモンゴル人が住む熱河やハラチンのトゥメト左右両旗で兵士を募ったが、集まった五千人の若者はみな李守信にあこがれていた。李守信がこの地の英雄で、「第二のバボージャブ」として人民に熱愛されていたからである。尚武の民族の若者は当然、「馬賊」や「官馬隊」時代に華々しい戦功を立てた李守信の命令で動く。李守信によると、第五師団の師団長イホンゴはトゥメト左旗の統領で、李守信と義兄弟の契りを交わしていた。第六師団長のボインウルジはトゥメト右旗の七星台寺の活仏で、実家は李守信家のすぐ近くだった。

写真5-9　訓練するモンゴル軍兵士たち（『写真週報』1938年6月29日号）

写真5-10　モンゴル軍閲兵式における徳王（『五原事件青史』）

写真5-11　日本と回民との提携を訴えてモンゴルを訪れた日本人たち（著者蔵）

「第五師団の師団長イホンゴも第六師団長のボインウルジも軍事経験はなにもなくて、戦えるわけがない。私はそれぞれ部下の田英《でんえい》と李《り》鳴遠《めいえん》を第五師団と第六師団の副師団長に任命した」

田英は以前にモンゴル高原のジェプツンダンバ・ホトクトの独立運動に参加した英雄である。

徳王と李守信のモンゴル軍の兵士は中国人が相対的に多く、また将校たちも中国人が第一軍のなかで主力をなしていた。そうした中国人たちも当時は徳王と李守信のモンゴル復興の理念に賛同していた。もともと、中国北部の中国人はモンゴル人とのつきあいも古く、民族意識も鮮明ではなかったので、モンゴル人がモンゴル人独自の政権を建立しようとしたときも、違和感はなかったし、協力する者もまた多かった時代である。

中国人軍閥など眼中になし

きびしい訓練を経た後の一九三六年八月、モンゴル軍はジャブサルで盛大な閲兵式を挙行した。関東軍からは板垣征四郎《いたがきせいしろう》中将が飛行機でやってきて参加し、騎馬兵の分列式を見て、称賛の辞を送った。当然、李守信と徳王もおおいに感動した。

一万人あまりの兵士たちが戦馬に跨《また》がり、千人もの砲兵たちが五十台もの大砲を並べて参列した。モンゴル服の徳王と板垣中将にボインダライと卓世海らがその後に続いて閲兵した。一万人以上の騎馬兵と勇壮な戦馬、そして真新しい銃器！　おのずと愛情が湧いてくる。板垣中将は相当、ご満悦だった。

李守信の表現には彼の「将才」としての精神がみごとにあらわれている。彼だけでなく、徳王も板垣参謀長は「満足の意を表明した」と回想している。[23]

李守信の中国人部下たちも彼が信念とする「モンゴル復興」に共鳴し、いっしょに戦っていたが、政治情勢は複雑だった。華北の中国人軍閥の傅作義と宋哲元、それに山西省の土豪閻錫山《えんしやくざん》も密使を派遣しては李守信に挨拶してきた。目的は二つある。どの軍閥も日本軍と本気で対峙する気はないし、日本がいずれ撤退したら、中華民国の蔣介石総統に李守信を紹介する、と恩を売る。

李守信はこうした中国人軍閥を眼中に置いていなかった。もしも将来に日本が大陸から撤退しても、蔣介石とは直接交渉する、と肚のなかで決めていた。日本が撤退するか否かの問題よりも、関東軍の力を借りて、モンゴル復興すなわち中国からの独立を実現しようと決心していたのである。

異国の情緒と「接待」

モンゴル軍政府が成立した後、関東軍からの関与も前に比べて増え、人間同士の関係も濃密になった。特務機関長の田中久はジャブサル寺に常駐していたし、田中隆吉も頻繁に新京から飛行機に乗ってやってきては指導した。モンゴルの有力者たちも前より積極的に日本側と協力するようになった。李守信はとくに烏古廷がその弟や息子たちを日本に派遣して留学させたことを取りあげている。

モンゴル軍政府指導者の徳王も烏古廷も金を使おうとしなかったのにたいし、李守信は大金を惜しまずに注ぎこんで日本側とモンゴル側の有力者たちを身辺につなぎとめた。自宅に豪華なアヘン吸引の道具類を備え、清潔でおいしい料理をいつでも提供できるようにコックを雇った。モンゴル軍政府のバヤンタイ（于蘭澤）やトクト、アルタンオチル（金永昌）だけでなく、田中隆吉もまた「高級クラブ化した」李守信宅に泊まるようになっていた。

田中隆吉は完全に軍人気質で、非常に粗暴であるのにたいし、田中久は粋な官僚で、いつも沈黙している。田中隆吉はまた異常なほどに女が好きだった。

李守信はこのように語り、田中隆吉のために回民出身の小五子という女性を紹介したことを振り返っている。[24] 戦場に立つ男の身辺には女が欠かせなかったのであろう。回民はとくにイスラームを信仰するアラブ人やトルコ人、それにペルシア人などが中国人と混血して形成された民族であり、彫りの深いエキゾチックな表情をしている、と当時の日本人に見られていた。

混血を、わたくしは欲していたのである

後年、日本の人類学を牽引する京都帝国大学の今西錦司《いまにしきんじ》は当時の日本が経営していた回民女学校の「一人色白のきれいな娘」について次のように回想する。[25]

彼女が回民の娘であるということなどは、わたくしにとってはなにも問題でなかった。民族学はわたくしの専門でなかったが、専門の連中が回民の研究に、多少行き詰まっていたと

きだったから、わたくしはむしろ彼女を通して、回民の生活にかんするドキュメントを作ろうかと考えた。わたくしはさらに許されるならば、彼女といっしょに生活してみたいとも考えた。混血を、わたくしは欲していたのである。血の交流をもっと頻繁に行なうことによって、世界の民族は一つにならなければならないというのが、わたくしの平素からの主張であったから、わたくしにすれば、適当な相手さえ見つかれば、この主張の実践に忠実でありたいと願うのは自然である。……

ひとは回民の娘に振り袖の着物をきせて、踊りを踊らせたりすることに、なんの意義があるかといって、よくかげ口をきくのであったが、こうした教育をうけたこの学校の卒業生には、その物ごし態度に、どこか普通の中国娘とはちがった、優しさ柔かさがあった。そしてあの娘にしても、そこがまずわたくしの心をとらえたのでないと、はっきりいいきれるであろうか。

「中国娘とちがった物ごし態度」と「優しさ」、そして「柔らかさ」が人類学者今西錦司の混血への渇望をかき立てた。今西錦司はムスリムの女性にたいし、生々しい性的な関心を抱いていた。[26]「五族協和」を本気で実践しようとしたにしろ、「回民の娘」との混血を真剣に夢想したにしろ、内モンゴルで得た経験と学智は戦後日本における学問の発展を支えつづけたのである。

第六章　我がモンゴルの同胞よ

政府と軍隊の双方を擁していた徳王と李守信は独立建国をめざしたが、日本の謀略によって阻止された。二人は戦い、民族の覚醒をうながした。

満洲国の成立がなんらかの意義ありとすれば、それは西洋諸国の支那に対する海上勢力に代って長城北辺の地に基礎をおく亜細亜の大陸勢力を設定せんとするの企図であろう。

(オーウェン・ラティモア『満洲に於ける蒙古民族』財団法人善隣協会、一九三四年、一頁)

1　綏遠攻略

徳王暗殺計画

田中久は、日本側の指示どおりに動かない徳王と相性が悪かった。

「日本人はとくに徳王と私が強く団結するのに危機感を抱いていたので、われわれの仲を悪くさせようとした」

と李守信は述べる。田中久は張家口から水商売をする女性を連れてきて、「徳王を色事に溺れさせよう」と本気で画策した。

「徳王はわれわれモンゴルの元首だ。まもなく綏遠《すいえん》を攻めるので、徳王を陥れたら、モンゴル復興も失敗する」

と李守信はこのように盟友の色事謀略を中止させた。

「田中隆吉に女を世話したのは、彼を楽しませるためだ。徳王を女で貶めようとの陰謀を止めたのは、民族主義の目的からだ。モンゴル人同士の不和と流血だけは、なんとしてでも避けなければならなかった」

と李守信はじつに頭脳明晰に情勢を判断していた。大局的な見地に立って物事を考えるのが、李守信の性格である。

美女を使って徳王を陥れようとした計画が李守信に反対されると、田中久はもっと即物的な策略を考案した。モンゴル人少壮派軍人をそそのかして徳王を暗殺しようとしたのである。田中久のところに「モンゴル人青年クラブ」があり、軍政府の科長級以上の青年幹部や軍人たちが頻繁に出入りし、日本人の指示で動いていた。

李守信は、直々に宝貴廷から聞いた話を次のように述べている。宝貴廷は李守信の第一夫人の親戚の娘を妻に迎えていたことから義弟にあたる。彼は「兄」李守信に徳王暗殺の計画について相談したという[1]。


陰暦の六月のある日の午後。ジャブサル寺は暑かった。私が寺の西側の丘の上で涼んでいたら、宝貴廷がやってきた。あいつは酒を飲んで、酩酊していた。「どこで飲んできた」と聞くと、「兄さん、大事なことで相談がある。徳王さまを殺《や》りたい」と彼はいう。私はびっくりしてしばらく言葉もなかった。

「これがおまえらの考えるモンゴル復興か」

と激怒した李守信にはその原因がわかった。宝貴廷は新生モンゴル軍の第二軍の軍長になりたかったが、与えられた第四師団長のポストに不満だった。

「徳王さまについてあれこれと妄想するのをやめろ。下手なことをやるなら、今ここでおまえの首を切り落としてやる。おまえに付く兵が何人いる?」

李守信はこのように咆哮《ほうこう》して義弟の軽挙妄動を戒めた。

「日本人でも徳王さまにたいして下手なことをしたら、この俺は承知しない」

と怒りはおさまらない。

宝貴廷の不満

宝貴廷は李守信と同じジョソト盟トゥメト右旗の出身で、チンギス・ハンの直系子孫にあたる。宝《ボ》という漢字姓もチンギス・ハン一族の名字、ボルジギンの頭文字「ボ」から取ったものである。彼は十六歳のときから軍隊に入り、李守信に追随した。李守信は彼をきびしく鍛えようとして騎兵第十七旅団長の趙国増に紹介した。趙国増は一九二六年に宝貴廷を東北陸軍講武堂に第八期生として推薦した。宝貴廷は講武堂で二年間学び、そこを出た後は各地の軍隊を転々としていたが、徳王がベーレン・スメ(百霊廟)で自決運動を始めると、いち早く馳せ参じて親衛隊の将校になっていた。彼はつねにモンゴル人としての信念をもっていたからである。[2]

徳王の親衛隊長のフフバートル(韓鳳林)が「親日派」だと見られて、国民党の憲兵に殺害された後に宝貴廷が護衛にあたった。徳王の政治力と李守信の軍事力を結合させようという意志はモンゴル人と日本側の双方にあり、両者のあいだで連絡を取りあっていたのも、宝貴廷だった。

写真6-1　前列左から二人目から宝貴廷、煙草谷司令、佐藤中尉（『内蒙三国志』）

写真6-2　奉天の日本軍兵士（『満洲国大観』）

写真6-3　興安軍の奇襲作戦（写真提供：矢島金城）

これにはドローン・ノール駐在の特務機関長の植山英武《うえやまひでたけ》もかかわり、当時関東軍参謀副長だった板垣征四郎もおおいに支持していた。したがって、徳王と李守信が日本の力を借りてモンゴル軍政府を樹立した際に、宝貴廷の役割は大きかった。

しかし、宝貴廷にも不満はあった。

モンゴル軍総司令部が成立した直後の一九三六年二月二十二日、昼の宴会の席上で徳王はみずから儀礼用の絹《ハダク》を手にもって、李守信をモンゴル軍第一軍の中将軍長に、宝貴廷を第二軍の少将軍長として任命した。当時、第二軍は兵士が足りなかったので、宝貴廷は故郷に帰って青年たちを募った。徳王は二千五百人くらいの規模を考えていたらしいが、宝貴廷は煙草谷平太郎の指示を受けて五千五百人もの兵を集めてきた。

これを見たハラチン旗の呉鶴齢とテケシボイン（王宗洛）、バヤンタイ（于蘭澤）とチョクバートル（陳紹武）らは「李守信も宝貴廷もトゥメト右旗の出身で、しかも親戚同士だから、二人とも兵権を掌握したら、制御が利かなくなる」と徳王に進言した。それを聞き入れた徳王は宝貴廷を第二軍長のポストからはずして、第四師団長に任じ、みずからが軍長を兼ねた。[3]

このような権力闘争を当然、李守信は知っていたし、「東モンゴル出身の知識人は私利私欲が強い」とも批判していた。それでも、彼は大局的な見地から、義弟を叱ったのである。

李守信に叱咤されてから、宝貴廷はモンゴル軍の忠実な将校としてずっと徳王と李守信に追随し、一九四九年にアラシャン沙漠のなかで自決運動を展開し、モンゴル人民共和国に亡命するまで忠誠を尽くした。

日本軍は長城の南に入ろうとしている……

モンゴル軍政府はジャブサル寺にあったが、李守信の軍営は張北に張ってあった。知識人の多いジャブサル寺と、大軍が駐屯する張北の間を李守信は頻繁に移動した。

冬、徳王の母親が亡くなった。葬式には蔣介石からの弔問客も姿をあらわした。政治情勢はますます複雑化した。モンゴル軍は西の綏遠攻略を始めようとしていた。

一九三七年春のある日。李守信は二人の夫人を連れて奉天に入った。第一夫人の持病、胃偏垂を治療するためである。第一夫人を南満医院に入れてから、李守信は第二夫人とともに市内の大和旅館に泊まった。関東軍上層部の小磯国昭と板垣征四郎と再会した李守信だが、日本側はしきりに北平の気候と風土について尋ねてきた。また、傅作義の第三十五軍と宋哲元の第二十九軍のどちらが強いかとも聞かれた。

日本軍は長城の南に入ろうとしている……。敏感な李守信にはすぐに彼らの思惑が読めた。ほどなく七月七日の盧溝橋事件が発生、それをきっかけとする「支那事変」の戦局は拡大し、やがて関東軍参謀長の東條英機《とうじょうひでき》が新京から飛んできて軍を指揮し、張家口を占領する。満洲の公主嶺《こうしゅれい》から駆けつけた援軍は酒井鎬次《さかいこうじ》少将率いる機械化部隊（独立混成第一旅団）と満洲国モンゴル人の興安軍だった。

戦史的には東條と酒井の兵術思想のちがいもあり、東條の用兵が部隊をばらばらにして使うというものだったため機械化部隊の特徴を活かせなかったとされるが、李守信は「酒井旅団は軍規がよかった」とのよい印象を抱いている。ともあれ、日本軍と興安軍は一路、南下しつづけ、大同を占拠し、「晋北自治政府」を設置した。晋とは、山西省の古い名である。

帰綏をめざして

この間に、李守信のモンゴル軍は西進した。ある日本人は当時のようすをこう伝えている。[4]

蒙古の新らしい太陽、徳王と猛将李守信に率いられる蒙古騎兵隊が、暴支膺懲の聖戦に参加し、徳化を出発したのは、昭和十二年七月二十一日であった。殊に七千にも足らない蒙古騎兵を以て、八万に垂んとする劉汝明の二十九軍、傅作義の綏遠軍、閻錫山の山西軍の合同包囲に遭いながら敢然と抵抗し続け張北を死守した勇敢さは、称賛して差支えはあるまい。蒙古軍の精鋭九ケ師が大蒙古曠原の夜露にぬれたり、真赤の大陸の夕陽を浴びながら、西進また西進、かれらの聖地百霊廟へと猛進を続けたのであった。

日本軍の酒井機械旅団を先鋒に帰綏（フフホト）を攻略する大軍は十月初めに平地泉（集寧）に結集した。帰綏東部の軍事的な要衝だ。李守信が率いるモンゴル軍六個師団も駆けつけ、司令部を集寧城内の師範学校に設置した。また、徳王みずからも別の四個師団をともなって草原のルートでダラン・ハラ（大青山）の北側から帰綏をめざした。「酒井旅団長はとても慎重だった」ため、進軍の速度は遅かった。

李守信のモンゴル軍に与えられた任務は、平綏鉄道線に沿って、敵の傅作義軍と馬占山《ばせんざん》軍を掃討することだった。東北軍の馬占山部隊にはかつての上司、保安旅団長の趙国増がおり、手紙を寄せてきて「帰順」を呼びかけてきたが、むろん、李守信は一蹴した。馬占山なぞ眼中になかった。彼はしょせん東北の一軍閥にすぎないが、自身はモンゴル民族の復興という大志を抱いていると思っていたからである。

軍功を日本人に譲る

モンゴル軍の先鋒が帰綏の近郊、旗下営という地にさしかかったところで、李守信は烏古廷参謀長とダラン・ハラ山北部に展開していた包海明《ほうかいめい》第九師団長にそれぞれ電話し、城内への突入を遅らせるよう命じた。

「帰綏占領の栄誉ある軍功を日本軍の酒井機械旅団に譲る」

という判断だった。モンゴル軍はいくら強くても、日本人将校たちが育て上げたもので、日本軍より目立ってはいけないという暗黙のルールがあったからだ。

十月十四日午前、馬占山の中国軍が帰綏から撤退したのを受けて、酒井旅団は午後に入城する戦功を手にした。

「日本軍が入城した際に、ひとりも殺さなかった」

と、李守信は酒井旅団の軍規がすばらしかった点をくりかえし強調している。モンゴル軍は城内に入らずに、李守信だけが夜に入ってから目立たないように一個連隊だけを連れて帰綏中学に到着した。帰綏市維持会長で、傅作義の部下でもある、地元の裏社会「青帮」のボス劉長栄《りゅうちょうえい》が彼を出迎え、宴を設けた。

翌十五日に徳王も帰綏城に入って、綏遠省政府が置かれていた建物を住居にした。「帰綏」は綏遠省の省都である。「ここは傅作義の基地で、モンゴル人を抑圧し、モンゴル人の民族自決に反対し、破壊するセンターのような地だ」、とモンゴル人は理解していた。[5] そのような反民族自決の地を日本軍とモンゴル軍が占領したことの意義は大きかった。

李守信は酒井機械旅団とともに一路、西進し、十七日に包頭に入城した。モンゴル軍は戦馬を駆って敗退する中国軍の王靖国《おうせいこく》部隊を追ったが、「敵が逃げきれるようにゆっくり追え」、と李守信は包海明第九師団長に打電した。逃げる敵に退路を残すのは、モンゴル人古来の戦術のひとつである。酒井機械旅団も包頭まで進軍したのち、まもなく満洲国の公主嶺に引き返した。「これ以上は無理だ」、と黄河対岸のオルドス高原の沙漠を眺めながら、酒井旅団長はこぼしたそうだ。

このとき、中華民国政府系の中国銀行は包頭に大金を隠していた。地元の銀行関係者はその事実を李守信に打ち明けて協力を求めた。李守信は一銭もわがものとせずに天津への極秘移送を認めた。後日、蔣介石総統は李守信のこの行動を高く評価していたという。ここでも、李守信は老練な政治家として対応したことがわかる。

2　モンゴル軍の黄金期

モンゴル聯盟自治政府

包頭を占領して内モンゴル中西部を統一した徳王は、第二回モンゴル大会を開催し、十月二十八日に帰綏でモンゴル聯盟自治政府を樹立した。
日本軍と徳王は当初、包頭を攻め落としてからさらに西へ黄河に沿って軍を進め、アラシャン沙漠に進駐し、オルドスを包囲する予定だった。「この次には中央アジアのパミール高原で乾杯しよう」、とモンゴル軍の参謀長烏古廷が日本人に豪語していたのも、当時の戦略を物語っていたのである。実際には戦線が長く伸びると戦力が弱くなるので、これ以上の西への進軍は中止された。一時は最前線の包頭に置かれていたモンゴル軍総司令部もまもなく帰綏に移転し、自治政府に合流した。

兵力かくのごとし

徳王と李守信はモンゴル軍を以下のように各地に駐屯させた。

劉継広の第一師団……………包頭に駐屯
陳景春の第二師団……………帰綏に駐屯
王振華の第三師団……………集寧（平地泉）に駐屯
宝貴廷の第四師団……………包頭の対岸、オルドスのダラト旗に駐屯
イホンゴの第五師団…………ウラーンチャブのドゥルベンフーヘド（四子王）旗に駐屯
烏雲飛の第六師団……………張北に駐屯
ダムリンスレンの第七師団……チャハル盟正黄旗
チングンジャブの第八師団……帰綏北部のフフエルゲ（武川）に駐屯

写真6-4　帰綏城内を歩く日本軍（『光輝』）

写真6-5　包頭に入ったモンゴル軍（『光輝』）

写真6-6　帰綏城に入ったときの徳王（『光輝』）

写真6-7　第二回モンゴル大会に参加した代表たち（写真提供：中嶋熙）

写真6-8　蒙疆聯合委員会の成立（写真提供：中嶋熙）

以上のように、モンゴル軍と日本軍が占領した地域の要衝にはすべてモンゴル軍が派遣されている。李守信はじつに雄略的な展開を断行したのである。宝貴廷の第四師団は一時、オルドスの中心部にある東勝県城を包囲し、北東部のハンギン旗の王府を占領した。あまり奥地に入ると、兵力が分散してしまうので、撤退して包頭に近いダラト旗に拠点を置いた。ダラト旗のモンゴル人、センゲも日本軍と徳王政権に合流した。

包海明の第九師団……………ベーレン・スメ（百霊廟）に駐屯

冬の十一月二十二日に、日本軍は察南と晋北、それにモンゴル聯盟自治政府の三つを統括した蒙疆聯合委員会を設置した。満洲国からは金井《かない》章次《しょうじ》が最高顧問として派遣されてきたが、このちあらゆる面で徳王と対立する。二年後の一九三九年九月一日、三つの自治政府は合併されて、モンゴル聯合自治政府となった。

日本人顧問との確執

この間に、中国軍の傅作義部隊がいったんは山西省の河曲まで退くが、一九三九年春にふたたび北上して黄河沿線のウラト地域に侵入し、北西部から包頭に圧力をかける布陣をしいた。一九三九年冬のある日、傅作義部隊は包頭を夜襲したが、モンゴル軍第一師団が冷静沈着に応戦して撃退した。傅作義は日本軍の交替期間を狙って攻撃してきたのである。そのため、張家口から視察に訪れた駐蒙軍司令官の岡部《おかべ》直三郎《なおさぶろう》とモンゴル聯合自治政府の最高顧問の金井章次は軍事顧問の磐井文男少佐の一方的な話を信じこみ、モンゴル軍が傅作義軍と「密通」しているのではないか、と疑った。李守信は反論した。[6]

日本軍は交替するときに、在留の民間人まで腕章をつけて動く。交通をストップして駅では戒厳令を敷く。このように何回もくりかえしていると、傅作義のスパイは簡単に日本軍の行動パターンを掌握してしまう。

李守信は磐井少佐との間に確執があった。磐井は、一九三二年冬に通遼付近で戦死した松井清助の親戚だったのである。

ある日、磐井は酒に酔ったふりをして暴れた。

「松井兄貴を殺したのは誰だ、仇を取る」

李守信は答えた。

「松井を殺《や》ったのは、この俺だ。おまえもそのときにいたら、いっしょにあの世に送っているはずだ。いまでも遅くない」

磐井はあきらかに相手を軽く見ていた。その後、興亜院蒙疆連絡部長官の酒井隆《さかいたかし》と駐蒙軍の岡部直三郎司令官が相談しあった結果、磐井は李守信軍の顧問のポストからはずされ、駐蒙軍司令部に転勤していった。

「私はモンゴル人だ。馬賊と軍隊双方の経験が長いので、駐蒙軍の顧問たちがモンゴル軍を軽視しても、私の地位は不動のままだった」と李守信は述懐する。[7]

五原作戦と「大漢義軍」

傅作義部隊を南モンゴルから駆逐しようとして、日本軍は一九三九年暮れから翌年の春にかけて、「五原戦役」を発動した。五原は南モンゴルのウラト草原で開拓された中国人の植民地で、山西省からの中国人王同春《おうどうしゅん》と息子の王英《おうえい》がこの地の軍閥として君臨していた。

中国人は黄河沿線のウラト草原を後套《こうとう》と呼ぶ。

「黄河に百害あって、只一つ、後套を潤す」という諺があるように、チベット高原から源を発す黄河は一路東へと狂奔し、氾濫をくりかえす。ただ、オルドス高原とウラト草原の間の大平原を流れるときだけは従順な顔を見せる。山西省から逃亡してきた中国人はそのような黄河の水を平坦な草原に流す水路を作って、農地を切り拓いて豊かになった。

豊かになり、勢力が増大すると、中国人はたちまち彼らを温かく迎え入れたモンゴル人に牙をむいた。王英一族は清末から私兵を擁して一大勢力を成し、モンゴル人を抑圧しながら、機に乗じては清朝崩壊後の中国の内戦に参加して植民者たちの利益を確保してきた。

王英は、新たに山西省からモンゴルに闖入《ちんにゅう》してきた傅作義と不倶戴天の間柄だった。どちらもモンゴル人を追い出して中国人の植民地をつくった者だが、傅作義は王英を土豪と見下していた。劣勢に立たされた王英は、一九三六年秋に田中隆吉の工作によって日本軍に投降し、配下の私兵を「大漢義軍」と改編した。入植先のモンゴルにおいて、その軍隊に「大漢義軍」との名称を付すこと自体、先住民を侮辱する行為だとしかいいようがない。李守信はこのような王英を嫌った。

無能の輩

「モンゴルを復興させるためには、徳治が必要だ。徳治ができれば、漢人もモンゴル人に協力する」と田中隆吉に説得された李守信は、王英の大漢義軍の成立に賛同せざるをえなかった。ところが、この大漢義軍は戦えない無能の輩ばかりだった。彼らは銃をもって地元の農民に威張ることはできても、近代的な戦争に加わることには向いていなかった。

一九三六年十一月十四日、南モンゴルの商都付近のホンゴルトという地で、大漢義軍は傅作義軍にほぼ全滅に追いこまれた。傅作義は王英の大漢義軍を撃滅した実績を対日作戦の勝利だと宣伝し、「瞬時に全国の抗日英雄」になった。中国のマスコミも当時は、「対日戦の英雄」の誕生を必要としていた。[8] 英雄の出現は国民の鼓舞になるからだ。

五原から傅作義を追い出す作戦が練られたとき、敗軍の将である王英に再度、白羽の矢が立てられた。王英の残存勢力を先頭に、日本軍は一個旅団を派遣し、李守信は韓鳳楼の第五師団とチングンジャブの第八師団、包海明の第九師団をまわし、烏古廷参謀長に指揮させた。モンゴル軍は旧正月を迎えた後に、ホヨルボクド山（狼山）からウラトに進軍した。王英軍はここでも戦闘力を示せなかった。戦えない王英を見て、李守信は逆に安心した。モンゴル人の国家の脅威にはならないとわかったからである。

黄金の一年間

一九四〇年三月末、日本軍の五原作戦は失敗に終わった。[9] この時期、モンゴル軍だけは連戦連勝だったが、第八師団の師団長チングンジャブが先頭に立って戦っていたときにダラン・ハラ

（大青山）で鄂有三《がくゆうさん》の軍に殺害された。「私の命令を聞かずに、若さゆえに勝利を急いでしまった」、と李守信は部下の死を惜しむ。「銃口の下にも人情を忘れない」という馬賊時代の原則を彼は忘れていなかった。敵を徹底的に窮地にいたるまで猛追しないこと、必ず相手に退路を残すという暗黙のルールである。

「一九三七年十月から三八年暮れまでの一年間は、わがモンゴル軍の黄金期である」

と李守信は回想する。合計九個師団は一万八千の兵を擁し、うち一万二千人が騎馬兵、残りのうち二千人は砲兵である。いわば重火器を携行し、運用できる近代的な騎馬兵である。騎兵はモンゴルなどユーラシアの遊牧民が発明した戦いかたであるが、重火器を騎馬と併用するのは明治以降に日本軍が改良して創りあげた新しい騎兵術で、満洲国でも実戦に導入されて成功していた。[10] モンゴル人からなる興安軍が満洲国の経営に貢献したのと同様に、李守信のモンゴル軍も日本軍による華北の占領と、徳王を指導者とするモンゴル自治邦の成立を可能にしたのである。

3　疑心、日本を蝕む

右腕を失い、左腕は切られた

興安軍もモンゴル軍も、日本の援助で誕生した。しかし、モンゴル軍を無力化し、戦闘力を削いだのもまた、日本である。

「モンゴル軍が黄金期を迎えたことで、日本側に不安を与えた。モンゴル軍の勢力増大はかえって脅威になりうるので、もうモンゴル軍の増強と武装強化は必要がないと日本側は判断するようになった」

と、李守信は語る。

日本側はまずモンゴル軍の「漢師《ハンスー》」を成す第一と第二、それに第三師団を一九四〇年九月に「治安警備隊」に改編し、第一師団長の劉継広を師団長のポストからはずして包頭市長という文官に「抜擢」した。

第一師団は李守信軍の基礎中の基礎で、清末の毅軍時代からの中心軸であり、紀律がよく、戦闘力も群を抜いて強かった。忠実な部下である劉継広が引き離されたことで、「私は猛将をひとり失った」と、李守信は嘆く。

第二師団の師団長陳景春も「政治的な背景が複雑」とされて、軍から政府参議府の参議に転出した。第三師団の師団長王振華はその部下が中国軍の馬占山将軍に投降した責任を問われて追放された。

馬賊や官馬隊時代から李守信と生死をともにしてきた部下たちがモンゴル軍から離脱した後に、後任として丁其昌《ていきしょう》と朱恩武《しゅおんぶ》、劉星寒《りゅうせいかん》がそれぞれ三個師団の師団長に任命された。新たに誕生した治安警備隊も実際はすべて日本の特務機関の指揮下に置かれ、李守信の命令も行き届かなくなった。

「漢師」だけではない。

日本側は「蒙師《モンスー》」の空洞化にも着手し、一九三八年冬にはソ連軍の侵攻を防ぐとの理由で、満洲国の最前線に配備されていた興安軍を強化する名目で李守信のモンゴル軍内の「蒙師」の兵士が徴集された。「蒙師」第四と第五、第六師団のモンゴル人兵士が満洲国に取られたことで、残されたのは「空っぽの三個師団」だった。このような惨状を見て、李守信は天を仰いだ。[11]

> 漢師を改編したことで、私は右腕を失った。蒙師の兵士が満洲国興安軍に徴集された時点で、私は左腕を切られた。

「モンゴル軍は蒙師も漢師も、大半の者は馬賊経験が長い。本気で戦い出したら、天下無敵だ」と、李守信は自身と生死を共にしてきた軍隊を愛してやまないのに……。

国民党のスパイ事件

「モンゴル軍の改編は、李守信の指揮権を奪うためだ」とモンゴル側の資料は端的に指摘する。改編のきっかけのひとつが、一九四〇年春に摘発された「国民党のスパイ事件」である。モンゴル軍憲兵隊長を歴任し、厚和《フフホト》市警察局局長のポストにいたナムル（劉建華）が国民党の特務馬《ば》漢三《かんさん》と密かに連絡しあっていたのを日本軍の憲兵隊長で少佐の江川某に知られた。ナムルは逃亡したが、モンゴル軍司令部のショーシンガ（武金玉）と参謀の闞玉華《かんぎょつか》、第二師団長の李錦章《りきんしょう》とバインタラ盟民政庁長の賀雲章《がうんしょう》、科長の梁芝祥《りょうししょう》、涼城県長の肖　長庚《しょうちょうこう》などのモンゴル人が逮捕され、李錦章以外は死刑を宣告された。モンゴル軍関係者の自宅から国民党と連絡する無線も見つかった。
駐蒙軍の岡部直三郎司令官が、この一件で李守信を問い詰めたところ、次のような言葉が返ってきた。[12]

モンゴルと中国が無線で連絡しあうのは、今に始まったことではない。徳王主席のスニト右旗の王府には昔から無線があり、田中隆吉参謀も知っているし、黙認してくれた。……満洲国の興安北省の省長凌陞《りょうしょう》は日本人移民を受け入れないと話したことで銃殺された。私たちも死を恐れずに中国と連絡しあってきた。

これは、一流の政治家の意思表示である。
李守信はまず、モンゴルと中国を別々の国家として位置づけている。そして、日本側にたいしても、卑しい態度を取っていない。モンゴル人は中国人が草原に侵入し、農耕地を開拓するのに抵抗し、十九世紀末から戦って来た。関東軍はモンゴル人の独立を支持すると言いながら満洲にあらわれたが、日本人農民を草原に移住する政策を進めた。日本は中国と同じだ、と興安北省の凌陞省長が批判すると、殺害された。凌陞の処刑で関東軍はモンゴルの人心を失っていた。その事実を李守信も知り、岡部司令官に苦言を呈したのである。
蒙疆政権の最高顧問の金井章次はこの一件で徳王と李守信を処刑したかったが、岡部司令官は不問に付した。モンゴル軍の将校のひとり、宝貴廷は後日に次のように証言している。[13]
「国民党スパイ事件の後、徳王と李守信は日本側を裏切ることはしなかったが、永遠に軍権を失った。モンゴル軍はその後、実質上、烏古廷参謀長に指揮されるようになった」

日本側はさらに政治的なコントロールを強化した。具体的にはモンゴル軍の司令部を帰綏ことフフホトに置き、政府機関を南の張家口に移転させた。政府と軍を引き離すことで、力を削ごうとした。李守信に言わせると、「モンゴルの知識人たちをフフホトから引き離したのは、私がいつも彼らを支えていたからだ」という。モンゴル軍司令官の強力な支持があるので、知識人たちの独立精神もますます盛んになる。こうした自決精神の増大を日本軍は歓迎しなかった。

日本側はモンゴル軍の協力で華北をはじめ、南モンゴルの中西部を支配下に入れて、親日政権を樹立した。もちろん、モンゴル人にはモンゴル人の目的があって日本側に「協力」した。その目的は中国からの独立と、同胞のモンゴル人民共和国との統一合併である。日本側も一時はモンゴル独立を支持すると標榜していたが、しだいに口にしなくなったものの、「モンゴル復興」とのスローガンだけは放棄しなかった。

「日本人は、私と徳王がモンゴル軍を掌握するのを喜ばなかった」

と、李守信は指摘する。このことは最終的には日本側に大きな不利をもたらした。のちにくわしく述べるが、日本側がモンゴル軍を無力化した結果、ソ連とモンゴル人民共和国連合軍が一九四五年八月に南下してきたときに、各地に展開していた徳王と李守信の武装勢力は組織的な抵抗がほとんどできなかったからである。[14]

松井忠雄の回想

李守信とその部下らの回想だけでなく、ここで少し日本側の記録を取りあげよう。

李守信軍に早くから顧問として加わった松井忠雄大尉によると、一九三三年に察《チヤハル》東特別自治区が成立した時期から「李守信に対する関東軍は極めて冷淡だった」。その「冷淡さ」は次のようにあらわれていた。[15]

一時戦車隊の除隊兵による装甲車隊をつけたが、日本人の外人部隊は成立せず、軍の将校と反目を来たし、装甲車もトラックに鉄板を張った位の極めて粗末のもの、更に支給した野砲、山砲、歩兵砲は眼鏡のないものさえある。謀略部隊をこんな程度にしておくというのは、まことに認識不足だった。

李守信軍の旅団長以上は、満洲国軍の将校名簿にはのせてあったが、外様《とざま》である。陸軍の中央では、匪賊の集団とし李守信は頭目だ。侍従武官が十年暮に来たとき、「こんな匪賊を集めて」と眉をひそめたが、案内した私はブン殴ってやりたかった。

松井忠雄は「蒙古の急務は教育だ、人材を作ることだ。軍隊は戦闘を目的とせぬ、蒙古人の学校なのだ」と説いていた。モンゴル軍政府の「九コ師中蒙人六コ師は虎の子だった。私がこれを戦闘で潰したくなかったのは当然だろう。私が、この若者達にかけた希望と愛着は、他人には判らぬ」とまで慨嘆している。おそらく、松井大尉の心情は李守信と相通じていたのではないか。

独自の軍官学校と雑誌『鉄壁』

モンゴル軍の近代化は教育制度の充実から始まり、着実に進んだ。徳王は民族自決を獲得するのには近代的な軍隊がなければならないと早くから認識していたので、一九三六年五月にモンゴル軍政府を樹立してまもなく、みずからの天幕が置かれていたスニト右旗の王府所在地に「モンゴル軍官学校」を設置して、自身が校長を兼任した。四年後、モンゴル軍官学校は「モンゴル軍幼年学校」に改名し、日本式の教育が導入された。一九四三年六月一日にはさらに改革を断行して厚和で「モンゴル総軍軍官学校」を創立した。[16]

李守信によると、徳王は帰綏に入った直後に軍官学校を設けて、教育に力を入れていたという。徳王は、東モンゴルとくに満洲国出身のモンゴル人青年将校はモンゴル独立という大義名分を忘れてまで日本の利益を優先していると見ぬいていたので、独自の人材を育成したかった。李守信からすると、日本が育てたモンゴル人青年将校たちは理論には精通しているが、実戦には不向きだった。こうして徳王と李守信の見解は一致し、独自の軍官学校が成立したのである。

満洲国の興安軍の将校だったノモンダライ（高慶春）は一九三六年からスニト右旗の軍官学校の校長を務め、のちにモンゴル軍第六師団の師団長烏雲飛とノモンダライを交互に交替させる人事が決まった。烏雲飛が政府参議に転出すると、後任の校長には包海明が任じられた。[17]

「成紀七三六（一九四一）年十一月二十日」に、モンゴル軍総司令部はさらに『鉄壁』（*Temür Kerem*）という雑誌を編纂して発行した。「鉄壁」というモンゴル文字を徳王が揮毫《きごう》し、総参謀長の烏古廷は創刊の言葉を執筆し、高級顧問の堀彬《ほりあきら》が祝辞を送り、扉ページを太祖チンギス・ハンと李守信将軍が飾った。当時、日本国内では陸軍騎兵学校将校集会所は『騎兵月報』を、満洲国軍は『鉄心』誌をそれぞれ発行していたので、『鉄壁』もそうした前例にならったものであろう。雑誌の名称にはモンゴル軍が、独立建国したモンゴル国家の鉄の如き壁となるようとの期待

写真6-9　モンゴル人からなる満洲国の興安軍

写真6-10　徳王のモンゴル軍官学校の生徒たち（『写真週報』1938年6月29日号）

写真6-11　モンゴル騎兵の雑誌『鉄壁』の表紙（写真提供：Narangerel）

蒙古軍歌

一　偲べ、我がモンゴルの同胞《はらから》よ、過ぎにし年の吾等の日

恨みなるかな　長夜の眠り
安易を求め　難を忌み
進み行く世に　背きたる
六百余年の　衰亡史
西に東に　我が故地は
他国《よそくに》のごと　途を閉じ
南に北に　同胞は
仇人《あだびと》のごと　いそしまず
赤魔はすでに　北を犯し
南隣もまた　義に叛く
モンゴル族の　命運は
げに累卵の　危機にあり
慷慨時事の　非を嘆く
孤高の志士の　影寒き
此の秋《とき》にして　日本《ひのもと》の
起義の戦い　地は満洲
興安の同胞　雲を得て
二万の鉄騎　競い集い
内蒙自治の　月光旗
モンゴル族に　生気湧く
苦闘半歳　春廻《か》えり
五族協和の　仁光は
鉄騎の群れに　降り注ぎ
興安建軍　ここに成る

二　奮え、我がモンゴルの同胞よ、今日の吾等の姿見よ

善隣の誼《ぎ》を　毀《そこな》いて
赤魔白禍に　民四億
塗炭の苦に泣く　大陸に
再び閃《ひらめ》く　布義の剣
永久《とわ》の平和を　築かんと
征師再び　海渡り
満洲起義の　思い出を
越えて六年《むっとせ》　秋《とき》来たる
壮勇一万　月光旗
故地ホホコトを　復すれば
西、包頭も　定まりて
鞍上の将　意気驕る
復興基地に　駒進め
道尚お遠き　今にして
綾衣の佳人　街に充ち
錦衣の驕児　出でんとす
見ずや、外蒙　新疆《しんじゃん》の

同胞のみかは　その昔
汗の幕下に　睦みたる
回紇《ういぐる》の族　皆ともに
赤魔の笞《しもと》の　下《もと》に伏し
安き日もなき　明け暮れを
東の光りを　一と筋の
憧れとして　忍びあり

三　誓え、我がモンゴルの同胞よ、明日の我等の精進を

健馬一夜に　百里を馳《はし》り
一弾必ず　一敵斃《たお》す
成吉思汗の　後裔は
華衣を卑しみ　美味を捨て
ひたすら励む　武士の業《わざ》
励む吾等に　歓喜充ち
喜怒哀楽に　表裏なく
義のあるところ　火をも踏む
成吉思汗の　後裔は
財を求めず　利に就かず
ひたすら尚《とうと》ぶ　心の誠《まこと》
羊皮の蒙衣　湧く血汐
薩彦《サヤン》の寒も　よく凌ぎ
蒙塩羊肉　我れ健剛
今漠南に　箸執るも
明日漠北に　戦わん
弓馬槍剣　祖宗の誉れ
祖宗の誉れを　つたえつつ
精鋭機銃　吾等の技
一人の友　倒れなば
進みて倒す　敵十騎
安らかなれや　友の霊《たま》
成吉思汗の　後裔の
戦場の誼は　ここにあり
（以下略）

写真6-12　興安軍官学校の生徒

がこめられていたにちがいない。

エリートたち

満洲国の興安軍官学校や日本国内の陸軍士官学校を出たエリートたちもまた軍内に着任してきた。一九四四年七月の『蒙古』には「蒙軍の陸士卒十名」との記事が載っている。[18]

> 四月廿日に挙行された陸軍士官学校卒業式に蒙軍関係として、葛瓦丑勒《ガワーチョロ》君[19]以下十名が蒙軍中堅幹部として巣立ったが、これら卒業生はさきに満洲国興安軍官学校を卒業し、成紀七三七年に日本陸軍士官学校留学生として厳選派遣されたもので、蛍雪の功成り蒙軍中堅幹部として巣立ったものである。このうち葛瓦丑勒、佈彦和什格《ボインヘシク》、拉什那木吉勒《ラシナムジャル》、丹巴《ダムバ》の四君は丹巴君の父親を旗長とする太僕寺《タイブス》右旗出身である。栄ある優等生並びに卒業生は次の諸君である。
>
> 優等生：葛瓦丑勒
> 卒業生：蒙根倉《ムングンサン》、佈彦和什格、丹巴、拉什那木吉勒、武能斎《ウネンチ》、和喜格図《ヘシクト》、奢王札布《シエワンジャブ》、拉喜《ラシサ》色《イン》、図佈新《トブシン》

以上の記事を見ると、上で名を連ねた十名の青年はまず徳王のモンゴル自治邦から満洲国の興安軍官学校に入り、選ばれて一九四二年（チンギス・ハン紀元七三七年）に陸士に留学したことがわかる。そのうちの四人はタイブス右旗の出身であることから、この旗のモンゴル人青年たちも

また大勢のモンゴル人と同様に興安軍官学校と日本にあこがれていたことがわかる。

蒙古軍歌

近代的な軍隊には軍歌が必要である。『蒙古』誌は一九四〇年八月号に「練兵場の徳王と李守信」の写真を載せ、その隣に「蒙古軍歌」を飾った。なお、『蒙古』に掲載された「蒙古軍歌」とまったく同じ歌詞の「蒙古軍人の歌」という資料が東京の市ケ谷に建つ防衛研究所戦史研究センターにある。詠み人知らずの歌であるが、歌詞は一九八～一九九ページに掲げたとおりである。[20]

「蒙古軍歌」は、安易を求める民族に転落したモンゴルを「長夜の眠り」から覚醒させようとしている。

まず、満洲国の誕生により、モンゴル人も「興安建軍」し、自治に成功した前例がある。続いて日本軍と新生モンゴル軍が西進してフフホト（ホホコト）と包頭を占領し、「赤魔」と「白禍」の「叛乱」を阻止する軍功を建てたと称賛している。「赤魔」と「白禍」はそれぞれ共産主義と白人優越主義を指し、日本のアジア主義者たちが掲げていた西洋の植民地支配からアジア諸国を解放するという思想の発露であろう。

第三部分は、さらに雄大な理想を語っている。日本軍とモンゴル軍は北西へと軍を進めてシベリア南端からモンゴル高原西部にかけて走るサヤン山脈をめざす目標を立てている。「次は中央アジアのパミール高原で乾杯しよう」と意気高揚するモンゴル軍の将校たちの姿が見えるようではないか。

第七章　二度の訪日

徳王はモンゴル国家を建立するのに日本の支持を得ようと二回にわたって東京を訪れ、昭和天皇に会った。「私はモンゴル聯盟自治政府副主席とモンゴル軍総司令官の身分で随行した」、と李守信は語る。最初の訪問は一九三八年十月で、二回目は一九四一年二〜三月である。

沙漠的人間の誇りは荒野の猛獣のように奔放なその自由である。彼らは生活の安易よりも生活の豪放を愛する。
（和辻哲郎『風土』岩波文庫、一九七九年、六七頁）

1　裏切られて

直接訴えようとの決心

日本は当時、中国人の汪兆銘《おうちょうめい》（汪精衛《おうせいえい》）政権を正統とし、その配下に北平臨時政府と南京の維新政府を入れるだけでなく、モンゴル聯盟自治政府をも中国の枠組みのなかに収めようと政策を転換していた。モンゴル独立という旗も降ろされ、モンゴル建国も口にしなくなった。

今日、中国の公式史観では「モンゴル独立は日本が画策した行動」だとしているし、中国に媚びを売る日本人もまた「モンゴル人は当初から中国国内での自治を求めていた」と嘘をつく。モンゴル自決運動に参加した当事者に言わせると、日本も中国もどちらもモンゴル人の独自性を否定し、独立運動を極力、矮小化しているという。[1]

裏切られたと思った徳王や呉鶴齢たちは直接、日本側の最高権威に独立建国を訴えようと決心した。なかでも呉鶴齢は以下のように主張していた。[2]

私は蒙古建国を実現するため、日本朝野の有名人と幅広く接触・連絡して、中国に対して分割統治政策を取るよう彼らに提案しました。「北平臨時政府や南京維新政府のような政権はいくつあってもかまいません」と言うと、一部の日本人は私の意見に非常に賛成してくれました。

一行の日本訪問はきわめて高圧的な雰囲気のなかで実現され、モンゴルの独立建国の支持獲得も難航した。日本はいちばん肝心なときに、もっとも大切な盟友のモンゴル人を裏切ったのである。それは最終的には自身の失敗にもつながった。以下は李守信の記憶である。

蒙疆連合委員会は重要な事項はすべて、最高顧問の金井章次によって独断で運営されていた。訪日団は徳王をトップに、軍総司令官の李守信と参議長の呉鶴齢、それに総務部長のトクト、財政部長徳古来《とくこらい》（ジャラガラン）、察南自治政府代表の于品卿《うひんけい》と晋北自治政府代表の夏恭、徳王の秘書チョクバダラホ（陳国藩）、李守信副官の張啓祥（アルビジホ）からなる。監視役の金井章次と総務部顧問の中嶋万蔵らも随行した。一行はまず張家口で礼装を整えた。李守信は大将の、副官は少将の礼装をそれぞれ準備し、他のメンバーは文官服を用意した。皇宮内で謁見に使うためである。

モンゴル軍総参謀長の烏古廷が訪日代表団を見送ろうと一緒に列車に乗って北平を目指した。列車のなかで、駐蒙軍高級参謀の大橋熊雄《おおはしくまお》は突然、烏古廷に「徳王が軍の話を聞かないなら、やっちまえ」と話した。当時、モンゴル独立をめぐって、モンゴルと日本側との関係が悪化していたことのあらわれである。[3] 日本側が以前にも徳王暗殺を画策していたことについては、前に述べた。

朝鮮民族への同情

途中、北平では臨時政府が催した壮行会に出席し、奉天を経由して列車で南下し、京城（日本統治時代の名称。現在のソウル）に到着した。朝鮮総督の南次郎《みなみじろう》が招宴を設け、翌日には李王を表敬訪問した。料理が出されるたびに宮廷音楽が奏でられる儀式のなかで、一行は美食を堪能した。朝鮮舞踊を踊った女性が悲しそうな表情を浮かべたことに、モンゴル人は胸を打たれた。「ホテルに戻ってから、モンゴル人はみな泣きたくなった」と李守信はいう。[4]

日本人にはわからないだろうが、多くのモンゴル人は当時、朝鮮人を「亡国の民」と見て、同情の念を寄せていた。[5] それは、満洲国やモンゴル聯盟自治政府のモンゴル人たちが日本に留学してくるときに朝鮮半島を通って、現地のようすを実際に観察していたからだ。モンゴル人は当時、一部は満洲国に暮らしていたし、一部は准国家のモンゴル聯盟自治政府で生活し、真の独立をめざしていた。日本には好意的だったし、日本の力を借りて中国から離れたいとの強い意志を抱いていたが、朝鮮半島のようにはなりたくない、とモンゴル人は考えていた。朝鮮半島は日本の植民地で、南モンゴルは中国の植民地だった。ただ、「日本はよりましなほう」であり、その支持を得て「最悪の宗主国」中国の桎梏《しっこく》から離脱したかったのである。[6]

日本からの「レイグウ」

一行を乗せた船が下関に着くと、大勢の人びとに囲まれた。徳王の回想である。[7]

（十月十九日）日本の下関駅に着いた。日本国内で歓迎の人々とあいさつする際、私はいつも「蒙古」と言って、「蒙疆」とは言わなかった。私が話し終わると、私に随行する専属通訳徳古来が日本語に通訳した。金井章次は傍らにいて、すぐ新聞記者や歓迎の人々に向かって、「先程、徳王が言った『蒙古』とは『蒙疆』のことです」と説明するので、私はとても不愉快な思いをした。

右は、日本人顧問とモンゴル聯盟自治政府主席との力関係を示す事実である。「蒙疆」とは綏遠・チャハル両省などにあたる地域のことであり、全モンゴルを指してはいない。

東京でも同じような一幕があった。李守信によると、帝国ホテルに入った後に、記者たちは徳王に取材しようとやってきた。

モンゴル人が口を開く前に、金井章次がもう「徳王さまは疲れているので、あとにしよう」と、独断で断ってしまう。その後、金井は、

「記者たちになにを話す予定だ」

と、高圧的な態度で確認してきた。

「東京でもモンゴル建国について朝野に呼びかける」

と、徳王は応ずる。

「建国云々は関東軍と駐蒙軍が決めることだ」

と、圧力をかける金井。

「口で話していけないなら、文章で呼びかける」

徳王も一歩も引かない。

金井は徳王の説得が不調だと見て、李守信をターゲットにしてきた。独立建国など、張家口に帰ってから話しあおうという。

「東京こそ天皇陛下のいるところだろう。私はなにも怖くないので、なんでも記者に話せる」

と李守信も固い。

総務部顧問の中嶋万蔵も李守信の部屋に来て、徳王を説得するよう依頼するが、李守信は動じなかった。

「東京に来てまでモンゴルにいるのと同じように抑圧されて、どうして私が徳王を説得できるだろうか」

李守信は逆に中嶋顧問を諭す。

夜の八時、徳王はホテルのロビーで滔々と建国の理念について語ったが、モンゴルという言葉はすべてジャラガランによって「蒙疆」と訳された。

李守信は後でジャラガランに確かめる。

「ちゃんとモンゴル建国について訳したか」

「金井章次が私を殺すと脅かしているので、訳せるわけがない」

というのがジャラガランの返事である。[8]

翌日、昭和天皇に拝謁した際にはチョクバダラホが通訳を担当したが、彼も殺されるのが怖かったので、モンゴルを「蒙疆」に置き換えていた。

写真7-1　1937年に成立したモンゴル聯盟自治政府の有力者たち。前列右から徳古来、呉鶴齢、徳王、李守信、村谷彦治郎。後方中央は中嶋万蔵（写真提供：中嶋熙）

写真7-2　明治神宮を訪れた際の李守信と徳王（写真提供：中嶋熙）

これが、当時の日本側がモンゴル人の政治家を迎え入れた際の「礼遇／冷遇《レイグウ》」である。

モンゴルという言葉の重み

「徳王の訪日は満洲国皇帝溥儀の訪問と異なり、昭和天皇はモンゴル人の指導者を国家元首として見なさなかった。われわれには国宴もなく、ただ平沼《ひらぬま》［騏《き》一郎《いちろう》］首相と板垣［征四郎］陸相、それに米内《よない》［光政《みつまさ》］海相らが別々に招宴を開いてくれた」

とは李守信の観察である（なお当時の首相は近衛《このえ》文麿《ふみまろ》。李守信の記憶ちがいか）。板垣征四郎と再会した際に、徳王は再度、独立建国の具体案について粘り強く説明した。板垣は以下のように回答した。[9]

　蒙古の独立建国問題は時期がなお熟さず、条件がまだ備わっていません。外蒙古を回復し、内蒙古と外蒙古の統一を実現した上で、はじめて蒙古の独立建国の手助けができます。これは我が大日本帝国の蒙古に対する国策であり、みなさんにも信じて頂きたい。


「この話は板垣の逃げ口上にすぎず」

徳王にはわかっていた。

日本訪問中の徳王は一度も「蒙疆」と表現せずに、蒙古《モンゴル》にこだわりつづけた。くりかえしになるがモンゴルといえば、それは民族と国土、歴史と文化をすべて包含した内容になる。蒙疆は「辺疆たるモンゴル」と矮小化した植民地の概念であるので、使うわけにはいかないのである。

不快な「元寇」

一行は東京で明治神宮や靖国神社を見学してまわった。「東京の神社は北京の寺と同じくらい多い」、というのが李守信の印象だ。彼らはその後、大阪にある造幣局や兵器工廠を参観してから博多《はかた》に入って、志賀島《しかのしま》を訪れた。

博多湾に浮かぶ志賀島では非常に嫌な思いをした、と李守信はくりかえし自伝のなかで述べている。

李守信は「元寇《げんこう》」の碑を案内されたときに機嫌が悪くなった。現地の日本側の案内人は遠く博多湾内の蒙古山を指しながら、「まるで自分で経験したような口調で」元寇殲滅の話を延々と解説した。日本側は防塁を築き、フビライ・ハーンの軍隊を撃退した功績を示そうと各地に戦勝碑を建てていた。博多湾沿いの元寇関連の遺跡を三日連続して案内された後、李守信はついに抗議した。

「私たちがわざわざ海を渡って貴国を訪問しているのは、蒙日親善を促進するためである。なぜ、こういうところばかり見せようとしているのか」

日本人の中根某が答える。

「遺跡が多いので、三日間の日程を組みました」

「私は、その元寇という字が気に入らない。徳王さまもごらんになったら、蒙日友好にはならないだろう」

と李守信は重ねて話す[10]。

翌日、ふたたび連れて行かれた遺跡には元寇の文字はなかった。じつはこのとき、徳王は日本にあるこの種の遺跡の見学について、なにも意見表明をしなかった。逆に、ふだんはめったに感情を表に出さない李守信のほうが怒っている。徳王はおそらく政治家らしく往昔の歴史を祖先の偉業として理解していただろうが、李守信はモンゴル軍を「元寇」とマイナス・イメージの言葉で描いた現象に憤懣を抱いたのであろう。軍を愛する李守信と、歴史を受け継いでモンゴル復興を担う徳王とのちがいである。

東京に戻ってからモンゴルへ帰国する前に、日本側は徳王と李守信に叙勲した。徳王には勲二等瑞宝章、李守信には勲三等瑞宝章がそれぞれ授けられ、近衛首相主催の送別会で授賞式がおこなわれた。板垣陸相もまた別途、別れの宴を催し、天皇陛下もモンゴル独立建国のことを考えてくださっているので、駐蒙軍や金井章次顧問と団結するようにと注文された。日本訪問中、徳王は日本料理を好まず、張家口から運ばれた羊肉を食べていたという。

2　汪兆銘政権との関係

それは母親と再婚しろと言うのと同じだ

一回目の日本訪問後に、モンゴル聯盟自治政府をめぐる情勢はさらにきびしくなった。日本の方針が大きく転換したからである。日本側はモンゴルを南京の汪兆銘政権に付属する小さな自治政府にしようと決めていた。

汪兆銘はすでに「日本に投降した罪」で全国的に非難されていたし、その上にさらにモンゴルを失うという「国土喪失の不名誉」を背負いたくなかった。そもそも中国人は根拠もなくモンゴルを自国領と見なすので、モンゴル人の自決運動に無理解だった。徳王や李守信、それに呉鶴齢らモンゴルの政治家や知識人はみな汪兆銘を嫌っていた。モンゴル人の心情を次のような呉鶴齢の言葉が端的に代表しているので、ここで掲げておこう。[11]

汪精衛はまったく恥知らずな奴だ。全国の軍民がみな日本軍に抵抗しているというのに、彼はすすんで日本に投降した。彼の対日投降は我々の場合とは違っている。我々は民族的立場に基づいて日本と協力しているが、彼の対日投降は全国の抗日戦争を破壊するものです。

このように、モンゴル人は中国から独立建国するために、日本の力を借りようとしたにすぎない。独立建国のためだから、誰も父祖の地を日本に売り渡そうとしているわけではない。これにたいし、汪兆銘は祖国中国を裏切って、日本に投降した者である。彼は自分だけが投降するのではなく、他民族の自決まで否定しようとしていたのである。呉鶴齢は続いて指摘する。

我々の方が先に日本に協力し、汪精衛は後から日本に身を寄せたというのに、今また彼に我々を管轄させるというのは、母親と再婚しろと言うのと同じです。

「母親と再婚しろ」、と裏で操っていたのは、日本軍である。

青島会議

その具体的な政治上の取引は一九四〇年一月に山東省の海浜都市青島《チンタオ》でおこなわれた。李守信はモンゴル聯合自治政府を代表して青島会議に出席し、みごとに日本側と汪兆銘政権によるモンゴル併呑の謀略を潰した。彼はここで、軍人以上にすぐれた政治家としての才能を発揮した。以下は李守信の回想である。

「重要な会議があるので、いますぐに堀顧問と通訳と一緒に張家口に飛ぼう」

と、厚和《フフホト》特務機関長兼モンゴル軍軍事顧問の小倉達次《おぐらたつじ》に言われたのは、一九四〇年一月二十一日の午前だった。慎重な李守信は自分が軟禁されるのではないかと一瞬、案じたが、すぐに疑念は解けて動いた。

張家口に着いてみると、「汪精衛が青島で会議を開くので、駐蒙軍に参加するよう強制されている」と徳王から伝えられた。徳王は病気と称して出席を断り、代わりに李守信に参加を依頼した。

「長城以北はすべてモンゴルの高度の自治地域で、独自の軍隊と政府を設ける。チンギス・ハン紀元を使用し、モンゴルの旗を掲げ、国民政府の国旗は掲揚しない」

と汪兆銘にたいして主張するよう徳王は指示した。翌二十二日、李守信は青島へと飛んだ。かつてドイツの植民地だった青島は日本軍の支配下にあり、旧知の板垣征四郎が日本式の旅館で李守信を出迎えた。

「私は病気の徳王を代表してまいりました。もし、汪精衛に会ったら、彼は私を李総司令官と呼びましょう。私も汪主席と呼びますが、もっとも、彼は私たちモンゴルの主席ではありません」

と李守信は一流の政治家らしい応酬を板垣との間で交わした。

けっして帰順せず

二十三日の午前、厳重な警備のなかで、汪兆銘政権とモンゴル聯合自治政府との関係を確認する協定書の調印式が挙行された。モンゴルの高度の自治を汪兆銘政権が認めるとの内容を確認してから、李守信はサインした。独立建国をめざすモンゴル人にとっては侮辱に等しい儀式であるが、それでも李守信は汪兆銘との会見で節度ある対応を見せた。

汪兆銘　あなたの部隊になにか困ったことがあれば、おっしゃってください。こちらで検討して、あなたの力になります。

李守信　われわれは親日ですが、兵士をいっしょにつらい目に会わせるわけにはいきません。食物や金がなければ、日本軍からもらいます。蒙古軍の補給はとても良好です。武器・装備もそんなに悪くありません。

汪兆銘はそれでも何回も「部隊になにか困ったことはありませんか」と聞いてくるので、李守信は応じた。

「私に困ったことがあるかどうか何度もお尋ねになりますが、主席はわれわれ蒙古のことをたいへん気にかけてくださっているようですね。われわれの困難は地元で解決できます。主席にご迷惑をおかけしたくありません」[12]

李守信はモンゴル人の政権を代表して青島会議に参加したので、板垣らのメンツを潰さないよう細心の注意を払いながらも、汪兆銘政権に帰順したかのような態度を取らなかった。

「蒙疆入の汪精衛氏、病床に徳王を見舞う」

徳王は汪兆銘に不満だった。満洲国を承認しながら、モンゴル人の独立を認めようとしないからである。この時期に汪兆銘政権と関係をつくれば、モンゴル聯合自治政府も南京政権に隷属したことになる。また、中国人に人気のない汪兆銘といっしょに「売国奴」とされてしまうと、独立建国はますます困難になる、と徳王は判断していた。汪兆銘は三月三十日に南京で「遷都式典」を実施してから四月九日に張家口を訪れて「病気」の徳王を見舞おうとしたが、面会はなかなか実現しなかった。

「厚かましい汪兆銘はホテルに泊まって出て行こうとしないし、駐蒙軍も圧力をかけるので、徳王はしかたなく彼らに会ってやった」

と、李守信は述べる。徳王自身によると、駐蒙軍の大橋熊雄は秘書のチョクバダラホに電話して、次のように怒鳴ったという。[13]

汪主席が今から徳主席に会いに行くので、ぜひ顔を出して会ってください。どうしても会わないというのなら、我々駐蒙軍は完全武装した兵力を用いてでも、汪主席を徳主席の寝室の前まで送って行きます。

一九四〇年五月号の『蒙古』誌は、このときの会見のようすを一枚の写真として残している。「蒙疆人の汪精衛氏、病床に徳王を見舞う」との記事は次のように伝えている。[14]

尚今回の中央政府成立に当っては代表を送られる外、友好の声明を発せられて協力せられた事は感激に堪えぬ所です、と丁重に感謝の意を表すると、徳主席は蒙疆の防共特殊地帯たるの特性をよく御了解くださいましたことは感激に堪えません。

二人は固い握手を交わすパフォーマンスをして、会見は簡単に終わった。

日本側は、汪兆銘の中央政府がモンゴル聯合自治政府に「高度の自治」を認めた、と青島会議を開催して宣伝した。たとえば、河上純一《かわかみじゅんいち》という人は『蒙古』誌において、「今回李守信将軍と周仏海氏との会談により、蒙古聯合自治政府側にては中央政府樹立に満腔の賛意を示すと共に汪兆銘側もこの蒙古聯合自治政府の其特殊性による高度自治を承認し両者の間には円満なる諒解が成立したのである」、と書いている。[15]

ふたたび日本へ

だが、モンゴル人は別の見かたをもっていた。

「独立建国どころか、下手をすれば、高度の自治も危ない」

と見た徳王と李守信は一九四一年春に再度、日本を訪問することにしたのである。日本がまたぞろ重要な時節にモンゴルを裏切って中国人と握手するのを防ごうと判断したからである。

李守信が徳王に随行してふたたび帝国ホテルに入ったのは、一九四一年二月十五日である。前回の訪日に比べると、「蒙古万歳」と叫びながら東京駅に集まった人びとは少なく、たったの四、五千人のように見えた、と李守信は観察している。

紀元二千六百年の記念行事に参加し、モンゴル聯合自治政府の近況について報告するのが、目的だった、と徳王は語る。[16] 徳王によると、松岡洋右《まつおかようすけ》外相が政府各界の首脳らをともなって出迎えたという。徳王は、「訪日期間中の私の主要な活動は、呉鶴齢と一緒に陸軍省へ行って、陸軍大臣東條英機（中将）・軍務局長武藤章《むとうあきら》（少将）・兵務局長田中隆吉（少将）（みな古い知り合い）に会うことであった」と述べている。

北白川宮邸訪問と特攻隊

一行は翌日に北白川宮永久王《きたしらかわのみやながひさ》の母親を表敬訪問した。すなわち明治天皇の第七皇女周宮房子《かねのみやふさこ》内親王である。永久王は駐蒙軍の参謀として赴任中、張家口で不時着飛行機の事故に巻きこまれて亡くなったので、徳王と李守信らは「天皇陛下の弟君がモンゴルのために殉職したことに」心を痛めていた（実際は、永久王は昭和天皇の従兄弟にあたる）。

李守信は房子妃殿下にたいして非常によい印象を持ったようである。[17]

彼女は私たちが訪問した他の貴族とちがっていた。私たちをまず客間に招き入れてくださり、果物を勧めた。ソファーに静かに座って、徳王の挨拶を聞いた。……「息子は天皇陛下の代理としてモンゴル復興のために尽力していた。不幸にも亡くなったが、光栄に思う。日本は朝野ともにモンゴルの力になろうとしているので、貴族まで死ぬほど援助している。あなたたちは私の息子と同じで、今日はお会いできて、ほんとうに嬉しい」、と内親王は話した。彼女はこのように語り、涙を見せなかった。北白川宮永久王の妃や王女たちは私たちに中華料理を勧める。食後、私たちは永久王の遺骨が置かれている場所に案内された。彼女は最後に、笑顔で私たちを見送ってくれた。

内親王と別れた翌日、一行は近衛文麿首相を表敬訪問し、夜には東條英機陸相の招宴に出た。宴の後、ノモンハン戦争で日本軍がいかに戦ったかのドキュメンタリー映画が上映された。東條陸相はこのとき、日本はすでにアメリカにたいして特攻作戦を始めた、と語った。兵士が一人で戦闘機を操縦して敵の艦船に体当たりして生還しない戦いかたである。「平民出身の兵士だけでなく、貴族も加わっている」と東條陸相は話したという。組織的な特攻隊による出陣は後日のことであるが、ひょっとしたら、東條の頭のなかでは早くから計画されていたのかもしれない。

モンゴルなどの遊牧民は戦争のときに不利となれば、撤退を不名誉とは見なさない。生還を捨てた日本軍の勇猛さにモンゴル人は深く敬意をもつ、と騎兵だった私の父親は以前靖国神社内の特攻隊の展示を見て驚嘆していた。

玉石混交

徳王と李守信らの訪日団に鹿子牧という人物が東京から大阪まで随伴した。彼は南モンゴルの東部地域で調査研究に携わっていた学者で、李守信にはドローン・ノールと張家口などで前に会ったことがある。鹿子牧は大阪で李守信を食事に誘い、モンゴルと中国における日本の政治運営について、将軍の見解を聞こうとした。

「蒙疆にいる日本人はどうか」

と、鹿子牧は尋ねる。

「私は一介の軍人で、政治には無関心だ」

と、李守信は答えようとしない。再三にわたって将軍の見解を知りたいと懇願されたので、李守信はひとつの事例を示した[18]。

蒙疆の豊鎮県公署に日本人の参事官がいた。彼はある日の宴席で酒に酔ったふりをし、性器を取り出し、「雨を降らせる」と話しながらまわりの人びとに尿をかけた。日本は文明国なのに、どうしてこういう人物がいるのだろうか。

右で例示したような日本人もいたが、李守信は別の日本人の行動についても、回想している。モンゴル南部の涼城県に駐屯していたモンゴル軍第三師団の董正徳《とうせいとく》部隊の日本人教官が酒に酔い、部下を侮辱したとき、ある中隊長はその日本人教官を射殺して全師団を連れて蛮漢山へ逃亡した。師団全体で中国軍に投降したら大問題に発展しかねないなかで、李守信と小倉達次顧問は寛容な対応を駐蒙軍に求めた。日本人教官を射殺した中隊長を処罰しないとの条件が示された結果、第三師団は帰還した。このとき、日本人顧問団内には「反乱した第三師団を掃討せよ」との強硬策を唱える人物もいたが、寛大な措置が講じられたことで、大事にはいたらなかった。こうした駐蒙軍の対応を李守信は評価している。モンゴルに赴任していた日本人も玉石混交だった、と見てよかろう。

自決運動を揶揄する日本人

徳王と李守信は二回目の訪日でも、モンゴル建国の支持を日本から獲得したかったが、前向きの返事はいっさいなかった。最高顧問だった金井章次は後日、『信濃毎日新聞』で次のように真相を明かしている。[19]

> わたしは徳王のお伴をして内地に来たことは三回《ママ》ほどあった。毎回の渡日の真目的は蒙古国とその国王であったのだ。これが内地の参謀部や陸軍省辺の軍人層に受け入れられなかったことはいうまでもない。最高顧問のわたしは初めから終わりまで両者の間の板ばさみであったのだ。

徳王の名誉のために書かなければならないが、彼には国王になる気は毛頭なかった。

この金井の文を読んだことのある徳王の側近ジャチスチンは次のように指摘する。「国王になる」とか、「沙漠に国を作った」とか、金井は徳王を悪意をもって揶揄しているが、彼のような日本人はモンゴルの資源と経済にだけ関心があり、中国人管理に熱心だったが、モンゴル民族のことはなにもわかっていなかった、と。[20] 戦後になっても、モンゴルの民族自決運動を皮肉っぽく語る日本人こそ、歴史を反省していない、といわねばならない。

李守信は二回目の訪日で得た最大の印象をこう述べた。

「日本はすでに太平洋戦争を発動しようと準備していたらしく、国内の雰囲気も前回よりは緊張気味だった」

3 モンゴル自治邦の成立

呉鶴齢、政務院長に

三月十六日、徳王と李守信は首都張家口に帰った。

帰国の飛行機には呉鶴齢も同乗していた。呉鶴齢は一時、田中隆吉ら日本側との衝突が絶えず、暗殺される危険にさらされていた。その後は日本に三年間留学し、日本人女性と結婚したことで、信頼を勝ち取った。「呉先生はなかなかのやり手ですので、政務院長をお任せしよう」と宿敵の田中隆吉は徳王に伝えた。[21]

呉鶴齢は日本に留学する前に故郷ハラチン旗出身の女性と結婚し、帰綏市内で暮らしていた。

知識人は動揺しやすい、との見解をもつ李守信は呉鶴齢にたいしては敬意を抱いていた。十四世紀に元朝が崩壊したのも、十五、十六世紀にオルドス・モンゴルが南下して明王朝を攻めたもののふたたび天下を取れなかったのも、漢人を政治的にうまく利用できなかったのが原因だ、と呉鶴齢は独特な歴史観を有していた。

モンゴルの復興には漢人の理解と協力が不可欠だとの見解で呉鶴齢と李守信は一致していた。狭隘なモンゴル人中心主義ではなく、他民族それも敵の中国人との共生を許容した上での民族復興を二人は夢見ていたのである。

大志を抱く呉鶴齢を徳王は最初から参議府長に任じて組閣を企図していたが、日本側に阻止された。一歩退いて、大局的に考えようとの戦略から、徳王は呉鶴齢を一九三八年暮れに日本に留学させたのである。ここにいたって、田中隆吉の口から「政務院長」を任せると伝達されたとき、徳王は内心喜んだに違いない。

政務院長になった呉鶴齢の周囲には強力な軍人たちが集まっていた。モンゴル軍総参謀長の烏古廷と第九師団長のウルジーオチルである。二人とも密かにモンゴル人民共和国と連絡しあい、日本が撤退した後には民族の統一が実現できるよう工作していた。ウルジーオチルはコミンテルンの諜報員であり、彼らの秘密工作を李守信はすべて把握していた。[22]

一週間後の二十三日に支那派遣軍総司令官だった西尾寿造と板垣征四郎参謀長が張家口を訪問し、五月には東條英機もやってきた。東條は徳王に「落胆しないで、東亜和平と日蒙親善」に尽力するよう話した。

皇帝溥儀に拝謁

満洲国は一九四二年三月一日に建国十周年を迎えた。徳王は建国を祝い、同時にモンゴル政権への援助に感謝を伝えるため、李守信らをともなって奉天を訪問した。李守信によると、徳王はとくにモンゴル人が自治を実施する満洲国興安省や、モンゴル人からなる興安軍の関係者たちと会い、日本による統治の実態について視察したかったという。李守信のほかにモンゴル軍総参謀長の烏古廷、アルタンオチル（金永昌）と丁其昌、徳古来（ジャラガラン）、モンゴル自治邦政府秘書処処長の村谷彦治《むらたにひこじ》郎《ろう》と総務庁参事の中嶋万蔵、元スニト右旗特務機関長の宍浦直徳からなる代表団だった。

一行は「建国大典」の記念行事が済んだ後の四月二十一日に新京に入った。鉄道沿線には安全を守る民団の兵士たちが立ち並んで捧げ銃《つつ》の礼をしていた。治安がよい、と軍人李守信にはすぐにわかった。

駅では国務総理の張景恵《ちょうけいけい》が軍政部大臣の于琛澂《うちんちょう》と、興安局総裁でバーリン王のジャガル、関東軍参謀長の吉本貞一《よしもとていいち》らとともに出迎えに来ていた。満洲国側は徳王を「貴主席」と呼んで、丁重にもてなした。

翌日、皇帝溥儀《ふぎ》に拝謁する際に、徳王は旧臣の礼を示した。[23] 清朝が崩壊したとはいえ、溥儀はモンゴル人王公たちの旧主であるのには変わりがない。それに、日本を訪問したときも昭和天皇にたいして「陛下」と称していたので、自身を貶めたことにはならない、とモンゴル自治邦側は議論の末にそう決定していた。徳王との謁見が終わると、次は李守信の番となり、思わず緊張した。[24]

私は光緒《こうしょ》十八（一八九二）年生まれで、二十年間清朝の臣民だった。宣統《せんとう》皇帝はいまや康《こう》徳《とく》皇帝に変わったとはいえ、ふつうのことではない。……（陛下は）私を近くのソファーに座らせて煙草を勧めてくださったが、失礼にならないよう吸わなかった。


皇帝はまわりの侍従たちを退かせてから聞いた。

「侍従の張海鵬《ちょうかいほう》武官を知っているか」

「はい。私は彼の門下生で、ご子息の張子明《ちょうしめい》とも義兄弟の契りを交わしています」

皇帝は宴会を用意してモンゴル人たちをもてなした。

「皇帝も徳王もすこぶるご機嫌がよかった」

と李守信は慎み深くふるまい、旧知の張海鵬武官とも多くを語らなかった。溥儀は皇帝であっても、実権はなかった。国家の名称に満洲の二文字が冠されていても、武力は日本人に操られていたので、皇帝には独自の満洲人からなる兵卒もなかった。勇猛果敢で天下無敵の満洲鉄騎はもはや歴史のかなたに消えた幻影と化していた。満洲人は、モンゴル人以上の武勇を駆使して中国を征服し、ユーラシアの東部を大清帝国に組みこんだ栄華を有する。皇帝溥儀も当然、そのような歴史について熟知していたので、彼はモンゴル軍に強い関心を抱き、モンゴル人の興安軍官学校を視察していた。[25] 傀儡《かいらい》を自覚していた溥儀が、李守信にたいしてモンゴル軍のことをくわしく尋ねたのは、羨望の気持ちと、いつかはみずからに忠誠を尽くしてほしいとの希望をもっていたのかもしれない。

「陛下は貴殿に強い印象を持っておられる、と家父から言われた」

と李守信に伝えたのは侍従武官張海鵬の息子張子明である。関東軍司令官の梅津美治郎《うめづよしじろう》大将が夜に催した宴会の席上で耳打ちされた。宴会には国務総理張景恵のほか、興安軍司令官のバドマラブタンも出席していた。李守信は旧知の張海鵬と単独で会うのを控えた。日本側の片岡董《かたおかただす》少将と皇帝御用掛の吉岡安直少将らに厳しく監視されていたからである。

「陛下に伝えてほしい。機会があれば、私は必ず陛下のために努力します」

と李守信は張子明に話した。徳王はこのときもモンゴル独立建国の意義を強調したが、梅津大将は「蒙古と支那はひとつだ」との立場だった。

民主制のモンゴル自治邦

徳王と李守信はモンゴル自治邦の首脳として、別の国家満洲国を訪問していた。どちらも日本の植民地にすぎないが、それでも徳王は満洲国の成功経験を学び、真の独立につなげたいと考えていた。

新京を訪問してから、一行はハルビン経由でワンギン・スメ（王爺廟）に入った。興安南省の省都である。省長ボインマンダホと財団法人蒙民厚生会の理事マーニバダラ、興安軍司令官のバドマラブタンらが駅で歓迎行事をおこなった。

夜、興安軍の招宴で、李守信は挨拶した。

「興安軍は多士済々のようだ。われわれのモンゴル自治邦は人材難に直面しているので、興安軍官学校の卒業生を派遣するよう希望します」

旧知のアスガン（李友桐）とも再会した。一九三三年に林西で会ったきりである。

「満洲国は不自由だ。私たちはみな、徳王のモンゴル自治邦に行きたいが、日本人に阻止されている」

とアスガンはこぼす。満洲国は五族協和を標榜する多民族国家で、モンゴル自治邦はモンゴル人の国家だ、と当時のエリートたちは認識していた。徳王は日本側の監視の目を潜り抜けて、ボインマンダホやマーニバダラたちとモンゴルの将来について極秘に語り合ったが、具体的な結論には至らなかった。[26]

盛夏の八月になった。四日はモンゴル自治邦成立一周年にあたり、こんどは満洲国から慶祝の使節が到着した。自治邦成立一周年の記念行事にあわせて、徳王はまた第五回モンゴル大会を開いた。自決を始めてから重要な案件はすべてモンゴル大会を開催して決定し、全モンゴル人に伝えてきたが、一九三九年八月下旬に厚和で開かれた第四回モンゴル大会は屈辱に満ちたものだった、と徳王とモンゴル人たちは認識していた。そのときは、モンゴル聯盟自治政府が解体され、中国人の多い察南と晋北自治政府と合体したモンゴル聯合自治政府の主席に徳王は任命された。モンゴル人たちが推戴したのではなく、駐蒙軍の指示にしたがった決定である。

「モンゴル民族のために努力しているのに、他人に指図されるのは不愉快だ」、と徳王は理解していた。そのような不名誉な過去から飛躍し、日本側から指名されるのではなく、全モンゴル人から選ばれた指導者に、徳王はなりたかった。その機会を彼は自治邦成立一周年記念行事と連動させたのである。ついでにあらためて指摘しておくが、最高顧問の金井章次がいう「徳王は国王になろうとした』云々は、まったくの嘘である。

九月一日に、徳王はモンゴル自治邦政府主席に、李守信と于品卿が副主席に選出された。モンゴル人だけでなく、日本人と中国人も参加した会議で、選挙で選ばれたのである。このとき、満洲国からの代表、バドマラブタン将軍が挨拶したが、それは「官僚調の文で、東部内モンゴル人のモンゴル自治邦成立にたいする祝意がこめられていなかったので、失望させる内容だった」。それでも、バドマラブタンの来訪は中西部のモンゴル人たちを鼓舞した。モンゴル人には、民族自決を獲得し、中国から独立したいという壮大な目標がある。いま、その目的の実現のために全モンゴル人が力を合わせて奮闘している、という状況が確認できたからである。むろん、その理想的な目標の実現には日本の協力と支持が欠かせないことも、またあらためてわかったのである。[27]

まもなく張家口は特別市に昇格し、自治邦の首都としての地位が確立された。自治邦と満洲国との友好往来もいちだんと頻繁になった。一九四四年初春、日本側は駐蒙軍を通してモンゴル軍の将校たちに叙勲した。李守信将軍には勲一等瑞宝章、烏古廷には勲二等瑞宝章、宝貴廷には勲三等瑞宝章が、それぞれ授けられた。[28]

第八章　日本降伏とモンゴル

ソ連とモンゴル人民共和国の連合軍が攻めてきたときに、日本側が瞬時に不利に立たされたのは、内モンゴルのモンゴル軍を解体したからである。その後、南北のモンゴル人は統一を実現しようとしたが、米ソ二大国によってその夢は断たれた。

典型的な中国人は誠実な人間である。
（オーウェン・ラティモア『中国』岩波書店、一九五〇年、一五頁）

1　肝心なときに……

一九四五年八月九日

一九四五年八月九日深夜のウランバートル。ソ連とモンゴル人民共和国の連合軍がすでに国境を越えて南進途中にあったときに、モンゴル人民共和国の指導者であるチョイバルサン元帥はラジオ放送を通して、次のように呼びかけていた。[1]

内モンゴルの人々よ！　……（中略）我が軍隊は国境を越え、内モンゴル地域に進出し、速やかに前進した。これは我が血肉を分かちあった内モンゴルを解放し、自由を獲得するためである。

同じ夜の一時四十分に発表されたモンゴル人民共和国の対日宣戦布告にも、「モンゴル人が統一国家となるために、南モンゴルのチャハルとオルドス、ハラチンとダリガンガ、アラシャーと青海省などのモンゴル人を帝国主義の支配から解放しよう」、とあった。モンゴル人民共和国は、全モンゴル民族を解放し、統合する目的で日本への「聖戦」を宣言したのである。

チョイバルサン元帥は、モンゴル人民共和国が参戦した目的を二つ挙げている。ひとつは、帝国主義から内モンゴルを解放し、統一されたモンゴル人の文化と言語、伝統と宗教を発達させることである。そしてモンゴル人民共和国の対日宣戦は、同国とソヴィエトとの間で調印された一九三六年の「ソ蒙友好相互援助議定書」によって合法化されている、とも強調していた。[2]

このように、ソ連とモンゴル人民共和国連合軍が内《みなみ》モンゴルに進攻した目的は、内モンゴルを中華民国に入れるためではなかった。同胞たちを中国と日本の二重の植民地から解放し、統一された新しいモンゴル国家を樹立する、という雄大な民族自決の目標を実現させるためだった。そのため、今日でも、モンゴル国ではこのときの進軍を「解放戦争」と呼んでいる。[3]

根本司令官の宣告

李守信はモンゴル自治邦の首都、長城の麓にある張家口にいた。

「天皇陛下が昨晩、降伏を決定された。あなたたちはどうしますか」

駐蒙軍司令官の根本博《ねもとひろし》に、このように告げられたのは、一九四五年八月十五日の午前だった。じつにソ蒙連合軍が対日参戦を宣告してから一週間後のことである。

「あなたたちがもし、日本に行く気があるならば、私たちが守ります」

と根本将軍は話す。

「では、日本人たちは誰に守られますか」

と、李守信は逆に尋ねた。

「モンゴル軍はどうする？」

根本博は動揺を隠せない。

「軍隊は日本人顧問たちに掌握されてきたし、私まであなたたちにこうして張家口に監禁されているのではないか」

と李守信は怒った。[4] 彼がこのように憤怒するのには、理由《わけ》があった。

敵と味方をまちがえた日本

モンゴル軍は一九四〇年から日本の敗戦まで有名無実化していた、と李守信は述べる。すでに触れたように、日本側は南モンゴル西部の包頭まで制圧してからは、モンゴル軍がさらに強大化すると逆にコントロールが利かなくなると判断して弱体化させた。具体的には治安警備隊に改編したり、百戦錬磨の将校たちを文官に転出させたりして、骨抜きを進めた。わずかに残った部隊も日本人顧問が指揮する体制をつくって、日本への忠誠を優先とした。

一九四五年春には総参謀長の烏古廷もそのポストから追われ、中将に昇任していた宝貴廷が新たに就任した。政務院長の呉鶴齢は解任され、最高司令官の李守信も厚和《フフホト》から張家口に移動を命じられて、部隊から引き離された。日本側の一連の政治的な措置を李守信は「太平洋戦場における日本軍の敗退にともなう事前の予防策」と理解し、自身は日本軍によって軟禁状態に置かれた、と理解している。[5]

モンゴル人も座視して死を待っていたのではない。総参謀長の烏古廷はその親戚の呉鶴齢政務

写真8-1　駿馬に跨ったチョイバルサン元帥（*Almanac History of Mongolia,* Ulaanbaatar.2016）

写真8-2　駐蒙軍司令官　根本博

院長とともに、第九師団の師団長ウルジーオチルを通してモンゴル人民共和国と連絡を取りあっていた。李守信も当然、そうした動きを把握していた。ウルジーオチルはコミンテルンの諜報員で、李守信よりもモスクワからの指令に忠実だった。そのため、いざというときには李守信の命令を聞かなかった。[6]

日本人は、私と徳王がモンゴル軍を掌握するのを危険と見なし、私たち二人からモンゴル軍の将校たちを引き離した。ソ連とモンゴル人民共和国の連合軍が突進してきたとき、私は徳王と相談し、ウルジーオチルを通じてモンゴル人民共和国軍と接触しようと試みた。私は張家口から厚和と包頭に駐屯していた宝貴廷と砲兵大隊隊長の張啓祥、それに三個の漢師の師団長に電話したが、命令が伝わりにくくなっていた。モンゴル軍は最良の武器と多大な物資とともに国民政府軍に接収されてしまった。

「私は日本軍によって張家口に軟禁されていたので、モンゴル軍の師団長たちが混乱に陥ってしまった」

と李守信はくりかえし指摘する。将軍は続ける。[7]

私が一九四五年夏から秋にかけて張家口で軟禁されたのは、駐蒙軍司令官の根本博などの計略によるものだ。日本人は、将来もしモンゴルから撤退するならば、モンゴル軍は絶対に邪魔するだろうと判断していたらしい。そのために彼らはまず烏古廷を追放し、モンゴル軍を増強するとの名目で私をフフホト（のモンゴル軍司令部）から（首都）張家口まで移動させた。日本側はこのとき、一度は治安警備隊に改編していた軍隊をふたたび「モンゴル軍」として蘇らせた。三個集団軍の治安警備隊を六個師団（の漢人師団＝漢師）に編成し、モンゴル人師団（蒙師）は四個のまま残った。その上でさらに二個の漢師を設置し、計十二師団に増やそうという。また、モンゴル自治邦の警察をもすべて八個の独立旅団に改編し、モンゴル軍の指揮下に入れることになった。

私は部隊を改編するために張家口で忙殺されて身動きが取れなくなった。モンゴルで五万人の兵士を募りたかったが、二万丁の銃が足りなかった。また、師団ごとに一個の砲兵連隊を配備しようとしたが、大砲が八百門不足した。私が日本側に武器弾薬の提供を求めると、彼らはあっさりと承諾した。瀋陽の駅で「蒙古軍」と書かれた箱を山積みにして見せたが、すべて空箱で、私を騙すものだった。その後はまた上海の兵器製造工廠から買うよう言われたので、私は一万両のアヘンを使って包頭で毛皮や薬材を購入して（換金した）。（日本側は）こうして武器弾薬を遅々として提供しようとしなかったのである。

モンゴル軍を増強するという美味しい話で李守信を軟禁して軍の指揮系統を切断したのは、在留日本人二万人あまりを「安全に撤退」させるためだった、と李守信は述べている。その際、「モンゴル軍が邪魔するだろう」との判断には、ふだんから日本軍はモンゴル人の恨みを買っているとの認識が包含されていたからだろう。日本はモンゴル人に好かれている、ともし駐蒙軍が判断していたら、状況は別だったのではないか。日本はいちばんの盟友を裏切り、その上で信頼関係をみずから壊して惨状をもたらしたのである。

モンゴル人の美徳

別の証言によると、日本側は一九四五年春から方針を転換し、一度は一九四〇年から改編して弱体化させたモンゴル軍の再強化を本気で進めるように変わったという。軍の再強化には李守信も本気で取り組んだが、時はすでに遅かったのである。

満洲国では関東軍が民間人より先に撤退したことで、日本人が各地でソ連軍に虐殺されたのと対照的に、モンゴル自治邦では在留日本人に大きな被害は出なかった。根本将軍の良策が機能したというよりも、徳王が直々に「日本人を困らせないよう」との命令を通達していたからである。[8]

> 日本人は私たちの招待もなしにやってきた。モンゴルの独立を支持すると言うてやってきた。……（中略）今や日本人は負けてしまった。惨めな彼らを殺したり、困らせたりしてはいけない。そうした行為は、われわれモンゴル人の美徳に反するので、私は特に強調しておきたい。

モンゴル人たちは、徳王が強調する戦時と撤退時の美徳を守り、日本人を困らせなかった。したがって、駐蒙軍の疑心暗鬼はまったく根拠のない邪推だったのである。

私を張家口に抑留したせいで

モンゴル人側も日本の敗退を予想し、それなりに準備もしていた。

徳王の側近ジャチスチンの回想によると、一九四三年に満洲国から財団法人蒙民厚生会会長マーニバダラを団長とするモンゴル人有力者たちがモンゴル自治邦の首都張家口を訪問した際に、複数回にわたって、日本撤退時の対応について話しあったという。

いざというときにはモンゴル自治邦側は東へ軍勢を移動し、満洲国のモンゴル人は西へと動いて、両者が合流するという案だった。モンゴル自治邦には準独立国家としての政治的な地位があるのにたいし、満洲国興安地域のモンゴル人には軍事力がある。両者が連携すれば、大きな政治力になるとの判断である。[9] 李守信も一九四四年に一度、マーニバダラ会長と会談し、日本側が敗れたときにはモンゴル人民共和国方面へモンゴル軍と興安軍を結集させると決定していた。しかし、そのような計画はすべて幻となってしまった。

李守信は語る。[10] 八月十五日の朝、根本博司令官は張家口の地下倉庫の図を見せながら、三個師団を武装できるほどの装備があり、それをモンゴル軍に渡そうという。李守信は十時すぎにフフホトに駐屯する宝貴廷中将に電話すると、国民政府軍が接近中で、日本人は逃亡の準備をしているとの報告を受けた。

「日本人を襲わないように」

と李守信は宝貴廷に指示し、モンゴル軍を張家口方面へ移動するよう命じた。宝貴廷指揮下のモンゴル軍はフフホトから南下しようとしたが、鉄道が不通となり、旗下営というところで引き返した。この間に、傅作義の部隊は十一日に西部ウラトの陝覇《せんは》から東へと突進し、十三日には包頭を占領した。

「肝心なときに私を張家口に抑留したせいで、身辺に一兵卒もなく、何もできない」

と李守信は苛立つ。張家口から北平に通じる鉄道沿線には日本軍の後宮《うしろく》師団が展開されていたので、「日本人に頼るしかない」、と行動をともにすることになる。

「日本軍は張家口以北に防塁を作って、僑民の撤退を守る。ロシア人と外モンゴル軍が来たら、抵抗する。八路軍には投降しない。彼らは信頼できない。私たちが行った後に、あなたたちが国民政府軍に張家口を引き渡しても、絶対にロシア人と八路軍には渡すな」

とは根本将軍が李守信に残した言葉である。そのとき、日本人たちは男が腕章をつけて警備に当たり、女はもっていけない物を売りさばき、「秩序正しかった」と李守信は感心する。

2 若い者よ、いよいよ時が来た

ハンギン・ゴムボジャブは語る

では、徳王はどのように日本の敗退を経験したのだろうか。

ハンギン・ゴムボジャブという青年がいた。一九三八年に、祖父の友人である田中隆吉大佐の世話で日本に留学し、北海道帝国大学で林学を学んだ。一九四四年に祖国のモンゴル自治邦に帰って、徳王の秘書官のひとりとなる。一九四八年にアメリカに渡るが、それは蔣介石の顧問オーウェン・ラティモアに招かれたからであった。

一九七六年にモンゴル人民共和国の首都ウランバートルで国際モンゴル学会が開かれ、ハンギン・ゴムボジャブも出席した。彼は当時アメリカのインディアナ大学ウラル・アルタイ学研究所に所属していた。このとき、磯野富士子《いそのふじこ》が彼にインタビューしている。磯野は広島生まれで、日本女子大学を卒業、一九四三年から内モンゴルに長期滞在しながら、梅棹忠夫《うめさおただお》らとともに文化人類学的な調査研究を進めていた[11]。

ハンギン・ゴムボジャブは以下のように語っている[12]。

「一九四四年頃から、日本が敗けることが蒙古人にもあきらかになってきたので、何とかしなければと、徳王もチョクバトラフも考えていた」

チョクバトラフ（陳国藩＝チョクバダラホ）はハラチン出身のモンゴル人で、「非常に聡明な人で、日本語が上手であった」。当時、漢人化してしまったハラチン・モンゴル人にたいし、大半のモンゴル人のあいだに一種の反感があったものの、一九四四年あたりになると、全モンゴルの統一という理想の前に、そうした地域間の対立もすっかり影が薄くなっていた。

徳王が取った具体的な対応策は、モンゴル軍のなかのモンゴル人をできるだけ東のほうへ移し、チャハルとシリーンゴル、ウラーンチャブの各盟ごとに純モンゴル人の自衛軍を組織することだった。ただ、その対応には日本が目を光らせており、慎重に進めるしかなかった。日本の敗戦が近づくにつれ、モンゴル人たちの政治的な立場も二派に分かれた。蔣介石の国民政府に入らざるをえないと認識していた人たちと、中国とは絶対にいっしょにやりたくないと主張する人びとだった。

八月九日の十一時ごろ、ハンギン・ゴムボジャブが秘書長のチョクバダラホと二人で秘書室にいると、根本博司令官から電話がかかってきた。「主席閣下にお会いしたいので、一時においで願いたい」という。「司令官のほうから主席に来てほしいというのは、ただごとではない」、とモンゴル人にはわかった。いつもより丁重に案内されて司令部に入ると、根本将軍は話した。


今日主席閣下においでいただいたのは、まことに失礼ではありますが、主席に重要なことを報告しなければならないためであります。御存じのように、日本軍は蒙古を助けようというつもりで数年間働いてきましたが、今日はまことに残念なことを申し上げなければなりません。私は軍人でありますので陛下の御命令には従わなければなりません。御承知のように、戦況は日本に不利となり、新型の爆弾が投下され、天皇陛下はこれ以上血を流さないため終戦にする事を決定され、八月十五日に発表があることになりました。また、ソ連と外蒙古が日本に宣戦布告しました。……


今、私は主席に親友として申し上げますが、今日から日本軍の統制は一切なくなりますので、今後のことは主席のお考えによってすべて決めていただきたい。

私の見るところでは、蒙古には三つの道があります。第一にはソ連、外蒙と一緒になること、第二は蔣介石と交渉すること、もう一つは八路軍です。どれを選ばれるかは、閣下のご自由です。

非常に残念なことは、日本は蒙古を援けたいと思いながら、大東亜戦争のために援けることができなかったばかりでなく、何年も迷惑をおかけしたことです。

根本司令官の話を聞き、通訳のハンギン・ゴムボジャブは仰天したが、徳王は顔色ひとつ変えずに聞いていた。

中国の下には入りたくない

徳王は次のように根本司令官に謝意を伝えた。

それは私にとっても残念なことと思います。大東亜戦争のなりゆきは蒙古人にとっては関係のないことで、私たちにとって一番重要なのは蒙古の将来です。今、閣下のお話を伺って大変満足に思いますが、今後の方針は、ここで私一人の考えを述べることはできません。……日本人に対しては、私は大変感謝しています。

帰りの車内で、「若い者よ、いよいよ時が来た」、と徳王は一言だけ話した。政府に戻ると、秘書官のチョクバダラホは次のように唱えた。

もし外蒙古軍が来たら、私たちはもう何もする必要はない。ただわれわれは蒙古に帰ってふつうの蒙古人として暮らせばそれで良い。閣下の政治生命はそうして終わりましょう。私自身としては、私は再び「我們《われわれ》中国人」という言葉を口にすることはできません。私は蔣介石の前に行って礼をして、私の祖国中国ということはできません。

徳王は静かに答えた。

お前のいうことが正しいだろう。私も中国の下に入って、自分は中国人だということは恥ずかしい。しかし、中国の大使がモスクワで何かやっており、国際的にどういうことになるか、自分にはまだわからない。外蒙の態度はどうか。これで本当に蒙古を再統一することができるかどうか、これが問題だ。……

ソ連と外蒙が入ってきたら、一切抵抗はしない。ただ彼らにいいたいのは、内蒙人は外蒙と合流して一つの国になる道が開けたことを喜んでいること、また、われわれは心から日本と協力して外蒙に反対したことはない。これだけは、外蒙にわかってもらわなければならない。私は一蒙古人として家畜を世話して暮らせばそれでよい。

もし、毛沢東になれば、それは困るから、何とか抵抗しなければならないが、その方法はまだ私自身にもわからない。

ここから毎日毎晩、参議府で会議が続いた。

モスクワのようすが知りたいのに

日本の降伏は予定どおり十五日に発表されたが、その間に蔣介石の代表もモンゴル自治邦を訪れた。徳王はすでに一九三八年から密かに蔣介石とも連絡しあっていた。国民政府の使者に会っても、徳王は国際情勢が気になっていた。

「モスクワでの中国大使の交渉がどういうことになっているのか知りたい」

と、彼は何回も確かめたが、正確な情報を密使から得られなかった。

モンゴル人民共和国軍の南進を知った徳王は、モンゴル自治邦最高法院院長のボインダライと駐日代表を務めたテケシボイン（王宗洛）、チョクバダラホ（陳国藩）と宝道新《ほうどうしん》からなる代表団を派遣してのソ連とモンゴル人民共和国連合軍側との接触を十六日に決定した。日本軍がまだ必死に抵抗していたので、根本司令官に電話して代表団が北へ行く道を開けてもらった。内外モンゴルの統一ができるならば、張家口にいるモンゴル人たちを故郷に帰すこと、徳王も一モンゴル人として政治から潔く身を引くこと、などの点について交渉する予定だった。

代表団は午後三時に北へと出発し、李守信はフフホトの宝貴廷軍が到着するだろう、と期待したが、モンゴル軍が結集することはなかった。翌十七日の朝、ソ連軍の飛行機が張家口の上空からビラを撒いた。徳王は「売国奴にして蒙奸だ」、とビラに書いてあるのを見て、モンゴル自治邦の政治家たちは絶望した。

中国人は信頼できなくても、彼らは確実に接近していたので、李守信は徳王に共産党とも連絡するよう進言した。連絡係は第九師団長のウルジーオチルが適任だとも勧めた。すでに触れたように、第九師団長がコミンテルンの諜報員であることを李守信は知っていたので、当然、対共産党の連絡役になりうる。

第九師団はベーレン・スメ（百霊廟）に駐屯していたが、師団長はフフホトにいた。ウルジーオチルも混乱のなかで一度は張家口に駆けつけて徳王らに会った。フフホトに戻った後も、第九師団はダムリンスレンの第七師団と合流して、モンゴル人民共和国軍に帰順し、八路軍を選ばなかった。二人の師団長も当時、モンゴル人の統一国家を創ろうと切望していたからである。

コミンテルンの諜報員であるウルジーオチルがモンゴル人民共和国軍に合流するのは当然の行動であるが、宝貴廷と包海明の二人の師団長は国民党と共産党のどちらを選択するかで、対立した。

3　スターリンと蔣介石の裏取引

傅作義の返り咲き

じつは宝貴廷中将総参謀は一九四五年八月二日に首都張家口を訪れて、徳王と李守信に人事案について報告していた。九日にソ連参戦のニュースを聞かされると、ただちにフフホトに向かい、十一日に到着した。十五日の正午にはモンゴル軍軍事顧問の湯野川《ゆのかわ》龍郎《たつお》少将が別れの挨拶を述べるため宝貴廷の司令部にあらわれた。

「モンゴル軍は日本人の安全を保障する」

と、宝貴廷は湯野川顧問に伝え、午後一時に部下たちを集めた。ここで、包海明は八路軍に投降すべきだと主張したのにたいし、宝貴廷は国民政府軍のほうがよいと唱えて譲らない。

翌十六日のフフホト市は雨だった。

八路軍と国民政府軍の双方が市内に突入しようとし、モンゴル軍は抵抗した。夕方、オルドス高原から奇天祥《きてんしょう》のモンゴル軍が駆けつけ、「モンゴル民族のために戦おう」と宝貴廷総参謀長を支援した。二十日、宝貴廷は傅作義の第十二戦区に投降した。傅作義は宝貴廷の嫡系部隊、モンゴル軍第四師団を「暫編騎兵第四師団」に改編し、フフホトをふたたび「帰化綏遠」を意味する帰綏市に戻した。[13] 不幸なことに、「モンゴル人は動物以下の野蛮人だ」と公言して憚《はばか》らなかった傅作義が再度、中国人支配者として返り咲いたのである。それ以降、傅作義はあらゆる方策を講じて、李守信がフフホトに来て宝貴廷などモンゴル軍将校と合流するのを阻止した。傅作義の謀略が利いたので、後日、いったんは再起できた李守信も、その影響力は内モンゴル東部にかぎられ、西へは及ばなかった。

スニト右旗から馬を飛ばして張家口に走って来たモンゴル人は、徳王に故郷の最新のようすを伝えた。徳王の家族と財産はすべてウランバートルに移動させられ、接触を模索していた代表団のうち、チョクバダラホはウランバートルへ、テケシボインはチャハル北部へ連行されたという。李守信は、兵卒がないと何もできないことがわかっていたので、とにかくフフホトに行きたかった。フフホトにさえ着けば、嫡系の宝貴廷部隊がある。

フフホトに行くには二つの方法がある。馬に乗って草原の道を走るか、まず北平に行ってから飛行機で向かうか、である。李守信は連夜、眠れなかった。

徳王が派遣した、モンゴル人民共和国と交渉する代表団はついに戻らなかった。ソ連軍の飛行機から撒かれたビラには「いまや外蒙古政府が内蒙の兄弟を統一するときが来た。内蒙の兄弟たちよ、立ち上がって日本軍と日本の手足となっている徳王たちを追い出せ」と書いてあった。このような宣伝戦を目撃して、徳王は北平に行かざるをえなくなる。

南下の失敗

モンゴル自治邦の首都張家口は降り注ぐ雨のなかで日本人居留民の撤退を迎えた。八月十九日午前九時に駐蒙軍司令部が李守信に電話で出発を伝えてきた。泥沼の街には死体が転がり、悪臭が漂っていたが、「日本人は忍耐強く、泣かない」と李守信は見ていた。

「町のなかでは方々から火が出ており、人びとはみな出て来て肚のなかで笑って見ている」張家口を離れるときがきたが、徳王はなかなか列車に乗ろうとしない。彼は駅の貴賓室に入り、煙草に火をつけて、じっとプラットホームを見つめている。「これが、半時間、一時間になるのに、主席はいっこうに動こうとしない」。とうとう二時間も泰然と座りつづけた徳王は、最後のひとりとして列車に乗りこむと、モンゴル自治邦が崩壊する瞬間もついに訪れた[14]。

一行は攻めてくるソ連とモンゴル人民共和国連合軍側や八路軍に抵抗しながら、困難な南下を続けた。二十日の朝、宣化駅に到着したときに、国民党の密使がまたあらわれた。モンゴル軍を国民政府軍第十路軍として改編し、李守信を最高司令官に任命するとの令状が渡された。モンゴル軍の堀顧問と大同省長の李樹声《りじゅせい》、宣化省長の劉継広とモンゴル軍第三師団長の宋鵬九《そうほうきゅう》らが集まり、対策を講じた。李樹声と劉継広は以前からの部下で、日本側がモンゴル軍を骨抜きにした際に軍から移動させられて文官職に転じた人物である。

「ロシア人もモンゴル人民共和国軍も張家口を占領しようとしているし、八路軍も都市に入りたがっているので、農村部が真空地帯となっている」

と李守信は分析する。

第三師団を中心に、各地の警察部隊を糾合してフフホト方面へ結集するよう、李守信はここで具体策を指示した。部下たちの表情は暗かったが、「官馬隊時代の勇気と精神を忘れないで」、と李守信は鼓舞する。彼はここでも北平経由でフフホトに入り、モンゴル軍を指揮して再起したかったが、時勢は李守信に味方しなかった。[15]

北平に行ったのが失敗だった。私自身が冒険と危険を恐れたためにモンゴル軍は分裂して崩壊してしまった。私の失敗がなければ、宋鵬九の第三師団軍は（北平以北の）南口で瓦解することもないし、宝貴廷の部隊もフフホトで傅作義に呑みこまれることもなかったろう。後日に蔣介石から「東北民衆自衛軍」を組織するよう命じられたときに一兵卒もない状態で動かざるをえなかったのも、あのときの宣化駅での失策が原因になる。

李守信は、このように後日になって悔やんでやまないが、国際情勢はモンゴル人の彼に不利だった。

八月二十一日の昼、李守信と徳王たちを乗せた列車がゆっくりと北平に到着した。雨はまだ降りつづいている。一台の人力車が李守信を什錦花園にある彼の邸宅に送り届けた。

米ソの肚の探り合い

では、徳王と李守信が危惧していた国際情勢、すなわち「中国大使がモスクワで交渉していたこと」とは、なんだったのだろうか。なぜ、それがモンゴル人の運命を決定する意義を有していたのだろうか。視点をモスクワとモンゴル人民共和国の首都ウランバートルに移してみよう。

モンゴル人民共和国の独立は、日本の降伏が正式に公表される一日前、一九四五年八月十四日に調印された「中ソ友好同盟条約」の結果とつながる。公式には、モンゴル人民共和国と中華民国との二国間交渉と合意のように見えるが、実際は陰に隠れたアメリカの影響力も大きく、米ソ間の妥協的な産物でもある。それには、以下のような経緯がある。[16]

ソ連と交渉に当たっていたのは中華民国の外交部長で、蔣介石の義理の兄でもあった宋子文《そうしぶん》である。七月の上旬から八月十四日に至るまで、中国国民党の政治家たちは、自国の利益を守るにはアメリカに頼るしかないと悟っていた。アメリカも、中国にたいするソ連の影響力の拡大を防ごうと肩入れした。

宋子文は、モスクワに駐箚《ちゆうさつ》するアメリカ大使に働きかけ、モンゴル人に独立権を与えないよう要請した。在ソ連アメリカ大使のW・アヴェレル・ハリマンがスターリンに会うと、「外モンゴルだけを明確に承認しなければ、モンゴル人指導者たちは内モンゴルと外モンゴルを統合させた、より大きなモンゴル国家の建立を求めてくるだろう」と警告された。

八月十一日、ハリマン大使はモンゴル人民共和国政府の対日宣戦布告の全文を本国に打電していた。対日宣戦布告は、モンゴルが独立国家である事実を世界に示すためだと分析した。大使は、モンゴル人民共和国には内《みなみ》モンゴルと満洲を含む全モンゴル民族を統合しようとする意志が

写真8-3　モンゴル人民共和国の独立に賛成するよう、投票を呼びかけるポスター

写真8-4　独立に賛成の票を投じるモンゴル人たち（*Mongolchuud 3*）

あるとも強調した。モンゴル人民共和国の政治的な目標が達成すれば、同国と中国北部を根拠地としていた中国共産党勢力とが一体化し、より大きな脅威になるとも分析した。

ワシントンの政治家は当然、スターリンの内外モンゴルを統一するという「野望」はヤルタ会談の密約に違反すると判断した。アメリカの国務長官であったジェームス・フランシス・バーンズは、いかなる状況下でも、ヤルタ会談の密約どおりに、中ソ条約に内モンゴルは含まれるべきではない、とハリマン大使に指示した。本国からの指示を受けたハリマン大使は、外モンゴルの独立を受け入れる以上に中国からの譲歩はないとソ連側に伝えた。

時を同じくして、スターリンも中国におけるアメリカの影響力を削ごうとして、外モンゴルの独立承認を駒として利用した。戦後の中国はアメリカの影響下に置かれる可能性が高いことから、なんとしてでもモンゴル人民共和国を自陣に留めておかねばならない、とソ連の指導者たちは見ていた。

蔣介石がモンゴル人民共和国の独立をしぶしぶ認めたのは、国民党以外にソ連は援助しないとスターリンの言質を得てからである。

言い換えれば、スターリンに中国共産党を援助しないとの約束をさせ、それと引き換えにモンゴル人民共和国の独立を承認したのである。蔣介石はまたメンツを保つために、独立の賛否を問う国民投票の実施を提案した。モンゴル人民共和国の有権者のうち九八パーセントもの人びとが独立に賛成する票を投じた結果を受けて、中華民国は一九四六年一月五日にモンゴル人民共和国の独立を認めた。[17]

いつか来た道

少し前後する。

モンゴル人民共和国はすでに一九四五年七月十六日に合同司令部を設置し、チョイバルサン元帥が連合軍の司令官に任命された。

八月九日、四万二千人からなる連合軍は二翼に分かれて南へと進軍した。ひとつはスフバートル県のバイシント（八仙筒）から大興安嶺山脈を縦断してドローン・ノール（多倫）をめざした。もう一翼はジャミンウードを突破してチャハル草原から張家口へと疾駆した。モンゴル人民共和国の若き兵士たちは一九一三年に彼らの先輩たちが進軍して南モンゴルの同胞たちを解放しようとしたのと同様に「血肉を分かちあった兄弟たちを自由にするため」に各地で奮戦した。十六日間で千キロメートルを駆け抜けた二万人からなる四個の機械化された騎兵師団は長城の麓で戦馬を止めた。このときのモンゴル軍の南下路線は歴史が始まって以来、遊牧民がチャイナに入るときのルートだった。[18]

中華民国は、対日戦勝を優先する目的から、ソ連にだけ内モンゴルと満洲国への出兵を要請していた。しかし、ロシア人はモンゴル人民共和国にも出陣を求めた。モンゴル人は、自国が対日戦争に参加するのは当然の権利だと考えていた。モンゴル人民共和国はソ連の対独戦争を支援してきたし、ドイツの降伏後に対日作戦にシフトするのは自然の流れだった。対日戦争に参加することで実質上独立していた人民共和国を中国に承認させるだけでなく、内モンゴルに暮らす同胞たちを解放し、民族の統一を実現するという二重の目的があったからである。[19]

「ソ連とモンゴル人民共和国連合軍は万里の長城を越えない」、という極秘の政治的な約束をロシア人は中国人共産主義者、すなわち八路軍とのあいだで交わしていた。モンゴル人民共和国軍が北平と天津を占領する勢いで南進しつづけているのを見て、蔣介石は驚いた。八月十七日に、蔣介石は第十二戦区司令官にソ連とモンゴル人民共和国連合軍に接触させると同時に、ソ連大使館を通じてモンゴル軍の南下を中止するよう求めた。蔣介石に苦言を呈されたソ連は「わが軍には北平へ進軍する意図はまったくない」と返事した。ただ、返信は八月二十二日が過ぎてからだった。[20]

蚊帳の外

ソ連とモンゴル人民共和国連合軍によって解放された内モンゴルのモンゴル人は歓喜の気持ちで同胞の若き兵士たちを歓迎し、民族の統一がようやく実現できたと誰もが信じて疑わなかった。モンゴル人民共和国の政府高官は統一の具体的な手続きを調整するためにシリーンゴルとフルンボイルを訪れて準備をうながした。ウランバートル政府はフルンボイルとチャハルに四つの調査団を派遣した。徳王の親族もウランバートルに招かれ、敬意をもって礼遇された。モンゴル人民共和国の新聞も、一九四五年八月の間はずっと、内外モンゴルの統一を称賛する言葉で埋め尽くされていた。

しかしソ連はモンゴル人の期待を裏切った。スターリンがモンゴル人に無断で中国人と交渉し、八月十四日に妥協が成立した。「モンゴル人民共和国を独立国家として認める代わりに、内モンゴルを中国の一部とする」との取り決め。この汚い裏取引にモンゴル人は誰一人として参加していなかった。

モンゴル人民共和国軍が内モンゴルを縦断して一路、南進しつつあったとき、民族統一の夢がすでにスターリンとアメリカ、それに蔣介石によって葬られたことを、彼らはまだ知らなかった。

中ソ二大国の醜い裏取引の犠牲にされたチョイバルサン元帥は、小さなモンゴル人民共和国だけでの独立を受けいれざるをえなかった。彼は一九四五年九月に内《みなみ》モンゴル人民共和国臨時政府を訪れて激励の言葉を述べ、解放されたばかりの内モンゴルから、失意のうちに自国の軍隊を撤退させた。[21]

内モンゴル人民共和国臨時政府が、モンゴル人青年のブレンサインとデレゲルチョクト、ホルチンビリクとウルジーナランらが中心となり、モンゴル人民共和国の副総理ラハムジャブの指示で、徳王の宮殿で成立した。[22]「内モンゴル独立宣言」と「内モンゴル人民共和国臨時憲法」を起草したのは、徳王の側近、ジャチスチンらである。[23]

国民党だろうが共産党だろうが、中国人は信頼できない

内《みなみ》モンゴルのモンゴル人は、まだあきらめていなかった。

北平に避難した徳王と李守信は蔣介石の国民党と意思疎通をはかり、同時にアメリカの援助を得ようと動いた。モンゴル人民共和国の独立承認は国民投票が必須であることと、内モンゴルでは自治が実施されること、などのような議題が一九四五年十月二十四日に明るみになると、徳王らは蔣介石に会うために四川省の重慶に向かった。

蔣介石は内モンゴルの自治問題よりも、共産党の掃討を優先としていた。彼は徳王の指導力と

政治目標を認めたくなかったが、モンゴル人政治家を宿敵の毛沢東サイドに押し出すような結末は避けたかった。少数民族の自治よりも、その軍事力に関心を持ち、対共産党作戦に日本式訓練を受けたモンゴル軍を動員したかった。

蔣介石は李守信にたいし、東北に行って旧部下を集めるよう命じた。徳王にたいしては、将来に外モンゴルを取り戻すために内モンゴルに高度の自治を与える用意があるとも伝えた。

国民党だろうが共産党だろうが、中国人は信頼できない、と徳王は以前から悟っていた。彼はアメリカのジャーナリストたちやオーウェン・ラティモアを含めた外交官と相談し、自由主義陣営、とくにアメリカにモンゴル人の民族自決の目的を知らせようと努力しつづけた。[24]

では、徳王と李守信の二人のモンゴル人政治家は、具体的にどう活動したのだろうか。

第九章　再起の山河

中華民国統治下の内モンゴルにおいて、李守信と徳王はきわめて困難な自決運動をリードし、迫りくる共産党の侵略に抵抗しつづけた。自決運動が失敗すると、二人は同胞のモンゴル人民共和国への脱出を決行した。

労働階級は、コミューンから奇跡を期待しなかった。
（マルクス／エンゲルス『フランスの内乱・ドイツ農民戦争』新潮社、一九五六年、一四六頁）

1　高度の自治

チョクバートルの証言

徳王の側近で、一九三四年からモンゴル側を代表して蔣介石の国民政府との連絡係を担っていたチョクバートル（陳紹武）は、ひとつの回想録を残している。チョクバートルが書いた「徳王と蔣介石との関係」[1]のなかに、日本撤退後の中国の政治的な状況についての記録がある。まだモンゴル自治邦の首都張家口にいた一九四五年八月十八日に、徳王は蔣介石に祝電を打っていた。「全国の抗日戦争をリードして勝利に導いた功績を称賛する」、と外交辞令を述べたうえで、モンゴル人は高度の自治を要求すると表明した。実質上は独立国家であるモンゴル自治邦の指導者が中華民国の指導者にたいして「高度の自治」を求めたことは、それまでの自決運動をトーンダウンしていると理解できる。これも、当時の政治情勢の反映であろう。

日本人とともに乗りこんだ列車が北平近くの宣化駅に着くと、蔣介石からの返電が届いた。徳王を「モンゴル先遣軍総司令」に、李守信を「熱河察哈爾《チヤハル》両省先遣軍総司令」にそれぞれ任命するとの内容だった。

「徳王はモンゴル民族の自治ばかり考えており、先遣軍総司令なんかにまったく興味を示さず、蔣介石に返信もしなかった」

とチョクバートルは証言する。[2]

北平に着いた徳王はただちに蔣介石が滞在する重慶に向かおうと準備した。第一戦区司令官の胡《こ》宗南《そうなん》が飛行機を用意したので、八月二十九日に西安経由で重慶へと飛んだ。モンゴル軍総司令官の李守信将軍と総参謀長の烏古廷、モンゴル自治邦政務院長の呉鶴齢、興蒙委員会副委員長チョクバートル、それにハンギン・ゴムボジャブら八人からなる代表団だった。重慶に着くと、国民政府軍事委員会調査統計局第五処処長の馬漢三が待っていた。彼は日中戦争中にモンゴル自治邦内で諜報活動をしていたし、徳王と李守信とも何回か極秘に会った過去がある。国民政府の情報機関を統率する戴笠《たいりゆう》も訪ねて来て、モンゴル側の政治状況と軍隊の配置についてくわしく聞いて帰った。

蔣介石との会談

重慶では最初、漱廬《そうろ》というところに泊まっていた。漱廬は国民党の諜報機関が置かれていた場所だったから、一行は慎重を期して、蒙蔵《モンゴル・チベット》委員会のある学田湾に移った。国民政府側にいたモンゴル人の仲介を得て、徳王と李守信は国民党の要人たちと矢継ぎ早に会って、モンゴルの立場を説明した。陸軍総司令の何応欽《かおうきん》と軍政部長の陳誠《ちんせい》、外交部長の王世傑《おうせいけつ》と国民党中央秘書長の呉鉄城《ごてつじょう》など、錚々たるメンバーである。
九月二十日、蔣介石は徳王、李守信と会談し、以下の四点を話した。[3]
一、抗日戦争が勝利する前の貴殿のやりかたにたいし、不満を抱く人びとも多いが、私は理解している。
二、モンゴル地方はわが国の北方に位置し、立ち遅れているだけでなく、外国からの脅威にも曝されている。今後はまず内乱を抑え、それからモンゴル自治の問題を解決しよう。
三、モンゴル地方は東北と同じように日寇に蹂躙《じゅうりん》されたが、モンゴル人軍人や役人の過去を追及することはしない。
四、貴殿にはしばらく沈黙を保ってほしい。北平に戻って蟄居《ちっきょ》し、生活費用は政府が負担する。

蔣介石はこのように、共産党の暴乱を鎮圧するのがなによりも優先的な事項で、モンゴルの自治は将来の課題だとの見解を示した。これを聞かされた「徳王は失望の念を極力、抑えながらもモンゴル問題について粘り強く主張した」。徳王の発言である。

蔣委員長のおっしゃるとおり、モンゴルの各盟と旗はわが国の北部辺境に位置し、外来の脅威を受けやすい。したがって、目下の状況では物質的な国防を強化するよりも、精神的な国防を強めたほうがいいと思われる。モンゴル民族の高度の自治を早期に認め、モンゴル人同胞の切羽詰まった要求に応えてくだされば、人民も中央を擁護し、国家の北部辺境も堅牢になろう。

「すばらしいご意見だ」、と蔣介石も賛辞を述べて、宴会に移った。

ハンギン・ゴムボジャブとの食い違い

もうひとりの随員、ハンギン・ゴムボジャブは当時のようすを次のように描いている。[4]

　蔣介石にあうと、主席（引用者註：徳王）は、日本人のことは何も言わなかった。日本人との関係について蔣介石に詫びる必要など一つもないというわけだ。そうして、すぐに「今、中国は戦争に勝ったのですから、これから蒙古民族に対して中央から新しい政策を行ってください。蒙古は高度自治を希望しています。また将来は連邦になるつもりです。そのために御援助いただきたい。もう一つのお願いは、私を戦犯にするというので、蒙古人が動揺しています。もし蒙古人を裏切ったといわれるなら、それは別の話ですが、漢人ではない私は漢奸と呼ばれるいわれはありません。私としてはまだまだ蒙古の自治のために閣下にいろいろとお願いいたします」。

　すると、蔣介石は「好々《ハオハオ》、好々《ハオハオ》」（引用者註：よし、よし）といい、一人の将軍の名をあげて、何か意見があったらその人を通じて出してくれ、と非常に友好的に送りだした。

右で挙げた二つの側近の回想には大きなずれ、食い違いがある。徳王は当時、なにを主張し、蔣介石がどのように返答したかである。これは、ただ単に二人の政治家が交わした挨拶ではなく、モンゴル自治邦と中華民国という二つの国家間の会談である。徳王と李守信のモンゴル自治邦は事実上、崩壊していたとはいえ、モンゴル人の自決運動そのものがまだ続いていた。

私は、アメリカに渡ったハンギン・ゴムボジャブの証言を信じたい。というのは、チョクバートルが一九六二年に回想録を公開したときは、中国共産党の虜囚の身分だった。共産党は結党当初から一九四五年まではモンゴル人の独立を支持し、少なくとも中国とは連邦関係になるとの美しいスローガンを掲げていた。いざ中華人民共和国が樹立されると、モンゴル人に与えられたのは有名無実の地域自治だった。[5]独立国のモンゴル自治邦のモンゴル人が求めていたのは高度の自治で、中華民国の蔣介石もそれを承認していたという事実は、共産党にとっては不都合な歴史である。そのため、チョクバートルの回想録も改竄されたと判断してよかろう。

国土を失った戦勝国

話を蔣介石に戻そう。

徳王と会見した次の日、呉鶴齢に会った蔣介石は怒鳴った。「お前たちのあの徳王というのは、あれは気ちがいだ。こういう際に自治を持ち出すなんて！　お前たちは日本人に追随したのではないか！[6]」

チョクバートルも次のように語る。

数日後に蔣介石はまた私を呼んだ。「……徳王さんに伝えてほしい。しばらくは沈黙してほしい。モンゴルの要求やら、高度の自治やら言わないで、みずからの前途を絶つようなことはしないほうがいい」。チョクバートルは蔣介石の言葉をそのまま徳王に話すと、彼は悲しみと失望の念を抑えられなくなっていた。

「蔣介石としては、当時共産党のことで頭をなやましていたので、蒙古のことなど本気で考える余裕はなく、ただ、まだ残っている蒙古軍が共産党軍と一緒になることだけを恐れていたのだ」ともう一人の随員、ハンギン・ゴムボジャブは証言する。[7]

かくしてモンゴル自治邦と中華民国の首脳同士の会談は終わった。周知のとおり、中国はけっして「日本の侵略者」に勝っていない。ソ連とモンゴル人民共和国連合軍の参戦と、米国の原爆投下で、日本は降伏せざるをえなかっただけである。モンゴル人民共和国は戦勝国で、同胞のモンゴル自治邦も当然、戦勝国との民族の統一を実現したかった。ここにいたって、勝ったことのない中国によって戦勝国モンゴルの国土の一部が捥《も》ぎ取られるという悲劇が生じていたのである。民族分断の理不尽だ、と徳王と李守信をはじめとするモンゴル人たちは思ったにちがいない。

中国人と共生すると

蔣介石は徳王を北平へ送る方針を決め、代わりに軍人たちを優遇した。李守信を正式に第十路軍総司令に、烏古廷を国民政府軍事委員会東北行営少将参事に、呉鶴齢を国民政府軍事委員会モンゴル宣導団主任に、おのおの任命した。当時、中華民国国防部軍事情報局は、「李守信は以前から党中央にたいして忠実であり、その部下も勇猛果敢なために、東北と熱河進出に有用である」と判断していた。[8]

　李守信が第十路軍総司令に任命されても、フフホトに残されたモンゴル軍は宝貴廷の指揮下にあった。フフホトの支配者だった中国人の傅作義は李守信が復帰してくると自身の地位を脅かすと判断し、宝貴廷を第十路軍の総司令として任じた。傅作義の独断的なやりかたにたいし、蒋介石も介入できなかった。[9]

　モンゴルの軍人たちは新たに蒋介石の命令を胸に一足先に陣地へと旅立っていった。十月初旬に、徳王はチョクバートルとハンギン・ゴムボジャブらを連れて、北平に入って、積極的な「蟄居」生活を始めた。

「徳王と蒋介石との関係」の記録を残したチョクバートルは、蒋介石が徳王の身辺に置いたスパイだ、と中国共産党は断じている。

　内モンゴル自治区公安庁の公文書（檔案《とうあん》）によると、チョクバートルは七回も蒋介石と直接、会った経歴を持つ。「モンゴル人青年を把握し、徳王をコントロールせよ」との極秘の命令を帯びたチョクバートルは、重慶で開かれた軍事委員会参議で蒋介石に「国防部二庁少将額外専員」に任命された。彼はまた筆が立つ人物で、モンゴル人独立派の各種の宣言書を仕立てていた。くわしくは後述するが、アメリカが計画していた「パン・モンゴル連邦」樹立の運動にもかかわった。北平が中国共産党に占領された後の一九四九年三月十七日に逮捕されて内モンゴル自治政府に護送され、「蒙疆の戦犯」とされた。一九六〇年に特赦されるが、右に取り上げた回想録を書き終えてまもなく一九六三年五月に病気で死去した[10]。
国民党だろうが、共産党だろうが、中国人と共生せざるをえなくなったモンゴル人はすべて、悲惨な運命をたどる実例のひとつである。

2　奮闘努力の果てに

マーニバダラ

共産党の赤いテロが草原を席巻しはじめたのは、一九四六年からだ。モンゴル人のエリートたちを「対日協力者」として逮捕し、大衆の前でその「罪」を列挙して処刑した。李守信の故郷でも、その家族は真っ先に財産が没収されたので、北平へ逃げるしかなかった[11]。モンゴル人であるにもかかわらず、冠されたレッテルは「漢奸」であって、「蒙奸」ではない。モンゴル人を「漢奸」と呼ぶのは、モンゴルは中国の一部であり、モンゴル人も漢人の下僕だと暗示しているのである。

共産党が進める赤色テロの犠牲者のひとりに、マーニバダラがいた。彼が日本統治時代に財団法人蒙民厚生会の理事を務め、何回か徳王や李守信などモンゴル自治邦側の要人とも会談し、将来の民族自決について対策を講じていたことは、前に述べた。李守信が重慶から北平に戻った一九四六年二月のある日に、マーニバダラが訪ねてきた。このとき、満洲国時代にモンゴル人が自治をしていた興安四省では新たにハーフンガを指導者とする「東モンゴル人民自治政府」が樹立され、内モンゴル人民革命党が運営する准国家が誕生していた。

内モンゴル人民革命党はコミンテルンとモンゴル人民共和国の政権与党、モンゴル人民革命党の援助で結成された政党である。日本統治時代は地下に潜伏していたが、一九四五年八月にはモンゴル人民共和国との統一合併を進めていた。前述の「ヤルタの密約」により、統一合併が阻止されると、独自の「東モンゴル人民自治政府」をワンギン・スメこと王爺廟に設置したのである。

東モンゴル人民自治政府は、ソ連とモンゴル人民共和国の政策を取り入れながら、中国共産党とも関係を結ぼうと模索していた。マーニバダラは共産党に強い不信を抱き、国民党側と接触すべきだと唱えていた。そのため、彼は代表団を連れて重慶に行こうとして、北平に入ったのである。

「私が来るときに、ソ連軍の司令官に反対されてしまった」

とマーニバダラは李守信にこぼす。マーニバダラの五人の随員のなかには共産党のスパイが二人いて、つねに彼の行動を監視していた。中国共産党はすでに東モンゴル人民自治政府に食いこみ、内部分裂を起こしていた。李守信は、共産党の蚕食に危機感を抱くマーニバダラに次のように返事した。[12]

独自の武装勢力がなければ、蔣介石も会ってくれない。蔣介石もモンゴルにたいしてはくわしい。東モンゴルは人口が多く、力が大きいのを彼も知っている。彼は大漢族主義者で、モンゴルを分けて統治し、消滅させようとしている。統一されたモンゴルの出現を蔣介石は望んでいないし、東モンゴル人民自治政府の誕生をも喜んでいない。

私たちはみな日本統治時代を経験しており、日本人の満蒙政策について熟知しているはずだ。蔣介石のやりかたは日本人と変わらない。

李守信の分析と時勢にたいする判断は、一流の政治家らしく、鋭い。共産党だろうと、国民党だろうと、統一された、自決を実現させたモンゴルの出現を中国人は望んでいない。中国人はみな、モンゴル人をみずからの奴隷にしようとしている。[13]

マーニバダラはけっきょく、重慶にも行けずに東モンゴルに帰ったが、九月二十一日に共産党に逮捕され、一時はモンゴル人民共和国内で監禁されたが、後日に謎の死を遂げている。中国共産党の赤色テロによって消されたモンゴル人のひとりである。

旧部下の再結集

独自の武装勢力がないと、誰からも相手にしてもらえない現実を軍人李守信はわかっている。彼は第十路軍の総司令であっても、モンゴル軍は西のフフホトに抑留され、傅作義軍に改編された以上は、別の軍を組織しなければならない。

長城以北の故郷熱河省におもむけば、二万五千人くらいの騎兵は集まるだろう、との感触を得た李守信は一九四六年四月、北平を発った。[14] 故郷ハラチンの北票に着くと、旧部下たちは集まってきた。東北に駐屯する国民党軍杜聿明《といつめい》に帰順していたモンゴル人貴族、チンバードルジが騎兵第七旅団を率いてきた。

また、劉継広と李樹声、それにモンゴル軍第五師団の師団長依恒額《イホンゴ》も八百人もの騎兵を連れて馳せ参じた。二ヵ月も経たないうちに部隊は一千七百人に達したので、国民党東北行営主任の熊《ゆう》式輝《しきき》より七月十八日に「人民自衛軍」と命名された。[15] これだけの部下たちがあいついで参集してくることは、李守信がいかに信頼され、期待されていたかのあらわれである。

まもなくナイマン旗の王ソノムドルジが一千三百人の騎兵を、フレー旗の王ロブサンリンチンも六百の騎兵をそれぞれ率いて李守信の下にやってきた。ナイマン旗の王は共産党がこの地域でモンゴル人を大量に殺戮するのに不満だった。[16] フレー旗の王はその弟が共産党の八路軍に殺害されていたので、中国人の赤色テロに堪えられなかったのである。李守信は遼寧省西部の阜新地域にモンゴル軍を駐屯させると、蔣介石から届いた「熱河省保安副司令」に任じる令状を受け取った。ちょうどこのとき、モンゴル軍総参謀長だった烏古廷も奉天から李守信のところに戻ってきた。烏古廷は李守信によって「熱河モンゴル各旗聯合防共司令」に任命された。

李守信、国民党に軟禁さる

一九四六年冬のある日。李守信は五千人に発展した騎馬軍を率いて、開魯城に入った。かつて官馬隊時代と日本軍に帰順したときに拠点としたところで、縁の深い地である。彼はここで再起を誓い、山河を立て直そうとした。国民党東北行営は彼の軍に「熱河遼寧辺区人民自衛軍」との称号を与えていた。

写真9–1　烏古廷とモンゴルの王たち。前列向かって左からソン王、バドマラブタン、烏古廷（*The Last Mongol Prince*）

写真9–2　ハーフンガとその家族

李守信は軍の参謀長に忠実な部下、劉継広を任命した。奇遇であるが、ここでなんと、一九三三年三月五日に旅団長のポストをあっさりと若き李守信に渡して日本統治下の奉天で優雅に暮らしていた崔興武《さいこうぶ》も合流してきた。李守信は旧上官を尊敬して顧問としたが、開魯付近で戦死した。崔興武は自身を撃った「解放軍」の兵士を睨みつけ、「若僧よ、よくやった」との言葉を残して馬賊らしく死んだ。[17] 李守信は北平にある自宅から金を送ってもらい、上官をていねいに埋葬した。

開魯は土壁に囲まれた小さな城であるが、モンゴル人と中国人が雑居し、商業が発達した要衝である。開魯を占領すれば、北のモンゴル草原と満洲平野に入れるし、南へと中国に進入できる。そのため、共産党の「解放軍」も大軍を集めてこの目立たない城を攻めた。五千騎もの李守信軍はついに一九四七年二月二十六日に撤退した。「解放軍」側には東モンゴル人民自治政府の騎馬兵が加勢していた。モンゴル人は、国民党と共産党の双方に分かれて、血で血を洗う戦争の一翼を担っていたのである。

敗軍の将、李守信は死体を運ぶ葬式の行列にまぎれて開魯城を脱出した。途中、ある民家に入って、一晩のねぐらを請うた。夜、民家の主は李守信に煙草を勧め、官馬隊時代の兵士だったと告げる。翌朝、男は李守信を丁重にローハ河の対岸に送り届け、部下たちと合流させた。李守信がもし部下に威張る、抑圧的な上官だったら、彼は殺されていたかもしれない。彼はその人柄がよかったので、苦境から脱出できたのであろう。

開魯を失った李守信は三月五日に奉天に到着し、東北行営主任の熊式輝に会った。八月、陳誠が奉天に飛んできて東北行営の主任になると、モンゴル人からなる騎馬兵の規模縮小を命じた。

当時、国民党側でもモンゴル人を主体とする騎馬軍は三個軍団を形成していたが、蔣介石の嫡系軍人たちから疎外されていた。中国人ではなく、異民族のモンゴル人であることと、満洲国時代には「日本に協力」したことで、信用されていなかった。モンゴル人の武力のみ利用して共産党を鎮圧したいというのが本音だった。

李守信は五千人もの騎馬軍の指揮権を烏古廷に渡して、十月二十九日に北平へ飛んで帰った。病身を癒したい、と陳誠にそう伝えた。翌朝、北平の什錦花園にある自宅で目が覚めると、一個小隊の憲兵がやってきた。「李将軍の安全を確保するためだ」という。国民党側に軟禁されたのである。

3　共産党と戦った男たち

草原の呼応者

では、李守信に呼応し、八路軍の侵入と共産党の赤色テロを阻止しようとしていたのはどういう男たちであろうか。

蔣介石総統が李守信を第十路軍総司令に任命したのは、共産党とモンゴル人民共和国、それにソ連との連絡網を断ち切るためである。李守信はまず東モンゴル人民自治政府の自治軍の各連隊に注目した。東モンゴル人民自治政府は、共産主義のソ連とモンゴル人民共和国にあこがれる政権だ。自治軍は五個の師団からなり、地域ごとに連隊を形成していたが、そのなかには中国共産党の暴力的な土地改革政策に反感をもつモンゴル人が大勢いた。

まず、七月十七日に、自治軍第二師団第十四連隊を形成していたフレー旗のモンゴル人三百人がウルジーバトに率いられて、旗の王ロブサンリンチンの支持を得て李守信に合流し、熱河辺区騎兵第五連隊に改編された。フレー旗と隣接するナイマン旗のモンゴル人は第二師団の第十五連隊を成していたが、ソノムドルジ王と旗の保安副司令のロブデンの指導で九月二十二日に蜂起した[18]。この二つの旗のモンゴル人たちが中国共産党にたいして立ち上がったときに、どちらも貴族の王にリードされていたのが特徴的である。中国共産党は報復措置として、フレー旗の王を捕まえて公開処刑したが、事態はいっそう悪化した。

ロブデンの一生

私は、内モンゴル自治区公安庁に保管されている公文書（檔案）を検討してみた。いま、手元に「ナイマン旗人民法院刑事訴訟巻宗」（一九六二年度刑事第一一号、案巻一一六号）という公文書がある。これは、ナイマン旗の王ソノムドルジの部下だったロブデン保安副司令にかんする資料集である。これらによると、ロブデンは一九六一年二月にアラシャン右旗ヤブライ人民公社第一生産大隊で暮らしていたときに逮捕されたという。

ロブデンは一九〇三年に生まれ、十八歳のときから王の秘書を務めていた。日本が満洲国を創設すると、彼は警察に入り、駐在所所長と警察署長、警備大隊長などを歴任した。警備大隊長時代は「日本の侵略者たちに協力し、抗日武装勢力の周栄久《しゅうえいきゅう》の部下十三人を殺害した」。日本が撤退し、共産党がナイマン旗に侵入しようとしていた一九四五年十一月、ロブデンはソノムドルジ王の指示で「治安維持軍」を組織し、八路軍の兵士を八人、殺した。李守信が開魯を占領し、ロブデンに帰順を呼びかけると、彼は東モンゴル人民自治軍第十五連隊を連れて「反乱」し、バイシント（八仙筒）などの地で解放軍兵士を三人殺害し、「搾取階級の利益を守ろうとした」。彼にしたがう「反革命分子」は二千人いた。

李守信の拠点開魯が陥落すると、ロブデンは「反革命反乱軍を率いて瀋陽と錦州、それに朝陽、張北などで猖獗《しょうけつ》し、祖国に危害を与えつづけた」。一九四八年十月、ロブデンはさらに徳王の故郷スニト右旗に入り、「スフバートル匪賊」と「結託」し、その糾察隊長を務めた。「蒙奸徳王と李守信」が人民解放軍の圧力を受けて内モンゴル最西端のアラシャン沙漠におもむくと、ロブデンも軍を率いて西に進み、黄河以北のバヤンノールを経由して合流した。徳王がアラシャンでモンゴル自治政府会議を開催した際には、ロブデンはナイマン旗の代表として参加し、「祖国を分裂させる謀略」に関わった。

アラシャンが共産党によって一九四九年秋に「解放」されると、ロブデンは捕虜となるが、釈放されてアラシャン右旗の財政食料局に勤めていた。一九五六年にその経歴が問題視されて公職から追放された後は、ロブデンは沙漠のなかでひっそりと暮らしていた。彼はムンフとチャリトブグという名の二人の養子とともに、人民公社の家畜を放牧していたが、個人の財産は駱駝二頭と羊三匹、山羊十二匹だった。モンゴル人の所有していた家畜は一九五八年に人民公社が成立した際に公有化された。そのときのロブデンは駱駝十二頭、牛六頭、羊三十匹と山羊三十九匹を所有し、貧しい生活を営んでいたのである。

やがて中国全土で「反革命分子を精査する」キャンペーンが始まると、ナイマン旗人民政府ははるばると西のアラシャン沙漠に行って、ロブデンを一九六一年二月に逮捕した。故郷に連れ戻されたロブデンは、一九六三年三月二十三日にナイマン旗人民法院から死刑判決を受けた。かくして、モンゴル人のロブデンには「合計四十九人もの中国共産党員を殺した罪」が冠されて、モンゴル人自身の故郷で、よそから侵略してきた中国人によって処刑されたのである。

死後、そのわずかな財産も政府に没収された。財産が中国人に奪われたので、二人の養子がどのように生計を立てたかは、不明である。ロブデンのいちばんの支持者であるナイマン王も、徳王と李守信に追随してアラシャン沙漠に入り、最後まで自決運動に参加したが、失敗した後は共産党に逮捕され、一九五二年に北京市郊外の西城監獄内で「病死」したとされている。

歳月が過ぎ、一九八七年八月十日、ナイマン旗平安地郷チャガンホーライ・アイルという集落に住むハダンチョローの家にナイマン旗人民法院からの手紙が届いた。ハダンチョローはロブデンが故郷に残した息子である。手紙には、「ロブデンの反革命罪は成立しない。国民党軍から共産党に帰順し、義挙を起こした人物と見なす」との文言が書いてあった。共産党が取った「名誉回復」政策である。モンゴル人を殺してからまた「名誉を回復」するのが、中国政府の常套手段である。

「斧の如き英雄」

もうひとりの有力な呼応者は、ホルチン左翼中旗のスフバートルである。この旗はまた「ダル

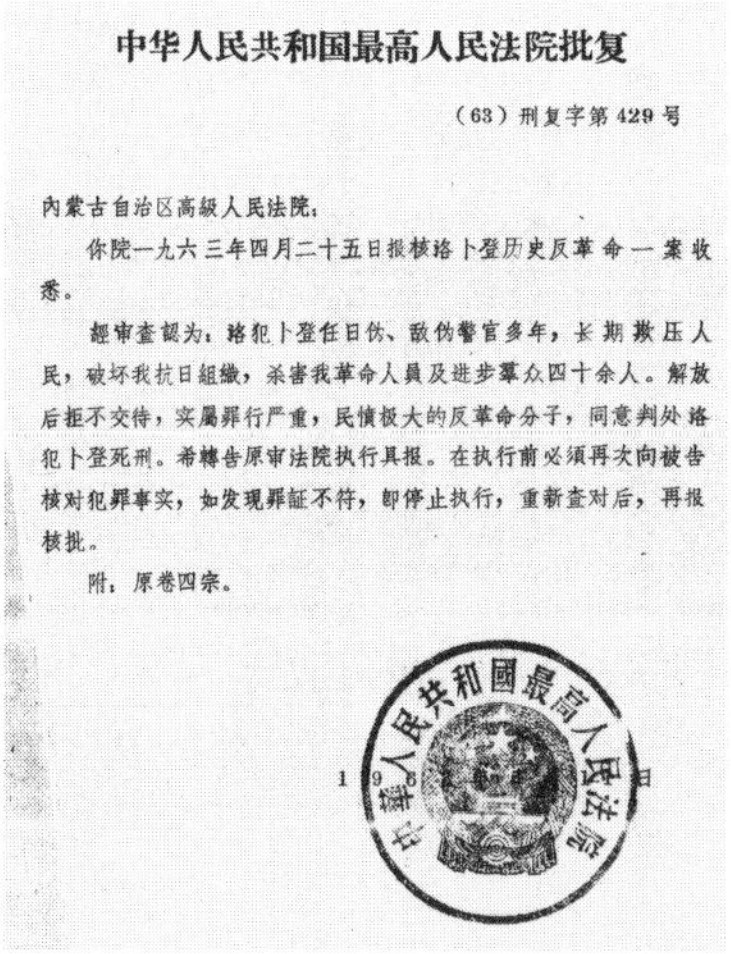

中华人民共和国最高人民法院批复

（63）刑复字第429号

內蒙古自治区高級人民法院：

你院一九六三年四月二十五日报核洛卜登历史反革命一案收悉。

經审查認为：洛犯卜登任日伪、敌伪警官多年，长期欺压人民，破坏我抗日組織，杀害我革命人員及进步羣众四十余人。解放后拒不交待，实属罪行严重，民憤极大的反革命分子，同意判处洛犯卜登死刑。希轉告原审法院执行具报。在执行前必須再次向被告核对犯罪事实，如发現罪証不符，即停止执行，重新查对后，再报核批。

附：原卷四宗。

中華人民共和國最高人民法院

写真9-3　ロブデンの死刑判決を認めた中華人民共和国最高人民法院の許可証

写真9-4　ダルハン王府

ハン王旗」とも称され、清朝末期から中国人の侵略を受けつづけ、無数の民族主義者が誕生し、どこよりも自決精神の旺盛な地である。本書の前半に登場し、李守信に鎮圧されたガーダー・メイリンもこの旗が生んだ英雄のひとりである。内《みなみ》モンゴルでは今日においても、「ダルハン王旗」といえば、「英傑の地」との響きを以てモンゴル人たちをわくわくさせるほどである。

内モンゴル自治区とジェリム盟の公安庁の公文書によると、スフバートルはダルハン旗の王の甥で、チンギス・ハンの直系子孫にあたる貴族である。[19] スフは「斧」、「バートル」は「英雄」で、彼は名実ともにモンゴル人の「斧の如き英雄」だった。

中国共産党がモンゴル人の興安地域に侵略してくると、親共産党的な青年たちをそそのかして東モンゴル人民自治政府の自衛軍を掌握していった。具体的には政治委員を軍内に派遣して、中国からの独立志向の強い民族主義者たちに「対日協力者」のレッテルを貼って処刑したり、軍から追放したりした。共産党はこうした謀略活動を「三査運動」と称した。「出身階級と仕事ぶり、それに闘志を精査する」というキャンペーンである。[20]

ホルチン左翼中旗出身のスフバートルとその仲間たちは、東モンゴル人民自治政府自治軍第二師団第一大隊を成していた。「三査運動」中の一九四六年八月に第二大隊のナソンウルジー大隊長が共産党に処刑されたのを見たスフバートルは蜂起した。[21] 彼は部下たち六十七人を率いて共産党から派遣されてきた政治委員の李雲《りうん》を殺して草原に出ていった。スフバートルのまわりにはたちまちモンゴル人の武装勢力が集まってきて、一時は三百人を超す騎馬軍団となった。共産党は各地の兵力を糾合して掃討を進めたが、スフバートル軍は逆に李守信の援助を受けて国民政府軍騎兵第一旅団に発展していった。

モンゴル人は共産党に抵抗していたが、国共内戦の情勢は中国人の草原侵略に有利だった。一九四八年十一月上旬に東北満洲の大半が共産党の手中に落ちると、スフバートルは十一日に烏古廷の命令を受けて内モンゴル草原を西へと横断して宝貴廷の部隊と合流した。翌年の五月にはさらに西進し、ムナン山と黄河の間を縫うようにして進み、アラシャン沙漠のなかで旧主の徳王と李守信と再会した。[22] モンゴル軍は春に内モンゴル東部から発ち、アラシャンに着いたのは盛夏だった。途中、装備を補充する機会もなく、一路、中国共産党と戦ってきたので、兵士たちはみな冬の服装のままだった。戦馬から降りてきた冬季軍服姿の兵士たちを見て、灼熱の沙漠に立つ徳王は感涙を流した、と当事者が私に語ったことがある。

スフバートルは徳王と李守信の後を追うようにして、一九五〇年一月上旬にモンゴル人民共和国に亡命したが、翌年に中国に強制送還された。「彼は反乱を起こして三年の間、共産党軍と九回、大規模な戦闘を展開し、わが方の兵士二百人あまりを死傷させた罪」で中国人に処刑された。[23]

チンジョリクト

右に記してきたロブデンとスフバートルはみごとに李守信がリードする反共産党の民族闘争に参加し、敗れた後は千里の強行軍を決行してアラシャン沙漠で徳王の下に結集した人物である。一方、李守信から呼びかけられたものの、蜂起の計画が頓挫してしまった男がいる。チンジョリクト（和子章、一八九八～一九七九）である。

チンジョリクトはジョーウダ盟バーリン右旗の出身で、十三世紀にチンギス・ハンと対峙したことのあるヘレイト部の後裔である。ヘレイト部はキリスト教の一派、ネストリウス派の信者だった。文化的素養に富む部族だったためか、チンギス・ハンの一族はヘレイト部から嫁を迎えることが多かった。近世に入り、バーリン右旗のヘレイト部のモンゴル人たちは頭文字「ヘ」に同音の「和」という漢字を当てて、漢姓とした。チンジョリクトの中国風姓名は和子章《ヘズジャン》である。[24]

　チンジョリクトは庶民だったが、幼少期からモンゴル語と満洲語を学び、聡明だったことから、バーリン左旗政府の役人で、ある貴族の婿に迎えられた。バーリン右旗にも中国人が侵略してきて草原を開墾しだすと、若き彼は先頭に立って反対運動をくりひろげた。一九二五年十二月、成立してまだ二ヵ月しか経っていない内モンゴル人民革命党の指導者ムールンガ（楽景濤）がモンゴル軍を連れてバーリン右旗に進駐すると、チンジョリクトも党の活動に参加し、中国人入植者たちを追放した。

　前に述べたように、李守信が関東軍に帰順し、軍を率いてバーリン草原の林西城に進駐したのは一九三三年三月五日だった。当時チンジョリクトはバーリン左旗のメイリン・ジャンギ（梅林章京）というポストにいた。清朝時代から続くメイリン・ジャンギは旗の軍隊を統率し、王の印璽を保管する役人である。彼はこのときから李守信と知りあい、日本側によってバーリン左旗総務科長に任命された。

　愛新覚羅溥儀が満洲帝国の皇帝に即位する一九三四年三月一日、式典に参列していたバーリン左旗王の銀製印璽が日本側に没収される事件が起こった。チンジョリクトは大胆にも抗議したために、「反満抗日分子」として逮捕された。

　満洲国は不自由だと思ったチンジョリクトは徳王政権に身を投じ、一九三七年四月に李守信の下でモンゴル軍総部の上校参議に任じられた。彼はその時期から日本語を学び、日本について研究するようになった。チンジョリクトにはまたアミンブへという弟がいて、ワンギン・スメ（王爺廟）にあった興安軍官学校の教導団の教員を担当しながら、ソ連とモンゴル人民共和国の諜報員をも兼ねていた。弟のアミンブへが兄に社会主義思想を伝えていた。

因縁の地、バーリン草原

日本が敗退した一九四五年八月に、チンジョリクトは弟のアミンブへとともに私財を投じて独自のモンゴル軍を創設した。故郷のバーリン左右両旗とジョーウダ盟各地のモンゴル人青年からなる軍隊である。一九四六年二月に、チンジョリクトの軍は東モンゴル人民自治政府自衛軍の騎兵第四師団を成した。建軍当初の兵力は三千三百八十六人だった。[25]第四師団は以下のような六個の連隊からなる。

バーリン左旗のモンゴル人………第三十二連隊と第三十三連隊
バーリン右旗のモンゴル人………第三十四連隊
アルホルチン旗のモンゴル人……第三十五連隊
ヘシクテン旗のモンゴル人………第三十六連隊
ジャルート旗のモンゴル人………第三十七連隊

五個の騎兵師団からなる東モンゴル人民自治政府の軍隊のなかで、もっとも強硬に共産党の侵略に抵抗したのが、チンジョリクトの第四師団である。[26] 共産党の歴史観では、「蒙奸李守信の勧誘により、騎兵第四師団は大きく動揺し、瓦解した」という。[27]

バーリン草原は内モンゴルのなかでも屈指の豊かな放牧地であるがゆえに、真っ先に中国人の侵入を受けた。モンゴル人の抵抗も激しく、かのババージャブもこの地を占領しようとして、戦死した。いわば、モンゴル人と中国人が衝突してきた、因縁の地である。当然、ここのモンゴル人も、中国共産党に父祖の地を簡単には渡そうとしなかった。中国共産党も謀略に謀略を重ねて、有力な将校たちを殺害する方法でチンジョリクトとアミンブへ兄弟の手からモンゴル軍の指揮権を剝奪したが、今日においても、騎兵第四師団の歴史は隠蔽されつづけている。

李守信は一九四六年七月に北票から旧知のチンジョリクトに親書を送り、武器弾薬を提供する用意があると表明した。不運にもその書簡は共産党の手中に落ちた。当時、モンゴルの有力者たちはあいついで李守信に帰順しようとしていたので、「チンジョリクトも動揺している」と見た共産党は手紙を隠して時期を待った。返事がないためか、李守信は翌月にも男女二人からなる使いを派遣したが、こちらも中国共産党に逮捕された。

蜂起を呼びかける密書と密使を突きつけられたチンジョリクトは共産党から「態度を表明せよ」と迫られた。十一月二十日、バーリン草原の林東という地で大規模な群衆大会が開かれ、任《じん》常徳《じょうとく》と馬《ば》青山《せいざん》ら三人が「国民党のスパイ」として公開処刑された。死刑宣告をしなければならなかったのもチンジョリクトで、三人の「スパイ」は李守信と烏古廷からの「モンゴル民族の大義のために戦おう」と書かれた手紙を所持していた。[28] 大勢の人びとを集めて、その目の前で人間を殺して恐怖現象を創出するのは、中国共産党がもっとも得意とする戦術である。

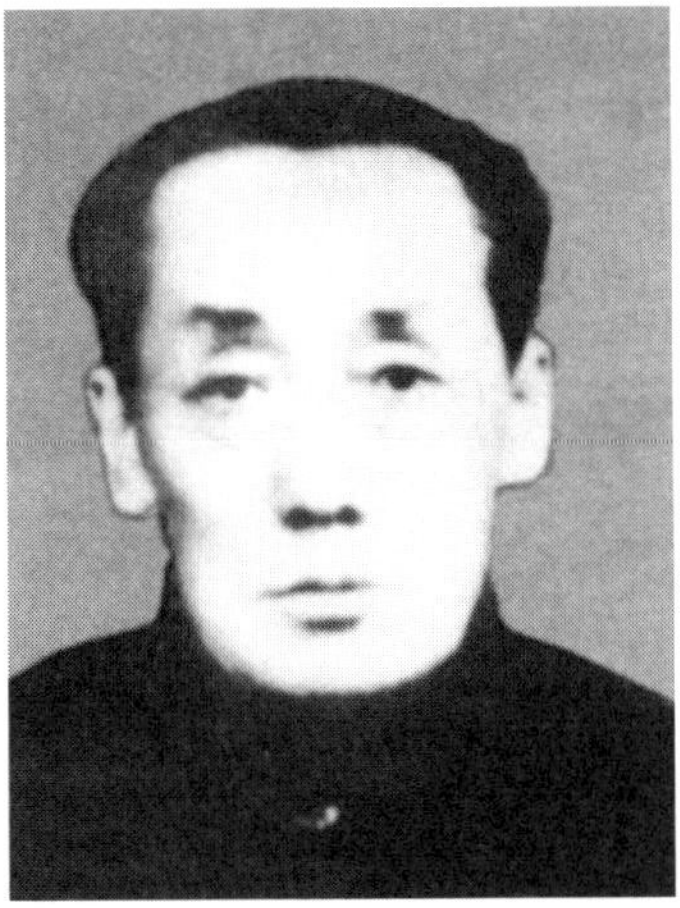

写真9-5　チンジョリクト

写真9-6　バーリン草原

エルデンゲとその兄タルバ

騎兵第四師団の師団長チンジョリクトは共産党に監視されて動けなくなったが、その部下で、アルホルチン旗のモンゴル人からなる第三十五連隊はエルデンゲ連隊長とその兄のタルバに率いられて、一九四六年十月に李守信軍に合流した。この時点で、騎兵第四師団から李守信軍に走った者は千人以上に達した。[29] エルデンゲとその兄のタルバは、騎兵第四師団が中国人によって骨抜きにされている事実に我慢できなかった。

一九四六年十月二十八日に騎兵第四師団はその名称を「蒙漢聯軍」に変えられた。聯軍成立の式典の席上で、中国人の熱河北部地方組織部長肖佐漢《しょうさかん》がチンジョリクトの肩に手を載せて、「俺たちはもう友だちだ」と軽口を叩いた。

「俺は蒙匪《モンピー》（馬賊）だろう」とチンジョリクトは皮肉をいう。モンゴル人は親しくない人、とくに中国人に頭や肩を触られると、無性に腹が立つ。自分の名前すら書けない中国共産党の幹部たちはモンゴル語や日本語、それに満洲語など複数の言葉を操るモンゴル人を「立ち遅れた民族」と見なし、モンゴル語を「畜生の言葉」と呼んで侮辱していた。[30] また、モンゴル人の軍隊を「蒙匪」と位置づけて思想改造を進めていた。共産党は「国民党と蔣介石に大漢族主義的思想がある」と批判していたが、自身がモンゴル人を侮辱していた事実には気づかなかった。

モンゴル人の草原を破壊して沙漠に変えてしまう中国人の侵略行為を阻止しようとして組織されたモンゴル人の軍隊が、「蒙漢聯軍」に改編されるという共産党の侮辱的な政策をエルデンゲは受け入れられなかった。エルデンゲはまたホルチン左翼中旗のスフバートル、ナイマン旗の王ソノムドルジと保安副司令のロブデンらとも親交があり、彼らが蜂起した事実を知っていた。兄のタルバは口癖のように弟に語っていた。[31]

ここアルホルチンは私たちモンゴル人の故郷だ。私たちの祖先もここの草原に眠っている。かつて奉天軍が来たときも、私たちは逃げなかったし、山東省からの中国軍があらわれても、退かなかった。どうして今、共産党の八路軍に父祖の地を取られて、不名誉な生きかたをしなければならないのだろう。

私も以前に何回か、アルホルチン草原を歩いたことがある。内《みなみ》モンゴルのなかではもっとも美しく、豊かな地である。今日、赤峰市と改名された旧ジョーウダ盟の大半の草原は中国人植民者に占領されて農耕地に変わってしまったが、アルホルチン北部だけはまだ遊牧文明を残している。この遊牧文明の地からエルデンゲとタルバ兄弟が、チンギス・ハンの直系子孫として生まれたのである。

粛清されたモンゴル人は「あの世で喜ぶ」

「共産党から奪われた父祖の地を取り戻そう」

と一九四六年十二月一日にエルデンゲとタルバ兄弟は第三十五連隊を率いて立ち上がった。彼らは共産党の幹部を処刑し、七日に李守信将軍が駐屯する開魯城に入った。

一九四七年二月二十六日に開魯城が陥落すると、エルデンゲは共産党軍に逮捕され、翌年の冬に殺害された。兄のタルバは僧侶の身分で、日本統治時代は興安軍司令官のバドマラブタン中将や興安軍官学校の校長ガンジョールジャブ少将と親交があった。満洲国のモンゴル人軍人たちが政治について相談するときの策士だったのである。

彼は、徳王と李守信が一九四九年秋にアラシャン沙漠で自決運動をおこなった際にはアルホルチンの代表として参加していた。中華人民共和国の成立後はバヤンノール盟の五原県に暮らしていたが、文化大革命が勃発すると、故郷のアルホルチンに連行され、一九六八年十一月十七日に暴力を受けて死去した。[32]

中国共産党の凄まじい赤色テロに抵抗する李守信の思想と活動に共鳴しながらも行動をともにすることができなかったチンジョリクトは、一九四七年二月から彼自身が創建した騎兵第四師団から追放された。一九四九年十二月になると、部下たちの「反乱」を止められなかった責任を問われて逮捕された。一九五七年三月に一度は釈放されるが、文化大革命期になると、ふたたび中国人からの暴力を受けた。今日、中国の公的な記録でも、「チンジョリクトは騎兵第四師団の反乱問題で心身ともに迫害されて、一九七九年四月二十一日にフフホト市内で病死した」という。

一九八八年五月十六日、内モンゴル自治区政府はまた「過去の誤った政策を是正し、チンジョリクト同志の名誉を回復する」との決定を出し、「名誉回復されたチンジョリクト同志はきっと、あの世で喜んでいるだろう」としている。[33]

このように、中国共産党は余裕をもってモンゴル人のエリートたちを粛清し、玩んできたのである。

第十章　世界を相手に

内《みなみ》モンゴルという地は歴史上、一度も中国人の領土とならなかった。第二次世界大戦後、徳王と李守信はアメリカやソ連を相手に、国際関係のなかで民族自決運動を最後まで進めた。

毛（沢東）は馬鹿ではない。かれとその一党はけっして自分たちを農民政党の指導者とは考えなかった。

（ウィットフォーゲル『東洋的専制主義』論争社、一九六一年、五三六頁）

1　内モンゴル問題の再国際化

モンゴル問題は世界革命の一部

李守信将軍が部下たちを集め、各方面からの有志らとともに草原で共産党の侵略と赤色テロに抵抗していたころ、徳王は北平で「蟄居」しながらも、身辺のモンゴル人知識人たちを通してアメリカ側と接触していた。軍人は草原で戦い、知識人は都市部で民族自決の実態と意志を世界に伝えよう、とモンゴル人は民族全体で一丸となって奮闘していたのである。

内《みなみ》モンゴル人の闘争は中国の国内問題ではなく、北モンゴルと一体化した、民族全体の自決問題である。モンゴル人は十九世紀末から「民族の開祖チンギス・ハン」と「遊牧文明」という二つの歴史的遺産を共有する立場から、全民族の統合をめざす運動を開始した。

民族自決の背景には清朝とその継承国家である中国や、ロシアからの抑圧と搾取があった。[1] 中国からの完全独立を実現させるという脈絡のなかでのみ中国人とかかわるだけであって、モンゴル人は中国人の隷属民ではないし、モンゴリアもけっして中国の領土ではない。したがって、モンゴル人の闘争は二十世紀に入ってから世界各地で勃発した民族自決運動の一環だ、と徳王と李守信もそう認識していた。世界革命の一部であるからこそ、モンゴル人も最初は日本との連携を構築したし、満洲国の崩壊後にはさらにソ連やアメリカとも接触したのである。

徳王は一九三〇年代に自決運動を始めた当初から、内モンゴル問題は国際問題だと認識していた。一九三七年に「支那事変」が勃発した後も、彼のブレインは「もし日本側との合作がうまく行かなかったら、世界各国を周遊し、内モンゴル問題を国際舞台に出して、国際社会に解決してもらおう」と提案していた。[2] モンゴル自治邦時代の国際関係は日本だけを窓口にしていたために、アメリカなどに知られることもなかったが、日本が撤退した後に状況は変わった。

アメリカの動き

アメリカ側がモンゴル人の自決運動を探ろうと動きだしたようすを内モンゴル自治区公安庁の公文書が伝えている。一九四六年二月十八日、米国戦略情報局（The Office of Strategic Service＝O.S.S）は駐中国米軍代表団員のフランク・ベサック（Frank B. Bassac, 中国名は白智仁）ら三人を北平から共産党が占領した張家口と張北、それにドローン・ノールに派遣して、内モンゴル独立問題について調査した。一行はシリーンゴル盟のベースン・スメ寺（貝子廟）までおもむき、共産党とモンゴル人民共和国との行き来について調べた。

共産党側は晋察冀軍区司令の聶栄臻《じょうえいしん》と、モスクワで学んだモンゴル人の雲澤《うんたく》（のちのウラーンフー）らがアメリカ人と会談した。中国共産党に言わせると、「ベサックは内モンゴルで四年間にわたって情報収集をし、蒙奸の徳王と結託し、アメリカ帝国主義の支持の下でモンゴル独立を画策した人物である。彼は徳王がアラシャン地域の定遠営で樹立した自治政府にもかかわった」という。[3]

アメリカはさらに多くのモンゴル人と残留日本人を諜報関係者として採用した。一九四六年六月、アメリカ海軍の対外調査組（External Survey Detachment）は長春と北平、それに瀋陽で活動機関を設置し、モンゴル語が堪能な麻生達男《あそうたつお》（モンゴル名はメイダルジャブ）と加藤正平《かとうしょうへい》、トクトとバヤンサンなどを通して、東モンゴル人民自治政府と共産党の動向を探らせた。トクトは李守信と徳王の部下で、この時期に米国駐長春機関の責任者のリチャードソン（W. H. Richardson, 中国名は李嘉勝）やベサックらとともに活動していた。リチャードソンの下には、日本に留学したことのあるモンゴル人青年、ナイラルトもいた。

徳王は一九四六年十一月に、北平でトクトが連れてきたリチャードソンと面会し、まもなくベサックとも会談した。アメリカ大使館の武官デービッド・バレット(David Barret, 中国名は包瑞徳)もしだいにモンゴル問題に関与するようになり、徳王も「アメリカは昔の日本よりも強い国家である」と認識していた。中国共産党が内モンゴルで進める赤色テロに不満を抱くモンゴルの貴族や青年たちが陸続と北平に流れてきたので、スウェーデン人伝道団の息子、ジョージ・ソデルボム（George Söderbom, 中国名は生瑞恒）が国際組織を通して救済活動を進めていた。[4]

モンゴル青年同盟

翌年の一月一日に、セレンドンロプ（席振鐸）とジャチスチン、ダワーオセルとシュンノードントプ、それにジャホンジュ（紀貞甫）ら二百人のモンゴル人青年たちが南京に結集して「モンゴル青年同盟」を結成した。青年たちは、「世界の友人たちの支持を獲得して、国際社会の力でモンゴル問題を解決しよう」と訴えた。そのため、共産党は「彼らには強烈な親米思想があり、西洋の民主主義制度に準じてモンゴル民族の独立自治をめざした」と断罪する。ベサックらアメリカ人はこのようなモンゴル人青年たちと頻繁に意見交換をしていた。

ベサックとリチャードソンはまた烏古廷とジャラガラン（徳古来）の了解を得て、イエシルト（索和信）という人物を派遣して内モンゴル人民革命党の指導者であるハーフンガと接触した。イエシルトは、以前は満洲国興安軍の将校で、ハーフンガの旧知にあたる。

モンゴル青年同盟は一九四七年九月に中華民国を震撼させる挙に出た。ジャラガランとセレンドンロプ、それにジャチスチンらが共同で「モンゴル青年同盟建国大綱」を公開したからである。[5]

建国大綱が描くモンゴル人の領土は、西は青海省と新疆に達し、東は東北の黒龍江と吉林、それに遼寧にいたる。南は内モンゴルから始まり、心臓部にモンゴル高原を包含し、北はシベリアのブリヤート・モンゴルまでとする。国家はウランバートルを首都とし、アメリカ式の民主主義を導入し実施する。遼東湾に面した葫蘆島《ころとう》を海への出口に設定し、アメリカとの貿易を進める、などである。

青年たちの夢を共産党も国民党も「パン・モンゴリズム」だと批判したが、じつは以前に日本もこのような壮大な建国のビジョンをモンゴル人に示して鼓舞していたし、モンゴル人民共和国の指導者チョイバルサン元帥も同様な見解を有していたことは、前に述べた。

漢人と共生したときの現実

国民党の憲兵隊に「守られていた」李守信の北平の自宅に、一九四八年初夏に一人のモンゴル人軍官が訪れた。宝貴廷である。

内モンゴルと満洲において、共産党の進撃にたいして国民政府軍は敗退を続けていたが、ただひとり、張家口と帰綏を拠点としていた傅作義軍が抵抗していた。この傅作義軍に宝貴廷のモンゴル軍が編入されていたが、彼は張家口で開かれた作戦会議の後に、北平にある家族を見舞う名目で徳王と李守信のところにやってきたのである。

徳王は経済的にも困窮に陥り、以前に住んでいた邸宅を売り払い、親衛隊長のフフバートル（韓鳳林）が生前に暮らしていた小さな家に移り、金娥子という若い女性と暮らしていた。日本の士官学校を出たフフバートルは親日派だと見られて、国民党中央憲兵隊に暗殺されたことはすでに述べた。徳王はとくにフフバートルを信任していたので、愛する部下の家に引っ越して、民族自決の活動を準備していたのである。

宝貴廷は徳王に千五百万元を援助した。これは当時、黄金三十両に当たる大金である。[6] かつて、ドローン・ノールで李守信にしたがっていたときに、第二軍長から第四師団長に降格させられた人事措置に不満を抱き、徳王を暗殺しようと憤怒した若き将校とは別人に成長していた。

宝貴廷が李守信と徳王を訪問したのは、傅作義の民族差別にたいする胸中の義憤が爆発寸前に達していたからだ。傅作義はもともと「モンゴル人は人間ではなく、家畜だ」と公言して憚らない大漢族主義者で、宝貴廷をはじめとする李守信のモンゴル軍をみずからの指揮下に編入してからも、武器弾薬の補給と昇進の面で差別的な政策を取った。モンゴル軍はあいかわらずフフホト市周辺に展開していたが、指揮官の宝貴廷に与えられた称号は「察哈爾《チャハル》・錫林郭勒《シリーンゴル》・烏蘭察布《ウラーンチャブ》聯防司令」である。

傅作義は宝貴廷が率いるモンゴル軍を単に対共産党作戦の武力として使っていたが、正式の軍隊とは見なさず、実際は共産党の銃口を借りてモンゴル人武装勢力を消耗させたいだけだった。かつて徳王主席と李守信司令官の下、最新の日本式武器で武装し、怒濤のような勢いで各地を転戦した男たち。彼らは独立国家モンゴル自治邦の国軍から傅作義軍の傍系へと転落し、憤懣は最高潮に達していた。「差別的な大漢族主義者たちと共生できない」、と認識した宝貴廷は、こうした心情を共有するモンゴル人を代表して、旧主の徳王と李守信に会いにきたのである。[7]

日本撤退後の再結集

一九四八年四月二十日に国民党は要衝の察《チャハル》北とドローン・ノールを失うと、大軍を帰綏と張北、それに張家口に結集させた。傅作義は北平に司令部を設置し、「共産党を掃討する華北司令官」に昇進した。

宝貴廷は配下のモンゴル騎兵を率いて張北の前線に立ったが、彼の周辺にはしだいに各地のモンゴル人武装勢力が集まってきた。

まず、シリーンゴル盟ウジムチン右旗の協理タイジのホトリンガは王とともに草原に侵略してきた人民解放軍を撃退し、三百騎を連れてやってきた。[8]

ブリヤート・モンゴル人のエリンチンドルジもまた八百騎をともなって合流してきた。ブリヤート・モンゴル人はシベリアを故郷にしていたが、ソ連が成立すると南下して満洲国に避難した。そのリーダーのエリンチンドルジはロシア革命前にはペトログラードに学んでいたが、故郷のシベリアでもソヴィエト革命の暴力が発生すると、抵抗しながら内モンゴルに安住の地を求めてきた。日本は彼らに遊牧の地を与え、エリンチンドルジの息子は一九三九年十一月に日本に留学した。[9]

日本が内モンゴルと満洲から撤退すると、ブリヤート・モンゴル人は国民党に接近しながら、共産党の侵入に抵抗していた。ソ連共産党だろうと、中国共産党だろうと、そのイデオロギーの非人間性について、ブリヤート・モンゴル人は誰よりも知っていたのである。

このエリンチンドルジの騎馬軍は日本統治時代にアバガ旗特務機関の謀略部隊となったことがあり、モンゴル人民共和国側に入って攪乱と諜報活動をおこなっていた。ある情報によると、エリンチンドルジの娘婿は日本軍の加藤大尉で、ノモンハン戦争で一時行方不明になった責任が問われて軍から離れて駐アバガ旗特務機関に入ったという。モンゴル人となった加藤大尉はナランドルジとのモンゴル名を名乗り、ブリヤート・モンゴル人と運命をともにしたそうである。[10]

各地からモンゴル人武装勢力が結集している、という最新の情勢を宝貴廷は一九四八年七月に北平にいる徳王と李守信に報告した。傅作義が招集した作戦会議を利用して、旧主に会いに行ったときのことである。

「北平に来てから、一度も徳王さんに会えていない。食事に誘いたかったが、忙しくて実現していない」

と、傅作義も宝貴廷部隊の軍心が国民党と離れている事実を知っている。

夜、宝貴廷と徳王は北平市内の北新橋にある焼き肉店で食事をした。傅作義の民族差別には耐えられない、と宝貴廷が話すと、「モンゴル自治はこれから実現する。しばらく忍耐するよう」と徳王に激励された。食後に、宝貴廷は李守信邸を訪れた。三人がいっしょに集まることはできなかった。傅作義に監視されていたからである。

宝貴廷が張家口に戻った後、一九四八年の晩秋には東モンゴルからホルチン左翼中旗出身の「斧の如き英雄」、スフバートルが新編第一旅団を連れてやってきた。先に述べたナイマン旗のロブデンも馳せ参じた。日本軍が撤退した後に、モンゴル自治邦の東と西でそれぞれ国民政府軍に一時的に編入されていたモンゴル軍がふたたび張家口に結集したのは、これが初めてである。国民党側の敗退もあきらかになった今、モンゴル人の民族自決の最大の敵は中国共産党に変わったのである。

2 最後の戦い

アラシャンへ

一九四八年十月二十九日の北平空港。

李守信は家族十二人と副官の安慕清《あんぼせい》一家三人を連れて上海行きの飛行機に乗りこんだ。この日は奇しくも、彼が国民党東北行営の瀋陽から失意のうちに戻った一周年にあたるが、情勢は悪化の一途をたどった。北平が共産党に占領されるのはもはや時間の問題だとわかっていたので、烏古廷がチャーターした飛行機に同乗した。

翌年の一月一日、徳王も北平から南京に飛んでくると、李守信は家族を上海に残して、国民政府の首都に向かって、合流した。内モンゴル人民革命党の指導者であるバヤンタイ（白雲梯）はモンゴル同郷会の名義で歓迎会を催し、二百人が集まった。

「これからは内モンゴル最西端のアラシャンにおもむき、モンゴル自治運動を続ける」と、徳王が演説すると、バヤンタイらも賛同した。アメリカ海軍に属す対外調査組もまた徳王と彼の身辺の青年たちにアラシャン沙漠へ移動するよう指示した。[11] まもなく蔣介石も徳王と李守信と会い、「アラシャンの定遠営を中心に、モンゴル自治準備委員会を設置するよう」要請し、金銭的な援助を与えると約束した。蔣介石は一九四九年一月二十一日に下野し、中華民国は副総統の李宗仁《りそうじん》の統率下に入った。[12]

徳王は李宗仁とアメリカの駐中国大使ジョン・レイトン・スチュアート（John Leighton Stuart）と面会してから、アラシャンへと飛んだ。国民党が全国的に敗退しても、モンゴル人は引き続き中国共産党と交渉しながら、自決権を得ようと決心していたのである。当時、内モンゴルの中央部と東部は共産党の赤色テロの支配下にあり、アラシャン沙漠が最後の希望の地となっていたのである。

台北に安住しなかった理由

一九四九年六月二十八日、台北市内の小さな家で家族とともに暮らしていた李守信のところに、ジャラガランがやってきた。徳王が広州で待っており、モンゴル自治運動に加わるよう、とジャラガランは来意を伝えた。使者だけでなく、電報も徳王から届いた。徳王はすでに烏古廷とジョーナスト（趙福海）らの青年たちとともにアラシャンの定遠営でモンゴル自治準備委員会を設置したし、各界各地からの有力者たちに参加を呼びかけていた。まもなく、李守信と呉鶴齢、それに烏古廷の弟アミンブヘ（烏臻瑞）らは台北を発ち、南国広州の鳳凰酒店というホテルで徳王と再会した。徳王は四十七歳、李守信はすでに五十七歳に達していた。

李守信はもう家族とともに安全な台湾に避難し、余生を送っていた。彼は日本の撤退後もモンゴル復興を実現しようとして内モンゴル東部と東北満洲で奮戦しつづけたが、共産党軍の勢いを止めることはできなかった。国民政府も李将軍の威信とモンゴル軍の戦闘力だけを利用したが、信頼はしなかった。そのため、彼の二度目の建軍は、けっして成功したとは言えない。

しかし、二度目のモンゴル入りに失敗したからと言って、李守信の台湾への渡航を非難する必要はない。なにしろ、台湾は国民党と中華民国そのものの避難先だったし、モンゴル独立運動に参加しながらも、共産主義と距離を置く人たちもみな、台湾行きを選ばざるをえなくなっていた。李守信もこうした情勢のなかで、家族とともに台北に移り住んだのである。しかし、それでも……である。

李守信は安住の地に固執しなかったので、ふたたび広州に上陸し、徳王と再会し、アラシャン沙漠をめざした。成功するか、それとも失敗するのか。徳王にも李守信にもわからなかっただろう。ただ、モンゴル人は中国人ではない。中国人同士の内戦で共産党が全国規模で政権を取る勢いを見せ、国民党の敗退が決定的となっても、モンゴル人の民族自決はまだ実現していない。当時の政治家と知識人は、このように考えたのではなかろうか。

モンゴル軍最後の長駆

一ヵ月後の七月二十八日に、徳王と李守信は広州から飛び立った。中国西部の重慶と蘭州を経由してイスラーム教徒の回民が暮らす寧夏の首府銀川《イルガイ》に着くと、宝貴廷がすでに二千人ものモンゴル軍を連れて、アラク・ウーラ（石嘴山）の麓に到着しているとの吉報に接した。[13] 李守信と徳王がアラシャンに向かったとの消息を、首都南京の高等警官学校で学んでいた宝貴廷の息子が父親に伝えていたのである。

フフホトこと帰綏市から銀川までの距離は約七百キロである。八月の上旬には、スフバートルに率いられたモンゴル騎兵もまた定遠営に到着した。彼らは満洲の錦州から出発し、熱河とチャハル草原、綏遠をとおって、じつに二千キロもの道をひたすら戦馬に乗って駆け抜けたのである。モンゴル軍は前年から続く戦闘に明け暮れ、冬の軍服を夏物に替える余裕すらなかった。[14] 民族の復興、独立自決という壮大な目標がなければ、とうていできない苦行である。

「こんどお会いしたときには、中央アジアのパミール高原で乾杯しよう」

と、モンゴル軍の総参謀長烏古廷はそのように日本人に何回も話していた。西進できたのは、モンゴル軍のみである。もっとも、それは、民族自決をめざした最後の行軍である。

黒い廃墟

年間降水量が一〇〇ミリ未満で、総面積二七万平方キロメートルに達するアラシャン沙漠は、一九四九年夏に内モンゴルの政治の中心地となった。徳王と李守信がなぜ、このアラシャン沙漠を再起の地として選んだのか。まず、ここに暮らすモンゴル人の歴史と文化を理解しなければならない。アラシャン沙漠の風土について描くときには、二つの存在に触れなければならない。ひとつは沙漠の西、エジナ旗に残るハラ・ホト（カラ・ホト）遺跡で、もうひとつは、ダンビー・ジャンサンという男である。この二つの存在を振り返ってみると、徳王と李守信をはじめとするモンゴル人の行動も理解できる。

ハラ・ホトはもともと、十一世紀から栄えた西夏《タングート》王国の都市だった。モンゴル帝国時代になると、帝都ホリムとチベット高原や西安などをつなぐ交通の要衝のひとつとなった。帝都ホリムは現在ハラ・ホリムの名でモンゴル国西部にあるが、そこから南へとゴビ草原には泉と尻なし河が点在する。水があれば、人間も家畜も生きていけるので、古来、遊牧世界から農耕世界へと通ずる駅站が設けられた。ハラ・ホトはそのような駅站と軍事拠点を兼ねたオアシス都市だった。

ハラ・ホト付近を一九二七年秋に、スウェーデンの探検家ヘンニング・ハズルンド・クリステンセンが旅した。彼は語学に堪能で、どこに行っても、すぐにモンゴル人と仲よくなれる天才だった。ある日、若きハズルンドはハラ・ホトにかんする「ハラ・バートル・ジャンジュン伝説」を聞いた。ハラ・バートル・ジャンジュンとは、「黒い英雄将軍」との意である。「ハラ」は黒で、モンゴル人は遺跡を「ハラ・ホト」すなわち「黒くなった都市《ホト》」と呼ぶ。[15]

昔、豊かなこの国は「黒い英雄将軍」に統率されていた。シナの皇帝はこの肥沃な土地を征服するために大軍を派遣してきたので、「黒い英雄将軍」は城内に退却した。シナ軍の包囲は長く続いたが、城内には豊富な食料があり、城壁外の河と連結していた深い井戸もあったので、住民が飢渇する心配もなかった。狡猾なシナ人は籠城軍の水源を見つけて魔法の石を河に投げ込んだ。すると、河は町から離れて西へと流れを変え、今日のエジナ河に変身した。

水を絶たれた「黒い英雄将軍」は市民とともに戦い、最後には徒歩で逃走する落武者となった。途中、彼は「黒い呪文《ハラ・ウゲ》」を唱えると、周囲の景色は一変し、あらゆる生物が死滅した。嵐が立ち、国土は沙の下に埋もれた。

「黒い英雄将軍」の寵愛を受けていた妃は宝物を井戸に捨てた。翌朝、シナ人たちは掠奪しようとして城内に入った。彼らが見出したのは泣き崩れていた、ひとりの少女だった。

この物語には複数のバージョンがあり、私の故郷オルドスに現存する西夏時代の廃墟もまたハラ・ホトと呼ばれているし、ほぼ同様な伝説がある。私がエジナ旗で調査していたとき、地元のモンゴル人は「黒い英雄将軍」の伝説はモンゴル帝国末期、元朝が滅んだころの話ではないか、と説明していた。京都にある総合地球環境学研究所の研究者らによると、ハラ・ホトの興亡はエジナ河の水流の変化と連動していたという。[16] アラシャン沙漠のオアシス都市は、モンゴル高原の遊牧民が、侵略してくる中国人を退治する最前線だった。オアシス都市は遊牧民が経営すると、栄える。逆に中国人に占領されると、廃墟になる。

怪僧ダンビー・ジャンサン

廃墟ハラ・ホトから西へと、東トルキスタンこと新疆方面へ進むと、こんどはゴビのなかに怪僧ダンビー・ジャンサンの黒い砦《ハラ・ホト》がある。モンゴル人はダンビー・ジャンサンをジャー・ラマと呼び、西洋の文献のなかではダンビン・ラマ、ダンビン・ヤンサンなどとして出てくる。博学のハズルンドはここでも地元のモンゴル人の目撃談とロシア側の資料を駆使して、ひとりの英雄の生涯について綴った。[17]

ダンビン・ヤンサンは亜細亜の広大な区域に幾度か出現し、その非凡な才能によって蒙古人に対して神秘的な力を獲得した偉大なる人物の一人であった。この恐ろしい好戦的喇嘛の伝説は無数にあり、今でもそれらの新しく改変されたものが絶えず現われているが、それらを総合すると古代の蛮行を草原上に再演した冒険家の面影が生々と現われてくる。

ダンビー・ジャンサンはいつも扮装して姿をあらわし、そのとき彼といっしょにいた者たちの故郷から遠く離れた場所を故郷と名乗った。実際はロシア帝国のヴォルガ河畔に遊牧するドゥルベト・モンゴルの出身で、青年時代に投獄された経験があった。[18]首尾よく脱走した彼は遥かなるチベットに逃れ、かの地で仏教哲学に専念してから、インドに遊学した。彼は、ロシア語をはじめ、チベット語とシナ語、それにサンスクリットまで堪能で、モンゴル独自の暦を編纂するほど天文学にも造詣があった。

モンゴル高原西部から東トルキスタンにかけて分布するオイラート・モンゴル（西モンゴル）は満洲人の清朝の統合に最後まで抵抗した歴史をもち、その領袖アムルサナーは一七五七年にロシアに避難中に天然痘の発病で不運の死を遂げた。[19]清朝による徹底的な虐殺を経験させられた西モンゴル社会には根強い「アムルサナー再来信仰」があった。ダンビー・ジャンサンは一九〇〇年ごろからアムルサナーの後裔や、あるいはその化身として西モンゴル草原に出現するようになる。「シナ人の圧政から苦難の多いモンゴル人を解放するために来た」、と彼は各地でそう称した。

シナ兵の生贄と不死の信仰

一九一一年から勃発したモンゴル人の独立闘争のなかで、ダンビー・ジャンサンは傑出した役割を果たした。西部の都市ホブドを解放するときに彼はモンゴル軍を指揮し、陥落後にはシナ兵を処刑し、その血を軍旗に捧げる古い儀式をおこなった。まもなく彼は功績によって新生国家から公爵を与えられ、活仏としても認められた。彼はロシア人にたいしても、コサック兵の胸を切り開いて、その心臓を儀礼に用いていたことがドイツ人旅行家によって目撃されていた。[20]

ソヴィエトの支援で社会主義国家に変わったモンゴル人民共和国政権は、彼を危険人物と見なし、一九二四年に討伐隊を送った。アラシャン沙漠西部の砦に蟠踞《ばんきょ》していたダンビー・ジャンサンのところに潜入した剛勇な三人の将校は奇策を講じてこの怪僧の首を刎ねた。新政権はダンビー・ジャンサンの首を槍の穂先に刺してモンゴル各地に見せてまわった。人びとにダンビー・ジャンサンは不死身ではなく、確実にあの世に逝った事実を見せつけるためだった。

ダンビー・ジャンサンの首はその後、ソ連に運ばれ、サンクトペテルブルクにある人類学博物館に保管されているとの説がある。[21] 一九九四年秋、西モンゴルで調査していたある日、地元の吟遊詩人が「あのジャー・ラマがまた戻ってきたらしい」と耳打ちしてきたときに、身震いするほど驚愕したのを鮮明に覚えている。私はその前にすでに新疆ウイグル自治区でも二年半にわたって旅していたが、現地のモンゴル人たちもまた「ジャー・ラマが復活した」と話していた。モンゴル人にたいする中国の抑圧がなくならないかぎり、不死の怪僧ジャー・ラマの伝説も消えない

写真10-1　ダンビー・ジャンサン
(*Ja Lamain Tolgoi*)

写真10-2　モンゴル高原西部を中国軍から解放した戦いの際のダンビー・ジャンサン（向かって右から二人目）と有力者たち（*Almanac History of Mongolia*, 2016）

のである。

ハラ・ホトという遺跡と、ダンビー・ジャンサンことジャー・ラマという人物はアラシャン沙漠の風土を語る上で、もっとも象徴的な存在である。この沙漠は単にモンゴル高原の遊牧民と中国人との争奪の地ではなく、政権の興亡を決める最終決戦の場でもあったと見ていい。

ここに拠った男たちは成功すれば英雄となるし、失敗すれば非業の最期を遂げる。並外れた力量がなければ、生きていけない過酷な自然環境のなかで、守るほうも、攻めるほうも、人生最後の決闘をくりひろげる。食料も水もない沙漠ゆえに、大軍は養えないので、短期決戦でなければならない。李守信と徳王も、歴史上の先人たちの足跡をたどって、この沙漠を選んだのではないだろうか。

3　恨みは深し、アラシャン沙漠

退路を絶たれた行軍

「将兵たちに告ぐ。西のアラシャン沙漠へ進軍し、徳王さまと李守信将軍が指導する自治運動に合流する。大漢族主義からの差別はもう受けない」

と一九四九年五月のある日に宝貴廷は騎馬の戦士たちにこのように演説した。フフホトを離れて、包頭に来たときのことだ。ここからさらに西にあるアラシャン沙漠をめざす、その進軍の意義をモンゴル軍の将兵はわかっていた。まさにみずから退路を絶った選択である。

「家族と再会したように」、寧夏東部のブルンノールという黄河のほとりで、李守信と烏古廷は久しぶりに宝貴廷のモンゴル軍と合流した。モンゴル軍は言葉で言い尽くせないほどの厳しい環境のなかで西へと疾駆してきたのである。国民政府軍は内モンゴル中央部ですべての支配地を失ったとはいえ、モンゴル軍の「離反」はけっして許されない。西へと向かう途中、共産党の解放軍とゲリラも虎視眈々と待ち伏せしていた。

宝貴廷は騎馬軍を率いて銀川城《イルガイ》をめざした。シャジントハイ（三盛公）とデンクイ（磴口）を過ぎると、銀川城内の市民が恐怖に包まれたので、進軍を停止してほしいとの要請が地元の馬敦《ばとん》静《せい》将軍から届いた。寧夏は十九世紀末から馬姓のイスラーム系軍閥の支配下にあり、中華民国時代は国民政府軍と称していたが、彼らもまだ共産党に投降していなかった。

銀川はかつての西夏王国の都が置かれていた地で、郊外に歴代国王の豪華な陵墓と仏塔が建ち並ぶ。寧夏はモンゴル軍に征服されたことのある地、との歴史を地元の民は知っている。元朝が滅んだ後も、モンゴル高原の遊牧民はたびたび、寧夏をとおって西安と蘭州を討った。[22] そのため、城内の市民には、一種のモンゴル軍恐怖症が昔からあった。

城主の馬敦静将軍はモンゴル軍に一個旅団分の夏用軍服を支給して、トリという地に駐屯させた。トリは黄河の南岸、私の故郷オルドスの西北部にある。部隊を落ち着かせてから、宝貴廷は随員たちとともに銀川城内に入った。「モンゴル自治政府」が八月十日に定遠営で正式に樹立された、と李守信は宝貴廷に伝えた。

知識人たちの動揺

徳王と各地から駆けつけたモンゴル人たちがアラシャン沙漠の定遠営で創設したモンゴル自治政府とは別に、一九四七年五月一日に東モンゴルのワンギン・スメこと王爺廟でもひとつの政権が産声を上げていた。

こちらは「内モンゴル自治政府」と称し、モスクワで学んだ雲澤（ウラーンフー）という男が共産党の支持を背景に、親共産党的なモンゴル人を糾合して創った。東モンゴル人民自治政府内の内モンゴル人民革命党員たちとその指揮下の騎兵師団が、雲澤を推戴して、ソ連型の自治政府を理想とした政権である。後日、中国共産党は彼らの夢を粉砕し、有名無実の区域自治を与えた上、その有力な指導者たちを粛清する。

「共産党がやって来たなら、民族も存在せず、自治も終わりである」

と徳王は認識していた。彼は一九三〇年代から続けてきた自決運動の理念を高度の自治にトーンダウンし、国防と外交を中国の中央政府に委ねてもいいと話していた。自治政府内の一部の知識人は、徳王のモンゴル自治政府と雲澤の内モンゴル自治政府の理念に大差がなく、合流可能だと理解していた[23]。モンゴル人は沙漠に落ちてきても、自決を放棄しなかった。

イスラーム系の軍人たちはモンゴル軍の力を借りて、人民解放軍にたいし、最後の抵抗を準備していた。蘭州を拠点とする国民党西北軍政長官の馬歩芳《ばほほう》将軍と馬敦静らは李守信を「陝西省寧夏辺区匪賊掃討司令」に任じたが、李守信はていねいに断った。九月十三日、帰綏の国民政府軍が共産党に帰順し、寧夏も包囲網に陥った。呉鶴齢と烏古廷をはじめ、秘書のジャチスチンらもあいついで飛行機に乗って、台湾をめざした。あきらかに、知識人たちの動揺が早い。

李守信は沙漠のなかに徳王を残して逃げようとしなかった。すでに述べたように、彼の家族は台北に安住の居を構えて、その帰りを待っていたはずにもかかわらず。

八枚の銀貨で

「定遠営へ進軍せよ」

と、一九四九年九月中旬のある日に、李守信は宝貴廷と並んでオルドスのトリ草原でモンゴル軍に発令した。自治政府には軍隊を養う経済力はなかったし、寧夏のイスラーム系軍団からの支給も止まっていた。李守信はここで、ポケットに残っていた最後の八枚の銀貨を使って、地元の農民から子豚を一匹買い取り、兵士たちに食べさせた。[24]

モンゴル人はムスリムではないが、豚肉をあまり食さない。食べるとしても、一個旅団の二千人の騎馬戦士たちには、足りない。李守信は、官馬隊の若きリーダーだった時代から金と戦利品を惜しまずに部下に分け与える性格だった。彼は、自分自身よりもつねに兵士たちのことを最優先してきた将軍である。掠奪をはたらかずに、子豚一匹で出発前の食事を用意した事実から、彼の人格が読み取れよう。

このとき、徳王は九月二十三日に定遠営を発って、二十数人の部下たちを連れてモンゴル人民共和国方面へと向かっていた。李守信と宝貴廷はモンゴル軍を率いて後を追い、バヤントホム廟に着いて、徳王と合流した。徳王はこのバヤントホム廟で主席行営を組織し、モンゴル軍総司令部の成立を宣言した。李守信を副司令に、宝貴廷を総参謀長に、日本の陸軍士官学校を出たドゥーレンサンを副参謀長に任じる、と発令した。モンゴル自治政府は中華民国と隷属関係にないことを示そうと、かつてモンゴル自治邦時代のチンギス・ハン紀元を用いて、モンゴル人民共和国と連絡を取りあった。[25]

一度はトーンダウンして「高度の自治」と標榜していた政策と理念をふたたび、自決精神に戻したのである。

自決の旗を高く掲げるモンゴル軍にたいする人民解放軍の包囲網はしだいに狭められ、部隊の補給路も完全に絶たれた。二千騎もの戦士たちの戦馬は餓死し、しかたなく駱駝に乗り換えた。

徳王、モンゴル人民共和国に帰順

モンゴル人たちに残された路は二つ。西進して青海省とチベットを経由してインドに脱出し、アメリカに亡命して活路を求める方向と、北上してモンゴル人民共和国に入る選択だった。

「平和なときにモンゴル人は私を殿さま《ノヤン》と見て尊敬してくれた。いまや時局が変わったが、人民を捨てて国外に行くことはできない」

と徳王は話していた。共産主義に強い疑念を抱いていた徳王でも、新生国家の首都ウランバートルにあこがれていた。[26] しだいに北上すべきとの意見が強まった結果、十二月二十九日に徳王はセレンドルジ（ナイマン旗の王の息子）とコンボらの側近を連れてモンゴル人民共和国に帰順することを決めた。どこの誰よりも、同胞の懐がいちばん安全だろうし、また頼るべき相手だと考えたからである。南北モンゴルの統一合併という崇高な目標のためにここまで闘争してきたモンゴル人たちが最後の苦境に立たされたときの、唯一の選択であった。

徳王自身はこのときの別れを以下のように振り返っている。[27]

私は感動の面持ちで見送りの人々と一々握手を交わし、すこぶる生死離別の感があった。出発にのぞんで、李守信は次のように言った。

「あなたは蒙古人民共和国へ行ってうまく連絡を取ってください。私も行くつもりです。ぶざまな目にあうくらいなら、蒙古地方で同じ目にあいます。けっして八路軍の手にかかったりしません」

徳王はどんな情景のなかで、北へと向かったのだろうか。これより十六年前、一九三三年十二月末にアラシャン沙漠に滞在していたスウェーデンの大探検家スウェン・ヘディンは当時のようすを描いている。[28]

空は青く、雲もない。生きものの姿も見えず、もの音ひとつきこえない。ここはゴビなのだ。砂漠なのだ。沈黙と死との棲家なのである。西北西の方向の地平線に、低い山なみが黒い真珠のくさりのように、大地とふれあっているふうもなく、蜃気楼めいて浮かんでいた。

……一二月三〇日の夜、気温は零下二八度にさがった。

徳王が十二月三十一日にモンゴル人民共和国に入った後、人民解放軍から投降を呼びかける使者が訪れた。李守信は使者をあるブリヤート・モンゴル人の天幕のなかでもてなし、徳王がいなければなにも確約できないと返事した。まもなく、内モンゴル自治政府主席のウラーンフー（雲澤）も近いうちに代表を派遣してくるとの情報が届くと、李守信は出迎えの準備をするよう部下たちに命じた。

逮捕、中国への引き渡し

二十数日後に徳王からの書簡が届いた。李守信と宝貴廷、それにスフバートルとドゥーレンサンら六人にモンゴル人民共和国に来るようとの内容だった。李守信は孫明海に軍の統率を、ジャラガランに政府運営をそれぞれ命じてから国境方面へと出発した。[29] 時は一九五〇年一月下旬になっていた。

「モンゴル人民共和国への旅は、徳王の人生のなかで、もっとも不幸な行程だった」とモンゴル学者で、みずからもアラシャン沙漠で成立した自治政府に深くかかわったジャチスチンは回想している。

モンゴル人民共和国に渡った徳王は一九五〇年二月二十七日に逮捕された。李守信と宝貴廷らもあいついで同胞の虜囚となった。秋の九月十八日、徳王らは目を隠された状態で飛行機に乗せられて、中華人民共和国に強制送還された。奇しくも、満洲事変勃発から十九周年にあたる節目の日だったのである。

「徳王は、日本統治時代に日本人の手先となり、ファシズムに協力した」

「日本軍が敗退した後は、ソ連とモンゴル人民共和国軍に投降せずに、反動的な国民党と結託し、反共産主義運動に加わった」

ウランバートルの政治家たちはこのように判断した結果、徳王と李守信を中国に引き渡した。[30]日本を敵視していたのはソ連だった。日本人が列島に帰った後に登場したアメリカも、ソ連の敵だった。ソ連からすれば、徳王と李守信はずっと敵対勢力と手を結んできた人物だったので、モンゴル人民共和国に留めておくわけにはいかなかったのである。

アラシャン沙漠に残されたモンゴル軍の一部は西へと進み、怪僧ダンビー・ジャンサンの砦付近で人民解放軍に殲滅された。捕まった将校たちは処刑されたり、モンゴル人民共和国に逃亡したりした。[31]

日本統治時代に、特務機関員としてアラシャン沙漠の最西端まで旅をした萩原正三《はぎわらしょうぞう》はその雄大な風景について、心をこめて素描している。[32]

そこには人類の自然に対する加工が少しもなく、むき出しの天然の美だけが集められていた。

李守信将軍に率いられてきたモンゴル騎馬軍が沙漠のなかに残した民族自決の足跡も、風に吹かれて、歴史の分厚い廃墟《ハラ・ホト》へと加わっていったのであろう。

おわりに

荒野の老虎

同胞たちよ、射撃が失敗しないように撃て

李守信と徳王が定遠営を発ってアラシャン沙漠の奥地へと向かっていた一九四九年九月三十日、モンゴル人民共和国の指導者チョイバルサン元帥はソ連の保養地クリミヤ半島のソチでスターリンと会談していた。翌日には中華人民共和国が誕生するのを控え、チョイバルサンは「南北モンゴルは同じモンゴル人で、同じ信仰を抱き、統一する意志を共有している」と表明し、統一国家の樹立をふたたびソ連に要請した。しかし、スターリンから前向きの返事を引き出すことはできなかった。[1]「チョイバルサン元帥に大モンゴル主義の思想があるのではないか」、とスターリンに見られていたからだろう。

チョイバルサン元帥には南北モンゴルを統一して純モンゴル人の国家を創ろうという確固たる意志があった。日本軍が撤退した後に、徳王の宮殿で「内モンゴル人民共和国臨時政府」が成立し、モンゴル人民共和国との統一合併を準備していたことについては、前に触れた。

徳王の三男オチルバトの回想によると、チョイバルサン元帥とシャグドルジャブ将軍らは一九

四五年九月十八日に臨時政府を訪れ、徳王夫人と長男ドゥガールスレン夫人らと面談した。

「元帥は私たち兄弟の頭を撫でながら、母とやさしそうに語りあった。子宝に恵まれているね、と元帥は話していた」

とオチルバトは鮮明に覚えていた。初冬の十一月になったときに、一家はトラックでスニト右旗からウランバートルに移り住んだ。長男ドゥガールスレンは「党《ナムン》の新生力量《シネ・フチューン》」という党学校に入って学ぶことになり、長男夫人と二男も師範学校に入学した。[2]

徳王と李守信が中国に強制送還された後の一九五〇年十月十二日に、ドゥガールスレンも逮捕された。彼は百三十回にわたって尋問され、日本のスパイとの嫌疑をかけられて、一九五二年一月五日に死刑判決を言い渡された。[3]このとき、ドゥガールスレンは三十五歳だった。彼の獄中日記は日本語でも公開されている。[4]

ドゥガールスレンと同じ日に逮捕され、同じ日に銃殺されたのが、徳王の秘書官チョクバダラホ（陳国藩）だった。

「同胞たちよ、射撃に失敗がないように」

とチョクバダラホは叫び、みずから胸を広げて撃たせた。[5]

李守信と徳王のような、中国からの独立とモンゴル人民共和国との統一合併を獲得しようとした指導者たちがその宿敵の中国に強制送還されたことと、多くの内モンゴル出身の青年たちが処刑されたり、日本兵捕虜たちと共に工事現場で働かされたりした事実は、内モンゴル出身のモンゴル人の心に大きな陰翳を残した。[6]「モンゴル人は中国人ではない」との堅い信念を持っていた徳王のもう一人の秘書、ハンギン・ゴムボジャブは一九七〇年代にウランバートルを訪れた際に、「チョクバダラホはモンゴルでは珍しい文人だったのに、なぜ殺すのか」と泣いた。

「平野に落ちた虎」

一九六四年十二月二十八日。

「中華人民共和国最高人民法院特赦令第二十七号」に基づき、モンゴル軍総司令官の李守信上将はフフホトで釈放された。「十年間にわたる改造を経て、悪行を改め、善人に戻ったので、特赦に値する」という。彼は自治区公安庁留置場内において、十五年近く拘禁されていたのである。内モンゴル自治区の歴史学者ナランゲレルは次のように李守信のフフホト時代を振り返る。[7]

一九四五年八月の北平到着から一九四九年八月に寧夏で転々するまで、李守信は厚和帰還《フフホト》を切実に望んだにもかかわらず、終始傅作義の妨害によってとうてい実現できなかった。……モンゴル人民共和国から中国に送還され、十五年にわたる獄中の歳月と釈放後の生活は、彼の宿願の一部を実現させ、厚和帰還はできたものの、当時と昔では、くらべものにならない。

刑務所内の生活は知るよしもないが、特赦後はどのように暮らしていたのだろうか。李守信は特赦されてから内モンゴル文史館の館員に任じられ、その経験を書くよう命じられた。文史館側から彼に劉映元という秘書をつけて、記録を担当した。この劉映元が短い回想文を残している。「共産党の統一戦線政策のおかげで、李守信は数年間、静かな生活を送った。彼自身もその暮ら

写真E-1　同胞の虜囚と
なった徳王
（*De van*, Ulaanbaatar,
2011）

写真E-2　徳王の長男
ドゥガールスレンと家族
（*De Van*, Ulaanbaatar,
2011）

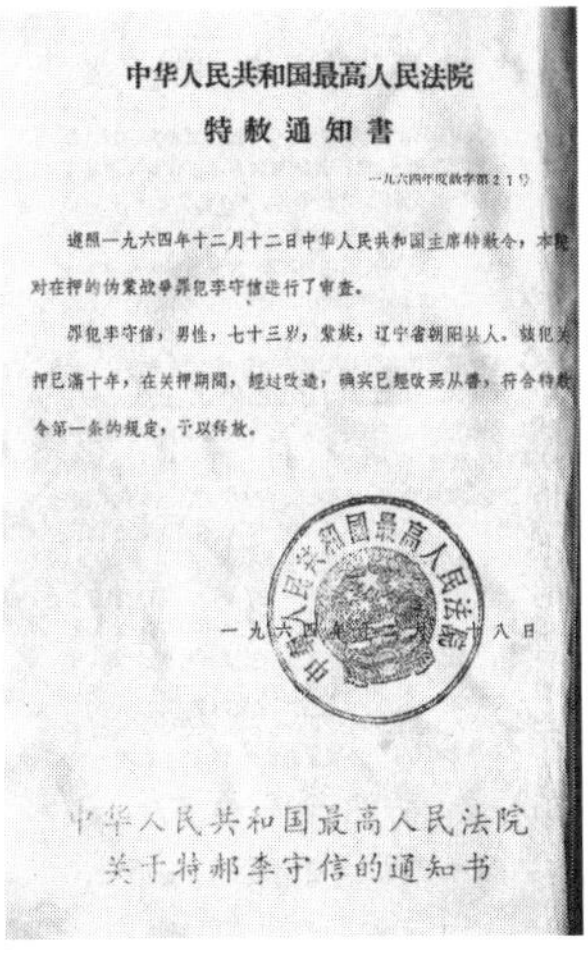

中华人民共和国最高人民法院
特赦通知書

一九六四年度赦字第21号

遵照一九六四年十二月十二日中华人民共和国主席特赦令，本院对在押的伪蒙战争罪犯李守信进行了审查。

罪犯李守信，男性，七十三岁，蒙族，辽宁省朝阳县人。该犯关押已满十年，在关押期間，經过改造，确实已經改恶从善，符合特赦令第一条的规定，予以释放。

一九六[illegible]八日

中华人民共和国最高人民法院
关于特郝李守信的通知书

写真E-3（中左）　李守信の特赦通知書
（写真提供：Narangerel）
写真E-4（中右）　釈放後の徳王と夫人
（写真提供：中嶋熙）
写真E-5（下）　徳王の墓
（写真提供：中嶋熙）

しに満足していた」という。[8]
李守信はフフホト市新城区の江南館巷の平屋に住んでいた。左手が書斎で、真ん中は応接間で、右手はオンドルのある寝室だった。ある文史館員の息子は子どものころに李守信を何回も見ており、彼は二〇一五年八月二十一日に以下のように語った。[9]

李守信は明るくて優しく、しかも能弁な人です。身長が約一八〇センチ、体格はがっしりしているけれども、足腰の痛みでいつも両手に杖をつき、上半身は前かがみになり、ほぼ直角になるんです。……とても人目を引くのは腕時計とパーカー万年筆でした。新城の一満州人が水汲みやごみ出しなどを手伝っていました。李守信は給料はあまり使わず、手当たり次第に敷布団の下に入れていました。……

彼の住む江南館巷から文史館までは遠くないが、足腰の痛みで途中いつも「街心花園」という公園のベンチで休憩する。ある日、二人の泥棒が彼のあの高級な腕時計を奪おうとしたら、李守信が杖でその二人を撃退して追い払った。「虎が平野に落ちても、ここまで虐められることはないだろう。やつらは俺のことを知らないのか」。

李守信と徳王が特赦されて二年後、一九六六年五月十六日に毛沢東は文化大革命を発動した。一週間後の五月二十三日の黎明時に、徳王は彼が愛してやまなかったモンゴルから天国へと旅立った。葬式には李守信も駆けつけた。徳王は生前に、自身の遺灰を故郷のスニト右旗に運んで帰るよう希望していたが、それも文化大革命が終わるまで待たなければならなかった。[10]

虐殺の嵐のなかで

文化大革命が勃発するまでは自治区公安庁の庁長ビリクバートルが毎年のように旧正月には必ず李守信と徳王のところに挨拶に来ていた。李守信には千五百元の見舞金を支払い、布団と家具類を新調し、トイレの整備も忘れなかった。こうした待遇が一九六六年八月二十三日から中国人に批判されるようになり、ビリクバートル庁長もまもなく失脚した。[11] その後、自治区全体で三十四万六千人が逮捕され、少なくとも二万七千九百人が殺害され、十二万人に身体障害を残した。モンゴル人の民族全体の集合的記憶は、この運動をジェノサイドだと理解している。殺害されたモンゴル人たちは「日本刀を吊るした奴ら」や「対日協力者」とのレッテルが貼られていた。[12] 要するに、徳王と李守信のようなモンゴル人がリードしてきた民族自決の歴史が中国政府と中国人から「罪」とされ、虐殺されたのである。

内モンゴル全体がキリング・フィールドと化していたころ、李守信のところにも暴力の波が押し寄せた。[13]

ある日、東北から男女二人の幹部が「外調」で李守信を尋ねてきた。いわゆる「外調」は文革の時期の特有な調査方法で、被調査者の歴史を調べるために、他所つまり「外地」まで行って関係者に聞き取りして調査を行うのです。その女性幹部が傲慢な口調で李守信に「正直にいえ」と注意した瞬間、李守信が杖を手に取って女性幹部に振り下ろすところを同行の男性幹部に止められ、二人が謝って、この件が収まった、とよく耳にしていました。

東北こと満洲から「外調」の幹部が来たのはいつのことかは、不明だ。毎日のように暴力が目の前で展開されるようになり、知りあいたちも殺害されるか、失脚していったのを見て、李守信の怒りも限界に達していたのだろう。

自治区の最高責任者のウラーンフーから始まり、モンゴル人は民族全体としてジェノサイドの対象にされていた時代である。あいついで消されていった同胞たちは李守信と異なって、中国共産党を選び、中国人との共生を信じた「勝者」であったはずである。それでも、中国政府と中国人は彼らに生きる道を与えなかったので、「戦犯」李守信は杖を振り上げたのだろう。

すでに本書のなかで何回も述べたように、李守信は温厚な性格で部下たちの信頼を獲得していた。彼はその人生のなかで、たった一度だけ、見知らぬ人、それも女性に怒りを爆発させたのではなかろうか。もっとも、それは「傲慢な征服者」のひとりだった。

永眠の地

一九七〇年五月、李守信は誰にも看取られず、亡くなっていたのを発見された。その死は怪しい、と文史館の人たちは噂していた。というのは、彼が愛用していた高級な腕時計とパーカー万年筆と、敷布団の下の給料の一部がなくなっていたからである。

遺体を埋葬する際に、人びとはあらためて老将の一生に驚嘆した。[14]

無数の戦闘を経験し、つねに最先頭に立っていたのに、体には傷ひとつなかった。まさに奇跡である。

李守信の遺骨はその故郷に運ばれた。

モンゴルの近現代史を築きあげた将軍の遺族と墓を見ようとして、内モンゴル大学の歴史学者ナランゲレルは二〇一五年八月二十九日から三十日にかけて、現在では遼寧省北票市馬友営モンゴル族郷大廟村と呼ばれている地を訪ねた。大廟村こそが、往昔のゴルグルタイ村である。

「村はモーズ山脈に囲まれ、草木が青々と茂った美しいところである」

とナランゲレルは記す。ナランゲレルはここで、李貴民（当時五十一歳）という人物に会った。李守信の長兄、李君の孫である。李君には李景陽と李景堂（イサーブ）、李景栄という三人の息子がいた。そのうち次男の李景堂は日本に留学してから満洲国騎兵連隊の副参謀長を務め、日本の撤退後には国民政府軍の少佐となった。一九四九年三月十七日にアルホルチン旗で逮捕され、

写真E-6　李守信の墓に立つ李貴民（写真提供：Narangerel）

共産党に殺害された。

長男李景陽の息子李貴民は文化大革命期の経験を語った。

> 昼は（引用者註：家族）全員が生産隊の畑で働き、羊を放牧する。夜は「学習」に呼ばれる。名義は「学習」ですが、実際は批判闘争つまり「批闘」です。地主の家族も搾取階級なので、老若男女の区別がなく、全員が「批闘」されるのは当然です。蹴るなり殴るなりはごく普通のことで、黙々と我慢するしかない。

李守信の親族はこのように中国政府から排除され、暴力を一九七八年まで受けていた。

李貴民夫婦の案内で李守信の墓地を訪ねた。墓は大廟村の西約四〇〇メートルの小高い山の頂に立ち、村を見守っている。墓の横に立って眺めると、村の向こう側にモーズ山が目に映る。……李貴民の村は約百世帯、人口約五百人で、戸籍上モンゴル人が半分を占めるが、モンゴル語ができる人は八十歳以上の数人の年寄りのみである、と教えてくれた。

墓には石碑があり、李守信の息子李景凡と李景元が二〇〇〇年に建てたものである。二人の息子は台湾に住んでいる。[15] 二〇一五年八月二十日、私は台北市内と近郊の新店にある老人ホームを訪ね、李守信の息子たちにインタビューしようと試みたが、会える状況ではなかったことが判明し、断念した。

李守信の一生をどのように評価すべきだろうか。モンゴル人歴史学者は次のように見ている。[16]

台湾から内モンゴルに帰り、そこからモンゴル人民共和国に赴くまでの数ヵ月のあいだ、李守信には、ふたたび台湾へ戻る機会が何度もあったが、もっとも重要で艱難なときに、徳王から離れることなく、最後まで徳王と行動を共にした。……

一九四九年の夏、徳王の側近を含む大勢の人が台湾に逃亡するなかで、李守信は徳王の傍に留まり、徳王とともに最後まで努力した事実も客観的に見なければならない。

これは、中国に統治されている有名無実の自治区において、モンゴル人が発せる最大の声であり、最高の李守信評価であろう。

註

■はじめに

1　岡田英弘『世界史の誕生』筑摩書房、一九九二年。

2　ジャック・ウェザーフォード『パックス・モンゴリカ―チンギス・ハンがつくった新世界』日本放送出版協会、二〇〇六年、一八頁。

3　ジョン・マン『チンギス・ハン』東京書籍、二〇〇六年、一三頁。

4　徳王の自伝はモンゴル語版*Demčuγdungrub-un Toroγilta* (1990, Öbür Mongγol-un Arad-un Keblel-ün Qoriy-a) と日本語版（『徳王自伝』森久男訳、岩波書店、一九九四年）の双方が公開されている。本書は必要に応じて、モンゴル語版と日本語版を参照する。

■第一章

1　李守信『李守信自述』中国人民政治協商会議内蒙古自治区委員会文史資料研究委員会編、一九八五年、二〇〇～二〇一頁。

2　軍事調査部「蒙古民族の特殊性」治安部参謀司発行『鉄心』二（六）、一九三六年、六九～七〇頁。なお、本書においては、旧仮名遣いと旧漢字をすべて現行のものに変えていることを断っておきたい。

3　後藤富男「綏遠事変と蒙古民族」日蘇通信社『月刊ロシヤ』三（一）、一九三七年、一九～二五頁。

4　本書は漢人だけが中国人だとの観点に立っている。ただ、引用にあたって、原文が「漢人」となっている場合はそのままとした。

5　木下真澄「北支民族観」『鉄心』四（五）、一九三八年、一二六～一二九頁。

6　長山義男「内蒙古の諸問題」『月刊ロシヤ』四（一）、一九三八年、一八～二四頁。

7　「蒙古研究所の成立―蒙古の新東亜体制に於ける意義」『蒙古』第七号、一九三九年、一～四頁。

8　白鳥庫吉「歴史上より観たる蒙古の過去と現在」『蒙古』第一号、一九三九年、一～一三頁。

9　同右、一三頁。

10　青木富太郎「喇嘛教問題私見」『蒙古』一月号、一九四〇年、一三三～一四五頁。

11　本荘可宗「蒙古解放と東亜新秩序」『蒙古』七月

号、一九四〇年、二七〜三三頁。
12 平竹傳三「蒙疆建設論」『蒙古』六月号、一九四〇年、一〇〜二二頁。
13 米内山庸夫「蒙古民族の将来（上）」『蒙古』三月号、一九四〇年、二〜一二頁。
14 米内山庸夫「蒙古人と支那人」『蒙古』九月号、一九四〇年、二〜一四頁。
15 同右、一四頁。米内山庸夫「蒙古人の生活と蒙古羊」『蒙古』三、四月号、一九四一年、三三〜四九頁。
16 横尾安夫「蒙古民族の将来」『蒙古』三、四月号、一九四一年、一六〜二二頁。
17 岩瀬敏雄「蒙古人教育の理想」『蒙古』六月号、一九四一年、四三〜六六頁。
18 同右、六五頁。
19「映画『成吉思汗伝』」『蒙古』八月号、一九四一年、一一九頁。
20 楊海英編『モンゴル人ジェノサイドに関する基礎資料7―民族自決と民族問題』風響社、二〇一五年、一一一二頁。
21 麻田雅文『満蒙―日露中の「最前線」』講談社、二〇一四年、二四八〜二五〇頁。
22 大橋忠一「蒙古視察の感想」『蒙古』四月号、一九四二年、二〜四頁。
23 同右、四頁。
24 ドムチョクドンロプ『徳王自伝』岩波書店、一九九四年、二七五〜二七六頁。
25 田中吉六「大蒙古建設への序論」『蒙古』十月号、一九四二年、四〜一四頁。
26 遠藤一郎「蒙古の国際環境と民族運動」『蒙古』一月号、一九四四年、四〜一〇頁。
27 遠藤一郎「わが対蒙古政策の回顧と展望（下）」『蒙古』六月号、一九四四年、三五〜四六頁。
28 田中克彦『ノモンハン戦争』岩波書店、二〇〇九年。前掲麻田雅文『満蒙―日露中の「最前線」』二四〇〜二五五頁。
29 中生勝美『近代日本の人類学史―帝国と植民地の記憶』風響社、二〇一六年。
30 横尾安夫「人類学上から見た蒙古民族」『蒙古』四月号、一九四四年、五七〜七四頁。
31 望月稔『蒙古武道記』私家版、一九九六年、七〜八頁。
32 博彦満都「我参加南京〝蒙古会議〟的回憶」中国人民政治協商会議内蒙古自治区委員会文史資料研究委員会編『内蒙古文史資料』第十六輯、一九八五年、一五〇〜一六一頁。

33 青旗社調査室資料班編『満洲国蒙古系紳士録』満洲国図書株式会社、四頁。

34 奇天祥「回憶在偽蒙疆政府時期」中国人民政治協商会議内蒙古自治区委員会文史資料研究委員会編『内蒙古文史資料』第五輯、一九七九年、五〇～七四頁。

35 ハンギン・ゴムボジャブ談・磯野富士子記「日本の敗戦と徳王」『月刊シルクロード』七月号、一九七七年、一六～二三頁。

36 『蒙古』第一号、一九三九年、二〇九頁。

37 『蒙古』八月号、一九四〇年、一七五～一七六頁。

38 同右、一七八～一八二頁。

■第二章

1 『内蒙視察旅行報告書』財団法人善隣協会、一九三六年。

2 同右。

3 前掲『徳王自伝』一八五～一九二頁。

4 大野慎『起ち上った蒙古』東京パンフレット社、一九三七年、五～六頁、三三頁。

5 長谷川春子『北支蒙疆戦線』暁書房、一九三九年、五四～六九頁、八一～九三頁。

6 稲村青圃『支那・蒙古行脚：漫談』更生社、一九三八年、二八四～二八六頁。

7 李守信「蒙軍の使命は赤路遮断」『北支那』五(四)、一九三八年、五一～五二頁。

8 前掲長山義男「内蒙古の諸問題」一八～二四頁。

9 徳親王「再建蒙古と日蒙提携」『北支那』五(四)、一九三八年、四八～五〇頁。

10 伊佐秀雄「日ソの発火点・蒙古」『月刊ロシヤ』四(四)、一九三八年、四二～四九頁。

11 Sharad K. Soni, *Mongolia-Russia Relations, Kiakhta to Vladivostok*, Maulana Abul Kalam Azad Institute of Asian Studies, Kolkata, 2002, pp.60–84. Sergius L. Kuzmin, “Letters from Baron Roman von Ungern-Sternberg to Pavel Malinovsky as a Historical Source”, *Inner Asia*, Vol.18, No. 2, 2016, pp. 309–326.

12 大江賢次「二つの夜話―一、包頭にて・二、張家口にて」『蒙古』三月号、一九四〇年、一四七～一六二頁。

13 松本清士『大蒙古は起つ』峯文荘、一九三八年、三頁、四七～四八頁。

14 『大東亜戦争記録画報・続編』大阪出版社、一九四三年、一一三頁。

15 後藤富男『最近の蒙疆情勢』外乙第八号、東亜研究所、一九三八年、一～一四頁。
16 小林知治『蒙疆読本』国防攻究会・大文舎、一九三九年、五頁。
17 小林知治『興亜大陸を往く』興亜経済協議会、一九三九年、一九頁、二四頁。
18 平竹傳三「蒙疆資源論」『蒙古』八月号、一九四〇年、一三三頁、一四〇頁。
19 「華北蒙疆邦人数」『蒙古』十一月号、一九四〇年、一三八頁。
20 石原莞爾「満洲建国と支那事変」『鉄心』六（三）、一九四〇年、一四～四五頁。
21 「蒙古軍総司令李守信大将談」『蒙古』十月号、一九四〇年、一五七頁。
22 今村鴻明「張家口」『蒙古』三、四月号、一九四一年、七二～七三頁。
23 ボルジギン・フスレ「張家口＝フレー間の道」『シルクロードとティーロード』昭和女子大学国際文化研究所紀要（二三）、二〇一六年、四五～六〇頁。
24 楊海英『中国とモンゴルのはざまで—ウラーンフーの実らなかった民族自決の夢』岩波書店、二〇一三年、五二～五八頁。
25 伊佐秀雄『人物記』文祥社、一九四二年、二六一～二六八頁。
26 Li Narangoa, "Japanese Imperialism and Mongolian Buddhism, 1932–1945", *Critical Asian Studies*, 35:4, 2003, pp. 491–514. リ・ナランゴア「僧侶動員と仏教改革」『北東アジア研究』七、二〇〇四年、六九～八二頁。
27 前掲『徳王自伝』二七四～二七五頁。
28 金井章次「民族と国家」精神科学研究所『新指導者』七月号、一九四二年、一六～二二頁。
29 貴司山治「蒙古の意志」改造社『時局雑誌』十一月号、一九四三年、六〇～六三頁。
30 松井忠雄『内蒙三国志』原書房、一九六六年、一四一頁。

■第三章

1 前掲『李守信自述』一～二頁。
2 暴風雨主編『蒙古貞史』内蒙古人民出版社、一九九八年、三九頁。
3 リシャルド・カプシチンスキ『帝国—ロシア・辺境への旅』（工藤幸雄訳）新潮社、一九九四年、八七頁。
4 汪国鈞『蒙古紀聞』内蒙古人民出版社、二〇〇六年、一～九頁。

5　『李守信自述』六頁。
6　同右、四四頁。
7　楊海英『墓標なき草原―内モンゴルにおける文化大革命・虐殺の記録』（上）岩波書店、二〇〇九年、八～一〇頁。
8　『李守信自述』九～一〇頁。
9　同右、一四頁。
10　同右、一五頁。
11　同右、二六～二七頁。
12　楊海英『日本陸軍とモンゴル』中央公論新社、二〇一五年、一七～二九頁。
13　『李守信自述』六〇～六二頁。
14　麻田雅文『満蒙―日露中の「最前線」』講談社、二〇一四年、一四三～一四四頁。
15　『李守信自述』五二頁。
16　前掲楊海英『日本陸軍とモンゴル』。

■第四章

1　『李守信自述』九七～九八頁。
2　同右、九四頁、九七頁。
3　娜仁格日勒「日本敗戦後の李守信：反共・入獄・特赦・その後」『日本とモンゴル』第五一巻第一号、二〇一六年、七八頁。
4　この歌はモンゴルの詩人、ボインチョクラーによって一九三二年に創作されたとの説がある。劉忱『嘎達梅林』遠方出版社、二〇〇四年、一〇九頁。
5　前掲松井忠雄『内蒙三国志』一八三頁。
6　前掲劉忱『嘎達梅林』三三頁、一七三～一七七頁
7　『李守信自述』六三頁、八六頁。
8　楊海英『モンゴルとイスラーム的中国』文藝春秋、二〇一四年。
9　『李守信自述』六五～七〇頁。
10　同右、六四頁、八一頁。
11　同右、七九～八一頁。
12　同右、一〇〇頁。
13　同右、一〇三～一一七頁。
14　小関隆／平野千果子「ヨーロッパ戦線と世界への波及」山室信一／岡田暁生／小関隆／藤原辰史編『現代の起点　第一次世界大戦』（一）岩波書店、二〇一四年、三一～五四頁。
15　前掲楊海英『日本陸軍とモンゴル』四六～五七頁。
16　日本側の記録では「田中久」と出るが、李守信は一貫して「田中玖」としている。
17　中国人民政治協商会議内蒙古自治区委員会文史資料研究委員会編『偽蒙古軍史料』（第三十八輯）、一

九九〇年、九頁。
18　『李守信自述』一〇七頁。
19　前掲松井忠雄『内蒙三国志』二二頁。
20　『李守信自述』一一三〜一一七頁。

■第五章

1　胡克巴特爾「烏古廷其人及組軍見聞」『内蒙古文史資料』第二十九輯、一九八七年、四〇〜六八頁。汪龍田／呉紫雲「烏古廷投靠日偽前後」『内蒙古文史資料』第二十九輯、一九八七年、六九〜七二頁。
2　馮玉祥『馮玉祥回憶録』東方出版社、二〇一〇年、五七七〜五八〇頁。
3　『李守信自述』一三四〜一三五頁。
4　同右、一三五〜一三七頁。
5　前掲楊海英『日本陸軍とモンゴル』六七〜七五頁。
6　前掲松井忠雄『内蒙三国志』八頁。
7　中嶋万蔵『徳王とともに』私家版、二〇〇〇年、二六頁。
8　『李守信自述』一四二〜一四三頁。前掲『徳王自伝』九八頁。
9　ラティモア『中国と私』（磯野富士子編・訳）みすず書房、一九九二年、三四頁。
10　楊海英『モンゴルのアルジャイ石窟』風響社、二〇〇八年、三五〜三七頁。
11　『徳王自伝』一一七〜一一八頁。
12　同右、一二〇〜一二二頁。
13　『李守信自述』一五四頁。
14　『徳王自伝』一二三頁。
15　同右、六一〜七三頁。
16　『李守信自述』一八八〜一八九頁。
17　同右、一八九頁。
18　『徳王自伝』一二五〜一二七頁。
19　『李守信自述』一九〇頁。
20　松井忠雄『内蒙三国志』四六〜四七頁。
21　小林知治『大陸建設の譜』文松堂書店、一九四四年、一六六〜一六八頁。
22　『李守信自述』二〇六頁。
23　『徳王自伝』一四〇頁。『李守信自述』二二一頁。
24　『李守信自述』二一四頁。
25　今西錦司『遊牧論そのほか』平凡社、一九九五年、二〇六〜二一一頁。楊海英「内陸アジア遊牧文明の理論的再検討―今西錦司『遊牧論そのほか』と梅棹忠夫『文明の生態史観』の現在」静岡大学哲学会『文化と哲学』二八、二〇一一年、二一〜四五頁。

26　澤井充生「皇居遥拝した回民たち―日本の回教工作にみる異民族への眼差し」『人文学報』五一三(二)、二〇一七年、一一六頁。

■第六章

1　『李守信自述』二一七～二一八頁。

2　「偽蒙古軍史料」『内蒙古文史資料』第三十八輯、一九九〇年、一六～一九頁。

3　同右、二一～二三頁、三三～三五頁。

4　小林知治『興亜大陸を往く』興亜経済協議会、一九三九年、一九～二〇頁。

5　札奇斯欽『一個蒙古老人的回憶』内蒙古大学出版社、二〇一五年、三一頁。

6　『李守信自述』二五一頁。

7　同右、二九二～二九三頁。

8　同右、二二三～二二五頁。

9　五原作戦については、当事者たちによる回想録『五原事件青史―蒙古政府肇建・終焉』(五原事件青史刊行会、一九八六年)がある。経験者たちは、作戦は日本軍上層部の判断で最初から失敗だったと見ている。

10　楊海英『チベットに舞う日本刀―モンゴル騎兵の現代史』文藝春秋、二〇一四年、六七～七一頁。

11　『李守信自述』二四六頁。

12　前掲「偽蒙古軍史料」六四～六六頁。

13　同右、六二～六五頁。

14　『李守信自述』二八九頁。

15　前掲松井忠雄『内蒙三国志』一五八頁、一七四頁。

16　前掲楊海英『日本陸軍とモンゴル』一八三～一九三頁。

17　『李守信自述』、二四五頁、二八二～二八五頁。

18　「蒙軍の陸士卒十名」『蒙古』七月号、一九四四年、九〇～九一頁。

19　モンゴル人の名前は当時、漢字で表記されているが、ルビは著者による。

20　「蒙古軍歌」『蒙古』八月号、一九四〇年、一九三～一九四頁。資料の整理番号は「満洲・満蒙、No.108」。楊海英「モンゴル騎兵に関する日本語の歌」『交感するアジアと日本』(静岡大学人文社会科学部・アジア研究センター『アジア研究』別冊三)、二〇一五年、七九～九一頁。なお、「三　誓え、我がモンゴルの同胞よ、明日の我等の精進を」は、防衛省の資料のみにあり、『蒙古』誌には載っていないものである。

■第七章

1　札奇斯欽『我所知道的徳王和当時的内蒙古』一、東京外国語大学アジア・アフリカ言語文化研究所、一九八五年、一～二頁。

2　『徳王自伝』一二九頁。呉鶴齢（原著）『呉鶴齢与蒙古』私家版、二〇一六年、一三頁。

3　札奇斯欽『我所知道的徳王和当時的内蒙古』二、東京外国語大学アジア・アフリカ言語文化研究所、一九九三年、五四頁。

4　『李守信自述』三〇〇頁。

5　伊河／烏雲／納日松『如煙往事―都固爾札布回憶録』内蒙古大学出版社、二〇〇七年、四六頁。

6　楊海英『植民地としてのモンゴル』勉誠出版、二〇一三年。

7　『徳王自伝』一二八頁。

8　『李守信自述』三〇二頁。『徳王自伝』一二一頁。

9　『徳王自伝』一二〇頁。前掲札奇斯欽『我所知道的徳王和当時的内蒙古』二、東京外国語大学アジア・アフリカ言語文化研究所、五五頁。

10　『李守信自述』三〇三～三〇六頁。

11　『徳王自伝』一六四頁。

12　『李守信自述』三二一～三二二頁。『徳王自伝』二五九～二六一頁。

13　『徳王自伝』二六三頁、『李守信自述』三二三頁。

14　『蒙古』五月号、一九四〇年、一七二～一七三頁。

15　河上純一「青島会談と汪政権の前途」『蒙古』三月号、一九四〇年、五九～六五頁。

16　『徳王自伝』二六四～二六五頁。

17　『李守信自述』三二一頁。

18　同右、三一二～三一三頁。

19　金井章次「蒙古自治政府の成立」前掲『五原事件青史』五七頁。

20　札奇斯欽『我所知道的徳王和当時的内蒙古』二、八九～九〇頁。

21　『徳王自伝』二六六頁。『李守信自述』一九〇～一九二頁。

22　『李守信自述』一八五頁。

23　徳王がこの時に臣下の礼を示したかどうかについては、記録によって異なる。ジャチスチンは臣下の礼を取っていないと述べている（札奇斯欽『我所知道的徳王和当時的内蒙古』二、九四頁）。

24　『李守信自述』三一四頁。

25　前掲楊海英『日本陸軍とモンゴル』一六二～一六三頁。

26　札奇斯欽『我所知道的徳王和当時的内蒙古』二、九四頁。

27 同右、九九～一〇〇頁。
28 前掲「偽蒙古軍史料」七〇頁。

■第八章

1 ボルジギン・フスレ「1945年のモンゴル人民共和国の中国に対する援助―その評価の歴史」『SGRAレポート』二四、二〇〇四年。
2 Ravdan Bold, "Mongolian Participation in the War Against Japan", David P. Chandler, Robert Cribb and Li Narangoa eds., *End of Empire: 100Days in 1945 that Changed Asia and the World*, NIAS Press, 2016, p.51.
3 前掲楊海英『日本陸軍とモンゴル』一九三～一九四頁。
4 『李守信自述』三三六～三三八頁。
5 同右、二四六頁。なお、烏古廷が軍から追われたのは、その弟のアミンブへ（烏臻瑞、日本陸軍士官学校卒）がアヘンの密輸にかかわり、駐蒙軍に逮捕されたことが原因との見かたがある。前掲「偽蒙古軍史料」七一頁。しかし、最近公開された呉鶴齢の回想録によると、アヘン密輸は日本軍の謀略だったとしている。前掲『呉鶴齢与蒙古』二五八頁。
6 『李守信自述』二八九頁。
7 同右、二九八頁。
8 Sechin Jagchid, "Inner Mongolia under Japanese Occupation", *Zentralasiatische Studien*, 20, 1987, pp140-172. 楊海英『日本陸軍とモンゴル』一九三～一九四頁。
9 札奇斯欽『我所知道的徳王和当時的内蒙古』二、一一〇頁。
10 『李守信自述』三三六～三四〇頁。
11 中生勝美『近代日本の人類学史―帝国と植民地の記憶』風響社、二〇一六年、四二九～四三七頁。
12 ハンギン・ゴムボジャブ談・磯野富士子記「日本の敗戦と徳王」『月刊シルクロード』七月号、一九七七年、一六～二三頁。
13 前掲「偽蒙古軍史料」七七～八六頁。
14 ハンギン・ゴムボジャブ談・磯野富士子記前掲「日本の敗戦と徳王」一六～二三頁。
15 『李守信自述』三四七頁。
16 Ravdan Bold, "Mongolian Independence and the United States", David P. Chandler, Robert Cribb and Li Narangoa eds., *End of Empire: 100Days in 1945 that Changed Asia and the World*, NIAS Press, 2016, pp.55-56.
17 Bruce A. Elleman, "The 1945 Sino-Soviet

Friendship Treaty and the Status of Outer Mongolia", David P. Chandler, Robert Cribb and Li Narangoa eds., *End of Empire: 100Days in 1945 that Changed Asia and the World*, NIAS Press, 2016, pp.69–70.

18 Ravdan Bold, "Mongolian Participation in the War Against Japan", pp.51–52.

19 Uradyn E. Bulag, "'Uninvited' War and the Mongol Trophy", David P. Chandler, Robert Cribb and Li Narangoa eds., *End of Empire: 100 Days in 1945 that Changed Asia and the World*, NIAS Press, 2016, pp.83–84.

20 Uradyn E. Bulog, "'Uninvited' War and the Mongol Trophy",p.84.

21 Ravdan Bold, "Mongolian Participation in the War Against Japan", pp.51–52.

22 烏力吉那仁「烏力吉那仁憶在内蒙古民族解放運動中的洪流中」中国人民政治協商会議赤峰市委員会文史資料研究委員会編『和子章与蒙騎四師』一九八九年、一六〇～一六一頁。

23 フフバートル「内モンゴルにとっての1945年8月」『学苑』八九八号、二〇一五年、三〇頁。

24 Li Narangoa, "De Wang's Dream for a Mongolian State", David P. Chandler, Robert Cribb and Li Narangoa eds., *End of Empire: 100Days in 1945 that Changed Asia and the World*, NIAS Press, 2016, pp.125–126.

■第九章

1 陳紹武「徳穆楚克棟魯普和蔣介石之関係」『内蒙古文史資料』第一輯、一九六二年、二八～五五頁。

2 同右、四七頁。

3 徳王たちと蔣介石が会った日にちについては、諸説がある。徳王自身は九月十日ごろとし（『徳王自伝』三一八頁）、内モンゴル自治区公安庁の檔案は九月三日とする（内蒙古公安庁公安史研究室『解放戦争時期内蒙古東部地区公安工作大事記述』一九八六年、二～三頁）。

4 ハンギン・ゴムボジャブ談・磯野富士子記前掲「日本の敗戦と徳王」二二一～二二三頁。

5 楊海英『中国とモンゴルのはざまで―ウーランフーの実らなかった民族自決の夢』岩波書店、二〇一三年。

6 ハンギン・ゴムボジャブ前掲文、二二三頁。

7 前掲陳紹武「徳穆楚克棟魯普和蔣介石之関係」五二頁。ハンギン・ゴムボジャブ前掲文、二二三頁。

8　台湾国史館所蔵檔案（公文書）「戴公遺墨―軍事類第三巻」No.144。
9　前掲「偽蒙古軍史料」九八〜一〇〇頁。
10　前掲『解放戦争時期内蒙古東部地区公安工作大事記述』一三五頁。
11　前掲娜仁格日勒「日本敗戦後の李守信：反共・入獄・特赦・その後」七四頁。
12　「偽蒙古軍史料」九二〜九三頁。
13　楊海英『墓標なき草原』（上・下）岩波書店、二〇〇九年。同『植民地としてのモンゴル』勉誠出版、二〇一三年。
14　台湾国史館所蔵「蔣中正総統文物」No.002-080200-00304-058。一九四六年一月二十六日付李守信致杜聿明電報。
15　台湾国史館所蔵「蔣中正総統文物」No.002-080200-00308-307。「偽蒙古軍史料」一二二頁。
16　楊海英『続　墓標なき草原』岩波書店、二〇一一年、二六二〜二六九頁。
17　「偽蒙古軍史料」一二六〜一二七頁。
18　前掲『解放戦争時期内蒙古東部地区公安工作大事記述』三六〜三七頁。耿斌英『曙光照耀哲里木』民族出版社、一九八八年、一九四頁、二三七頁。
19　前掲『解放戦争時期内蒙古東部地区公安工作大事記述』三八頁。
20　烏嫩斉『中国人民解放戦争時期内蒙古騎兵史』遼寧民族出版社、一九九七年、九六〜九七頁。
21　同右、一四七頁。
22　前掲『解放戦争時期内蒙古東部地区公安工作大事記述』三八〜三九頁、一一四頁。
23　同右、三九頁。
24　中国人民政治協商会議赤峰市委員会文史資料研究委員会編『和子章与蒙騎四師』一九八九年、八頁。
25　同右、一二〜三〇頁。
26　同右、三一〜三九頁。
27　前掲烏嫩斉『中国人民解放戦争時期内蒙古騎兵史』一八頁。
28　前掲『解放戦争時期内蒙古東部地区公安工作大事記述』五五〜五六頁。
29　前掲烏嫩斉『中国人民解放戦争時期内蒙古騎兵史』二一二〜二一五頁。前掲中国人民政治協商会議赤峰市委員会文史資料研究委員会編『和子章与蒙騎四師』六六頁。
30　中共中央統戦部編『民族問題文献滙編』中共中央党校出版社、一九九一年、一〇九一頁、一一三九頁。
31　前掲中国人民政治協商会議赤峰市委員会文史資料

研究委員会編『和子章与蒙騎四師』九八頁。
32 同右、九三〜一一三頁。
33 同右、五二頁。

■第十章

1 楊海英『草原と馬とモンゴル人』ＮＨＫブックス、二〇〇一年。Sharad K. Soni, *Mongolia-Russia Relations, Kiakhta to Vladivostok*, pp.60–61.
2 中国人民政治協商会議内蒙古自治区委員会文史資料研究委員会編『徳穆楚克棟魯普自述』五五頁。
3 前掲『解放戦争時期内蒙古東部地区公安工作大事記述』二二頁。
4 札奇斯欽『我所知道的徳王和当時的内蒙古』二、一六九〜一七〇頁。
5 前掲『解放戦争時期内蒙古東部地区公安工作大事記述』三三〜三四頁、五八頁、六五頁、一〇三頁、一〇九〜一一〇頁。
6 前掲「偽蒙古軍史料」一四二〜一四三頁。
7 同右、一四四〜一四五頁。
8 ホトリンガはウジムチン右旗の王の教師兼秘書（ビチェーチ）だったが、「故郷の草原とモンゴル民族を守るため」に蜂起し、一時はシリーンゴル盟の五つ旗のモンゴル人六百人からなる騎兵を率いて各地を転戦していた。一九四九年六月五日にベース・スメ付近で解放軍に包囲されて壊滅的な打撃を受け、モンゴル人民共和国側に逃亡した。前掲『解放戦争時期内蒙古東部地区公安工作大事記述』一四四頁。
9 『蒙古』十月号、一九四〇年、一七〇頁。
10 内蒙古アパカ会・岡村秀太郎共編『特務機関』国書刊行会、一九九〇年。エリンチンドルジはその後、北平が陥落した後の一九四九年二月二十二日に河北省建平県で共産党に逮捕された。前掲『解放戦争時期内蒙古東部地区公安工作大事記述』一二六頁。
11 前掲『解放戦争時期内蒙古東部地区公安工作大事記述』一一三〜一一四頁。
12 前掲札奇斯欽『我所知道的徳王和当時的内蒙古』二、一八〇頁。
13 前掲「偽蒙古軍史料」一六〇〜一六四頁。
14 前掲札奇斯欽『我所知道的徳王和当時的内蒙古』二、二〇二頁。
15 ハズルンド著・内藤岩雄訳『蒙古の旅』（上）岩波書店、一九八二（一九四二）年、一四八〜一五一頁。

16 中尾正義「黒河に生きた人々」中尾正義／フフバートル／小長谷有紀編『中国辺境地域の50年―黒河流域の人びとから見た現代史』東方書店、二〇〇七年、二〇一～二一〇頁。

17 前掲『蒙古の旅』、二二二～二二七頁。

18 モンゴル国の歴史学者はダンビー・ジャンサンは一八六〇年に生まれたとしている (Baabar, *History of Mongolia: From World Power to Soviet Satellite*, Ulaanbaatar, 1999, p.139)。

19 宮脇淳子『モンゴルの歴史』刀水書房、二〇〇二年、二一〇～二一一頁。

20 ハイシッヒ『モンゴルの歴史と文化』岩波書店、一九六七年、一三三頁。

21 Inessa Lomakina, *Ja Lamin Tolgoi*, Ulaanbaatar, 2005.

22 楊海英『モンゴルとイスラーム的中国』風響社、二〇〇七年。

23 前掲『徳王自伝』三六三～三七三頁。何兆麟「西蒙自治運動始末概要」『内蒙古文史資料』第一輯、一九六二年、六～二七頁。前掲札奇斯欽『我所知道的徳王和当時的内蒙古』二、一九八頁。

24 前掲「偽蒙古軍史料」一八〇～一八二頁。

25 前掲『徳王自伝』三七七～三七九頁。

26 前掲札奇斯欽『我所知道的徳王和当時的内蒙古』二、二〇二頁。

27 前掲『徳王自伝』、四二〇頁。Dorjin Zorigt, *De Van*, 2011, p.263.

28 ヘディン『シルクロード』（中央アジア探検紀行全集9）白水社、一九六五年、六五頁、八八頁。

29 前掲「偽蒙古軍史料」一八五～一八七頁。

30 Dorjin Zorigt, 2011, p.251.

31 前掲札奇斯欽『我所知道的徳王和当時的内蒙古』二、二〇八頁、二一一頁。楊海英「『民族分裂主義者』と『中華民族』―『中国人』とされたモンゴル人の現代史」塚田誠之編『中国国境地域の移動と交流―近現代中国の南と北』有志舎、二〇一〇年、三四二～三六一頁。前掲『解放戦争時期内蒙古東部地区公安工作大事記述』一五三～一五四頁。

32 萩原正三「額斉納紀行」『蒙古』六月号、一九四二年、八六～九七頁。

■おわりに

1 Dashdavaa, Ch., Ölziibaatar, D., Chuluun, S., *Stalin ba Mongoloron*, Ulaanbaatar, 2010, p.238. Dorjin Zorigt, 2011, p.266.Lhamsurengiin Bat-Ochir, *Horloogiin Choibalsan*, Ulaanbaatar, 2010,

pp.110–113. フフバートル「知られざるソ連・モンゴル軍の内モンゴル進軍」『知られざるユーラシア』二〇、二〇一〇年、五八〜六〇頁。

2　徳・敖其爾巴図「徳王之子敖其爾巴図」『蘇尼特右旗文史資料』第七輯、二〇一〇年、一一八頁。

3　Dorjin Zorigt, 2011, pp.318–320.

4　森久男『徳王の研究』創土社、二〇〇〇年、三四六〜三六九頁。

5　フフバートル「内モンゴルの詩人Na.サインチョグトの政治的タブー―日本とモンゴル人民共和国での活動をめぐって」『学苑』八九五号、二〇一五年、六〇頁。

6　Uradyn E. Bulag, "'Uninvited' War and the Mongol Trophy", David P. Chandler, Robert Cribb and Li Narangoa eds., *End of Empire*, 2016, pp.83–84. 前掲フフバートル「内モンゴルの詩人Na.サインチョグトの政治的タブー―日本とモンゴル人民共和国での活動をめぐって」六〇頁。

7　娜仁格日勒「日本敗戦後の李守信：反共・入獄・特赦・その後」『日本とモンゴル』第五一巻第一号、七一頁。

8　劉映元「李守信的晩年」前掲『李守信自述』三四九〜三五三頁。

9　前掲娜仁格日勒「日本敗戦後の李守信：反共・入獄・特赦・その後」七一〜七二頁。

10　前掲徳・敖其爾巴図「徳王之子敖其爾巴図」七五頁。

11　楊海英編『モンゴル人ジェノサイドに関する基礎資料8―反右派闘争から文化大革命へ』風響社、二〇一六年、七六八頁。楊海英『モンゴル人の民族自決と「対日協力」』集広舎、二〇一六年、一六六頁。

12　楊海英『墓標なき草原―内モンゴルにおける文化大革命・虐殺の記録』（上・下）岩波書店、二〇〇九年。同『続　墓標なき草原―内モンゴルにおける文化大革命・虐殺の記録』岩波書店、二〇一一年。

13　前掲娜仁格日勒「日本敗戦後の李守信：反共・入獄・特赦・その後」七二頁。

14　前掲劉映元「李守信的晩年」三五三頁。

15　前掲娜仁格日勒「日本敗戦後の李守信：反共・入獄・特赦・その後」七二〜七六頁。

16　同右、七一、七八頁。

あとがき

本書の主人公李守信は、最後のモンゴル人馬賊だった。彼はまた勲一等瑞宝章を授けられた大日本帝国の将軍でもあった。軍人勅諭を遵守し、実践したような彼の生きかたは、もうひとつの日本現代史を織りなしている。近現代において、日本人は日本列島を越えてユーラシア規模で歴史を創成した。その際、モンゴル人と肩を並べて戦っていたのである。

日本人は戦時中に李守信に出会い、彼のカリスマ性に惚れこみ、その将器と人格を褒めたたえた。戦後になると、また簡単に忘れた。忘れられた李守信の人生を私は本書のなかで復元した。李守信とその同志の徳王、大勢のモンゴル人と日本人の草原での奮闘ぶりを描いた。本書は、彼らの人生の声である、と理解していただきたい。

日本人は、自分たちの歴史のなかで創出された李守信将軍だけでなく、彼が復興させ、日本人自身も協力したモンゴルをも忘れようとした。戦前の「蒙古狂」は戦後にモンゴル人民共和国にシフトして、満足するしかなかったかもしれないが、モンゴル独立に批判的な人や、打算的な冒険者たち、あるいは親シナ派は北京の中共に媚びを売って「反省」を示した。中共は「一握りの軍国主義者が蒙古独立を企んだ」として「寛大」な態度を演じて、巨額の経済援助を日本から引き出した。しかし、親北京派の日本人がいくら恭順して尻尾を振っても、今日までに続く反日の潮流を誰も止められないのではないか。

＊　＊

本書の主人公である李守信は、大日本帝国の模範的な軍人だった。彼はその名のとおりに「信を守り、二主に侍さず」にモンゴルの指導者徳王に忠誠を尽くした。徳王を通して民族の復興を実現させ、大日本帝国の運営にも貢献した。彼の実績はおおいに再評価すべきである。

なぜ、モンゴルの歴史と文化について研究するのか、と聞かれることがよくある。「亡国の民だから」と答えている。モンゴル国（旧モンゴル人民共和国）は全モンゴル人の祖国であるが、私の故郷の内《みなみ》モンゴルが第二次世界大戦後に中国に占領されてしまったので、不完全な、分断民族の国家と言わねばならない。同じ民族が他人によって分断されるほど、悲しいことはない。中国に支配されている内モンゴルにおいて、今でもほぼ毎日のように、草原は中国人に占拠されつづけ、モンゴル人が逮捕、殺害されている。世界は、こうした不公平な現実を無視しつづけているので、モンゴル人自身が歴史について学ばなければならない。

モンゴル人であるのに、中国風の名前をもち、大日本帝国の軍人となった。これこそが、二十世紀における南モンゴル人の典型的な生きかただった。本書は、ユーラシア東部を風のように疾駆していったモンゴル人と日本人への、草原からの挽歌である。

「満蒙については最近いくつかの研究書が出はじめているが、すべて日本人が書いたものである。ぜひ、満蒙側の人にも執筆してほしい」と、講談社学芸部（当時）の横山建城氏から誘われたのは二〇一二年冬のことである。私はこの誘いを至上の名誉だと思い、もっともふさわしい題材として李守信将軍の生涯を選んだ。日本人とモンゴル人が創出した同じ歴史でも、その回顧の視点と認識はおのずと異なる。まさに歴史研究の醍醐味である。本書が上梓できたのもひとえに横山氏のご尽力の賜物であり、記して感謝の意を申しあげる。

二〇一八年初夏　富士山麓の駿河湾の畔にて

著者識

著者：楊 海英（よう・かいえい／ Yang Haiying）
モンゴル名オーノス・チョクトを翻訳した日本名は大野旭。1964年、内モンゴル自治区オルドス生まれ。北京第二外国語学院大学日本語学科卒業。1989年3月来日。別府大学、国立民族学博物館・総合研究大学院大学で文化人類学を学ぶ。2000年に日本に帰化。博士（文学）。現在、静岡大学人文社会科学部教授。2010年、『墓標なき草原――内モンゴルにおける文化大革命・虐殺の記録（上・下）』（岩波書店）で第14回司馬遼太郎賞を受賞。2015年に『チベットに舞う日本刀――モンゴル騎兵の現代史』（文藝春秋）で第10回樫山純三賞を受賞。『草原と馬とモンゴル人』（NHKブックス）、『モンゴルとイスラーム的中国』（文春学藝ライブラリー）、『植民地としてのモンゴル――中国の官制ナショナリズムと革命思想』『ジェノサイドと文化大革命――内モンゴルの民族問題』（ともに勉誠出版）、『中国とモンゴルのはざまで――ウラーンフーの実らなかった民族自決の夢』（岩波現代全書）、『狂暴国家 中国の正体』（扶桑社新書）、『日本陸軍とモンゴル――興安軍官学校の知られざる戦い』（中公新書）、『モンゴル人の民族自決と「対日協力」』（集広舎）、『「中国」という神話――習近平「偉大なる中華民族」のウソ』（文春新書）など著書多数。

最後《さいご》の馬賊《ばぞく》 「帝国《ていこく》」の将軍《しょうぐん》・李《り》守信《しゅしん》

2018年 8 月20日 第 1 刷発行

著　者　楊《よう》 海英《かいえい》
発行者　渡瀬昌彦
発行所　株式会社講談社
〒 112 - 8001 東京都文京区音羽2 - 12 - 21
電話　出版 03 - 5395 - 3504
販売 03 - 5395 - 5817
業務 03 - 5395 - 3615

装丁者　鈴木正道
印刷所　慶昌堂印刷株式会社
製本所　株式会社若林製本工場

ISBN978-4-06-512867-1

N.D.C.220　334p　20cm

慶喜のカリスマ

野口武彦　著

英邁豪胆？　卑怯臆病？
いったいどっちだったのか……。

歴史は時としてひとりの人物に過剰な役割を負わせる。そのとき、たしかに彼はカリスマであり、ある者は熱い希望を託し、ある者は深く警戒した。しかし、いつしかその行動は期待を大きく裏切り、あわれでなかば滑稽な結末を迎える。それはなぜだったのか。幕末の悲喜劇と明治の沈黙の向こうに日本最大の転形期の姿を見据えた傑作評伝。

講談社　定価：本体二五〇〇円（税別）
※定価は変更することがあります